民航乘务员素质培养与形象礼仪

周为民 孙 明 编 著

清华大学出版社

北 京

内 容 简 介

本书以民航乘务员必须具备的职业素养为框架，结合职业形象礼仪，全面阐述了优秀乘务员应该呈现出的职业精神风貌。作者将理论与案例相结合，意在使晦涩的理念变得容易理解与实践。通过提升个人的职业素养，使之更加符合当今民航业对乘务员及其他从业人员的要求。本书一共七章内容，包含了从民航乘务员概述到职业素养、职业形象与礼仪、责任情商、职业素质与意识、职业道德与修养，分章节介绍了成为一名优秀的乘务员需要具备的能力与素质。通过本书，希望读者对职业素养、职业素质与意识、职业道德与修养以及职业形象和礼仪都有更深一层的理解，从外在的职业形象、言谈举止到内在的个人修养与自我管理，都能够百尺竿头更进一步。对于民航乘务员而言，学习并了解责任情商的重要性，建立并熟练运用良好的客我人际关系，提升个人的责任情商，为自己的职业生涯增光添彩。

本书既可以作为空中乘务及相关专业的教材，也可以作为民航从业人员提升职业素养与形象礼仪的理论指导书。

图书在版编目(CIP)数据

民航乘务员素质培养与形象礼仪 / 周为民，孙明编著. —北京：清华大学出版社，2021.6（2024.7重印）
ISBN 978-7-302-58313-4

Ⅰ. ①民… Ⅱ. ①周… ②孙… Ⅲ. ①民用航空—乘务人员—职业道德—教材 ②民用航空—乘务人员—礼仪—教材 Ⅳ. ①F560.9

中国版本图书馆CIP数据核字(2021)第107313号

责任编辑：张　瑜
封面设计：杨玉兰
责任校对：吴春华
责任印制：丛怀宇

出版发行：清华大学出版社
　　　网　　　址：https://www.tup.com.cn, https://www.wqxuetang.com
　　　地　　　址：北京清华大学学研大厦A座　　　邮　　　编：100084
　　　社 总 机：010-83470000　　　邮　　　购：010-62786544
　　　投稿与读者服务：010-62776969, c-service@tup.tsinghua.edu.cn
　　　质量反馈：010-62772015, zhiliang@tup.tsinghua.edu.cn
　　　课件下载：https://www.tup.com.cn, 010-62791865
印 装 者：三河市龙大印装有限公司
经　　　销：全国新华书店
开　　　本：185mm×260mm　　　印　　　张：14.75　　　字　　　数：276千字
版　　　次：2021年8月第1版　　　印　　　次：2024年7月第3次印刷
定　　　价：59.00元

产品编号：046527-01

前　　言

所谓素养，是经过训练和实践而获得的一种道德修养，包括道德品质、外表形象、知识水平、技艺能力等各个方面。古语云："凡事之本，必先治身。"本书通过七章内容全面介绍了作为一名民航乘务员如何培养与提升个人的职业素养、如何塑造个人良好职业形象，如何在职场中更好地展现自己的价值。对于有志于从事民航乘务工作的人员具有指导意义和帮助。

本书各章的主要内容概括如下。

第一章对乘务员这个职业进行了广泛的介绍，包括乘务员的概念、乘务员的发展、乘务员的岗位概要、乘务员的职业技能与特点。

第二章是民航乘务员职业素养，从职业素养的含义到如何提升乘务员的职业素养均有详细阐述，意在让读者能够理解职业素养的意义。

第三章是民航乘务员职业形象，意在指导读者如何在职场中展现出优雅稳重、端庄大方的乘务员形象。

第四章是民航职业礼仪，是在职业形象的基础上加入礼仪文化，使乘务员的职业形象更加饱满立体。通过形象礼仪、仪态礼仪和言谈礼仪三个方面的分析，使个人的气质与素养得到全面提升，希望能对读者有所助益。

第五章是民航乘务员责任情商，是对职业素养的进一步分析，通过培养良好的责任情商，掌握良好的客我人际关系，使乘务员能更好地完成本职工作并获得职业满足感。

第六章是民航乘务员职业素质与意识，是对职业素质内涵与意义的进一步分析，使读者更好地领悟与理解什么是职业素质，从而提升自身的职业素质。

第七章是民航乘务员职业道德与修养，通过对职业道德与修养的深入剖析，提升读者对职业道德与修养的理解，以便更好地指导自己如何培养良好的职业道德与修养。

前四章内容是对民航乘务员职业素养与形象礼仪的基本阐述，第五章至第七章是对民航乘务员职业素养的进一步分析与解读，亦可作为扩展阅读的学习内容。

由于编写时间有限，作者能力有限，教材中难免有不足之处，恳请各位专家、老师和同学批评指正。

编　者

目 录

第一章
民航乘务员概述

　　民航事业高速发展，既影响着人们的出行方式，也为行业发展带来了广阔的前景。越来越多的人会首选乘坐飞机出行，这是因为坐飞机出行不仅安全快捷，还能享受到美丽的乘务员的优质服务。而"空姐"也被人们看作是靓丽大方女性的代名词，乘务员客舱服务的好坏是关系到旅客对航空公司的忠诚度以及评价的重要指标，人们对空中乘务员形象和服务的关注及期待已经超出了服务范畴本身了。

第一节 民航乘务员基本认知

一、乘务员的概念

通常，乘务员是指在公共交通工具上为乘客提供服务的工作人员。比如公交车乘务员、列车乘务员、空中乘务员或者邮轮乘务员等。他（她）们可以为乘客提供热情优质的服务，确保乘客出行的舒适与安全，并及时处理旅途中的各种突发事件。

《中华人民共和国民用航空法》第五章第一节第三十九条称，航空人员是指下列从事民用航空活动的空勤人员和地面人员，空勤人员包括驾驶员、飞行机械人员、乘务员；地面人员包括民用航空器维修人员、空中交通管制员、飞行签派员、航空电台通信员。

其中，乘务员也常被称为"空姐"或者"空少"，英文称作 flight attendant 或 cabin crew，或称作 stewardess（女）、steward（男）。乘务员是指根据空中服务程序、规范以及客舱安全管理规则在飞机客舱内为旅客服务的空勤人员。

二、民航乘务员起源

20 世纪早期，航空科技还处于落后阶段，航空运输均以观光、邮政或者军用为主，即便搭载乘客，由于机舱狭窄，也仅能勉强乘载几人，无须机舱服务员。科学技术的发展使飞机设计与制造技术不断完善更新，逐渐可以搭载数以百计的乘客，客舱服务行业也应运而生。

1912 年，世界上第一位空中服务员出现，是一位名叫 Heinrich Kubis（海因里希·库比斯）的男性，任职于德国士瓦本飞船航空公司，如图 1-1 所示。

图 1-1 世界上第一位空中服务员 Heinrich Kubis

图片来源：搜狐号，航空家 2018-01-26

1914年1月1日，美国圣彼得斯堡坦帕水上飞机公司用一架双座水上飞机提供坦帕至圣彼得斯堡之间的航班服务，航程约33km，飞行时速为112km/t，飞行时间约20分钟。这是民用航空业发展史上第一个定期的商业航班，客舱乘务工作由副驾驶兼任。这条航线维持了3个月，总共运送了1204名旅客。

1923年，英国戴姆勒航空(Daimler Airway)开始聘请空中乘务员，空中乘务员这一职业开始崭露头角，据文献记载，首位空中乘务员是英国人Jack Sanderson(杰克·辛德逊)，可惜这位乘务员在次年的空难中丧生。随后，伴随着航空业的迅速发展，世界各地都开始重视空中乘务员这个职业。最初的乘务员都是由男性担任，直到1930年，出现了第一位女性乘务员Ellen Church(艾伦·丘奇)，在之后的很长时期内，乘务员都是以女性为主，直至近些年，越来越多的男性才开始加入这个职业队伍。

【扩展小知识】

"空姐"的诞生

空中乘务工作由男性向女性转化的起点是1930年6月。美国波音公司驻旧金山董事S.A.Stimson（史蒂夫·斯廷帕森）在旧金山一家医院看望完朋友后，同该院的护士Ellen Church（艾伦·丘奇）小姐聊天。闲谈中史蒂夫说："由于人们对飞机性能不了解，更喜欢坐火车出行，即使是少量选择飞机出行的乘客，也因为不适应空中环境，引起呕吐、晕机、休克等各种生理不适状态，导致对航班牢骚满腹、意见不断，而且乘务工作还十分繁忙，副驾驶员一个人实在忙不过来。"这时，艾伦·丘奇小姐不由得想起她所照料的那些病人，便提出说："先生，您为什么不雇用一些懂医学的女性担任乘务员工作呢？姑娘们天性心细，可以改变这一现状啊！"

这个提议得到了史蒂夫的认同，美国波音公司从医院的女护士里招收并培训了包括艾伦·丘奇在内的8名女护士，并被美国联合航空(United Airlines)聘用，在飞机上照顾乘客。作为世界上第一批专业的空中乘务员，她们还有一个美誉——"空中小姐"。为了突出她们的专业化形象，这8名女士穿上了深绿色的制服，上身是双排银扣的羊毛套装，外面还有一层同样质地的披肩，这是为了在透风的机舱内保暖而设计的。披肩上的口袋足够大，能装进一把扳手和一把螺丝刀，这样她们才能保证将乘客的座椅固定在机舱的地板上，一旦航班延误或者取消了，她们还可用这两种工具调节滑轨式时间表，给乘客做参考。很快"空中小姐"风行世界各地，空中小姐的兴起印证了第一次世界大战后商业航空业的繁荣发展，而"空姐"也迅速发展为一种全球性的新兴职业，如图1-2和图1-3所示。

图1-2　"空姐" Ellen Church（艾伦·丘奇）

图1-3　1931年空姐在为旅客提供饮料

（资料来源：搜狐网 2017-05-12）

三、我国民航乘务员发展历程

　　1929年，中国国民政府与美国寇蒂斯·赖特飞机公司合作，成立了中国第一家民航公司——中国航空公司，并于1937年首次面向全国招聘女性空中乘务员，根据当时的《申报》记载，招聘要求为：年龄在20～25岁、身高在150～170cm、体重在40～59kg、体貌端正、流利使用普通话、粤语和英语，并能读写中英文字。1938年年初，全国共选出合乎条件者6人，她们成为中国首批"空姐"。到1948年，中国航空公司的乘务员达到历史最高水平，但也仅有二十余人，如图1-4至图1-7所示。

图1-4 1947年中国航空公司第一空勤组的
两名乘务员

图1-5 乘务员在接受培训

图1-6 乘务员在上海龙华机场

图1-7 1947年乘务组在训练中心合影

新中国成立后，民航客机一开始只有飞行员，没有专门的乘务员，在长航线的飞行中，报务员会抽空为乘客倒水。直到1955年8月，中国民航局才开始招收空中乘务员。结合当时中国民航乘务员的工作性质，首次招收的乘务员并没有面向社会公开招聘，而是在北京市教育局的配合下，从各个学校品学兼优的应届初中女毕业生中挑选，经过层层选拔，最终选定了16名女学生和2名民航局的工作人员，组成了新中国第一代空中乘务员，被称为"空中18姐妹"，如图1-8所示。

1956年，这批空中乘务员登上飞机为党和国家领导人服务。毛泽东主席乘机时曾亲切地称她们为"红色空中小姐"，"红色空姐"成为那个年代共和国天空中一道独特的风景线，中国民航和中国空姐也在党和国家领导人的关怀下一步步破冰前行，如图1-9所示。

图1-8 空中18姐妹

图1-9 新中国的"红色空姐"

【案例1-1 红色空姐的服务】

空中18姐妹之一的王竹报在1957年至1967年间，多次执行周总理的专机飞行任务，陪同周恩来总理飞遍了全国数十个城市。有一次，飞机在平稳地飞行，总理坐在小桌旁阅读文件，放在桌上的茶杯时不时与发动机的旋转发生有节奏的共振，引起茶杯与托碟之间发出咯咯咯的响声。王竹报注意到，总理几次将目光从文件转到茶杯上，她意识到这不协调的声音破坏了机舱的宁静，影响了总理的思绪，于是就拿了一块小毛巾，垫在茶杯与托碟之间。杂音消除了，总理满意地点点头，对王竹报说："小王，你很细心，又很聪明，服务工作就应这样，要善于观察，要分析研究旅客心理，把服务工作做在旅客提出要求之前。"

郭桂卿也是新中国第一批专机乘务员之一，在专机上工作了近20年。毛泽东主席第一次看见她，问作陪的空军副参谋长何田一："她是谁呀。"何田一答道："空中服务员。红色空中小姐嘛。"当毛主席得知她叫郭桂卿时，风趣地说："郭桂卿，男娃的名字嘛，我看叫郭子仪吧，知道郭子仪吗？看过《打金枝》没有？他可是位民族英雄啊！"

20世纪60年代，毛主席经常乘坐飞机出行，在飞机上也经常拿着书本学习。有一回，飞机起飞不久后，毛主席就开始学习英语，直至飞机着陆停稳也全然不知。同行的人不忍心打扰主席，在旁边静静等待着。半个小时过去了，毛主席仍旧紧锁双眉，嘴唇不出声地动着，边看边读。但那次偏偏有当地领导到机场接机，他们等在飞机下焦急地踱来踱去。郭桂卿心想，让好多人等主席一人这么久似乎不太妥当，就开口提醒："主席，我们已经落地了。""嗯？落地了？"毛主席看了看窗外，慢慢合上书，欠身起来，"好啊！轰我走啊？"主席和小郭开起了玩笑。"不是我轰您，是下面首长都等着您啦。"郭桂卿解释道。毛主席也不接她的话茬，自顾自地继续说："也不留我们吃饭，小郭真是小气，不留我们吃饭我们就走吧。"走到机舱口，毛主席举起手向小郭摆了摆，健步走下飞机。

20世纪80年代，为了适应改革开放，邓小平同志提出"民航一定要企业化"。中国民航进行了第一次改革，从空军的管制中脱离出来，成为国务院直属局，开始在地方上公开招收没有军籍的民航乘务员，掀开了中国民航服务史上崭新的一页，如图1-10所示。

图1-10　20世纪80年代中国空姐

随着改革开放的深入推进，1987年，中国民航继续进行体制改革，实行政企分离，分设六个地区管理局、六家骨干航空公司和六大机场。航空公司走上了自主经营、自负盈亏、平等竞争的企业化道路。民航乘务员的角色定位、服务理念、服装服饰也随之发生了巨大变化。中国空姐的统一着装随之消失，取而代之的是各航空公司的特色制服。从此，中国民航乘务员开始与国际接轨，走上国际舞台，如图1-11和图1-12所示。

图1-11　20世纪90年代东航空姐

图1-12　20世纪90年代南航空姐

进入 21 世纪，中国民航又进行了两次改革。在 2002 年，中国民航进行了第三次改革，航空公司再次重组，进一步推行"政企分开""政资分离"政策，成立了六大集团公司和七个地区管理局。民航乘务员队伍规模不断扩大，服务理念有了新的提升，服务标准趋于国际化和体系化，中国空姐为旅客们提供了更加用心、专业的服务，如图 1-13 所示。

图 1-13 2002 年南航空姐

如今，改革开放已 40 年有余，伴随着中国民航的成长，民航乘务员已经从仅仅提供报纸、茶水的单一服务发展到标准化、体系化、需求化的全面服务。截至 2020 年 6 月，我国乘务员队伍规模约 11 万人，就职于国内各航空公司，如图 1-14 所示。

图 1-14 2019 年成都航空空姐

第二节 民航乘务员现状与职业前景分析

一、民航乘务员现状

（一）数据统计

根据民航局信息中心发布的《中国民航乘务员发展统计报告》数据显示，截至 2019 年年底，我国民航乘务员总人数为 108955 人，比 2018 年乘务员总人数增加了 5257 人；至

2020年6月30日,我国民航乘务员总人数是109829人,比2019年乘务员总人数增加了874人,其中,新招收的乘务员人数是1545人。

2021年初,三大航空公司(国航、东航、南航)的乘务员人数占我国民航乘务员总人数的47.6%,其中南航的乘务员人数在2020年突破20000人;海南航空、厦门航空、四川航空和深圳航空四家航空公司的乘务员人数规模均在5000人以上;其他国内航空公司的乘务员人数占我国民航乘务员总人数的30.4%,如图1-15所示。

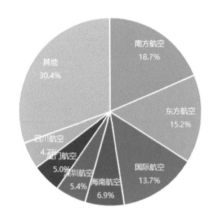

图 1-15 2020 年国内航空公司乘务员人数比重

图片来源:民航局信息中心

我国民航乘务员的男女性别比例基本稳定在1∶3,如图1-16所示。从业年龄呈现出明显的正偏态分布,女乘务员的从业年龄高峰为24岁,男乘务员为25岁,如图1-17所示。根据不完全的统计,目前我国民航乘务员中汉族占比约为95%,少数民族中以满族、回族和蒙古族居多。

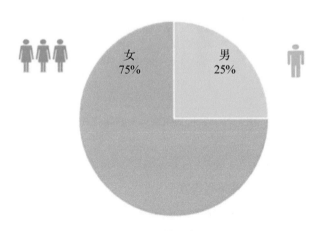

图 1-16 我国民航乘务员男女比例

图片来源:民航局信息中心

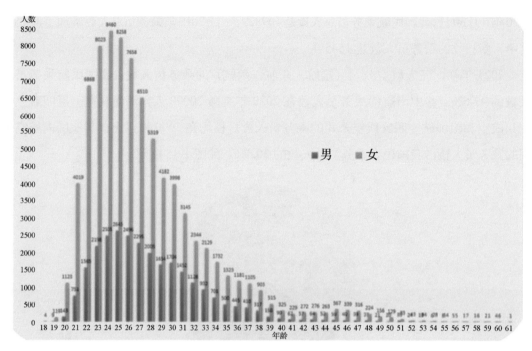

图 1-17 我国民航乘务员年龄分布

图片来源：民航局信息中心

据统计，我国民航乘务员户籍遍布全国各省、自治区、直辖市，其中以山东省、四川省、辽宁省、江苏省和黑龙江省为五大户籍来源地，占比约40%。来自山东省的乘务员人数已经破万，来自四川省的乘务员也接近万人，如图1-18所示。

图 1-18 我国民航乘务员户籍构成

（二）现状分析

1. 市场供求关系影响航空公司招聘态度

民航运输作为高端的服务行业，一直存在着人才需求缺口，同时竞争也愈演愈烈。许多航空公司的招聘现场都会引来众多年轻人。航空公司对乘务员及其他相关岗位人员的需求使得各院校乘务专业学生进入民航岗位的就业率保持稳定态势，而实际能够真正成为乘务员的比例有所下降，部分学生不得不选择民航其他相关岗位就业，这使得学生的热情也受到影响。由于应聘者众多，使得应聘乘务员岗位的竞争变得激烈，激烈的竞争又促使航空公司对应聘者的要求大幅提高，而部分初入职场的毕业生职业水准无法达到航空公司对乘务员岗位的要求。

2. 秀外大于慧中

空姐的美丽与优雅是被社会认可的，有的人还会把长得漂亮的人形容成"长得像空姐一样"。人们乘坐飞机时也总会看到亭亭玉立、仪态优雅的乘务员在客舱里为旅客服务。航空公司在招聘乘务员时对外形的要求比起其他行业来讲也要严格很多，纵使不同航空公司要求有差异，归结起来也无外乎端庄大方、温柔亲切等。而除了外形的要求，涵养也是航空公司在选择应聘者时的一个重要关注点，作为民航乘务员，不仅要端庄秀美，更要内外兼修。"楚王好细腰"，但美丽仅是职业准入的一个方面，而且是逐渐被淡化的方面，在美丽背后，是丰富的文化水平和内在修养；是重如泰山的安全意识和责任感；是机智灵活、沉着冷静的职业素质；是发自内心的亲和微笑；是源于爱心的吃苦耐劳。这些品质才是弥足珍贵的。有些学生对民航乘务员的招聘要求理解有偏差，仅仅重视外貌形象而忽视了专业知识等能力的培养，形成了自身内外不平衡的状态，有了躯壳，却丢了灵魂。这也极大地阻碍了职业发展。

3. 职业期限短

我国民航乘务员队伍流动性比较大，职业周期更换频繁。一方面，由于特殊的工作环境使乘务员的身体健康会受到一定的影响，导致不得不停飞，比如一位工作多年的资深乘务员说她的右耳只要飞过 1200 多米之上就很难听清声音；另一方面，虽然空姐看起来明艳照人，但实际的工作很辛苦，劳动强度很大，许多人由于无法忍受这份辛苦，而选择从事其他行业。

4. 职业素养待提高

民航客舱服务是高端服务，需要较高的自身素质和服务技能，乘务员要注重自身职业素养的培养和综合素质的提高。

我国民航乘务员年龄普遍在 20 ~ 30 岁，大部分是从高等校园直接进入航空公司，缺少社会实践。在校期间对乘务员工作了解不够深入，进入工作岗位后，逐渐体会到工作的辛苦，产生了较大的心理落差，导致工作热情不高，服务意识不强。在乘务工作中遇到挫折时心理承受能力较差，容易产生放弃工作的想法，导致乘务工作生涯较短，职业素养很难提升。此外，航空公司在进行在岗培训时，缺少对乘务员的素质培养。

二、民航乘务员职业前景

中国经济呈现出的巨大活力，既推动了经济全球化进程的脚步，也为旅游业的蓬勃发展打开了光明之门。人们出行选择的交通方式呈现出多样化需求，传统的火车和汽车已经无法满足人们长途旅行的需求，飞机已成为首选，这极大地促进了中国民航业的持续发展。

从目前民航业的发展进程来看，中国正处在从"民航大国"向"民航强国"的过渡时期。全国各地机场基础设施的新建和扩建、各个航空公司机队规模的扩张、国内民营航空公司的创办与运营、国内外航线的开辟与增加，以及中国民航局对外国航空公司开辟中国航线政策的放宽，都给我国民航运输业开辟了广阔的发展空间。中国将成为亚太地区及全球范围内最重要的航空市场。

中国航空工业发展研究中心《民用飞机中国市场预测年报》指出，截至 2019 年年底，我国航空运输总周转量居全球第二位，我国民航业共有运输飞机 3818 架，我国共有定期航班航线 5521 条，全国共有颁证民航运输机场 238 个。预计中国航空运输业年平均增长速度将会保持在 10% 左右，每百万平方公里拥有机场数量将大幅度增加，航班密度、旅客客运量等各项指标都将快速增长。预计到 2038 年，客机机队规模将达到 8500 架。由于受到 2020 年新冠肺炎疫情对全球航空业的影响，年报预测至 2024 年，我国民航业将以国内航线为主，逐步恢复国际航线和地区航线；2021 年国内民航出行超 2020 年 50%。

《全国民用运输机场布局规划》也指出，至 2025 年，在现有（含在建）机场基础上，新增布局机场 136 个，全国民用运输机场规划布局 370 个，航空运输服务覆盖面进一步扩大。我国将建成覆盖广泛、分布合理、功能完善、集约环保的现代化机场体系，形成 3 大世界级机场群（京津冀、长三角、珠三角世界级机场群）和 10 个国际航空枢纽、29 个区域航空枢纽。

我国民航业的持续发展对民航专业服务与管理人才的需求量也大幅增加。权威分析师预测，我国民航从业人员队伍还有近数十万人的缺口，乘务员岗位也因退休、离职等需要持续增补。同时，航空公司未来的发展趋势已经从单纯的客票服务、运输服务、货运服务转变成融入旅游业、物流业、餐饮业的延伸增值服务。

第三节　民航乘务员岗位概要

一、民航乘务员招聘要求

（一）素质条件

普通高等学历教育国家认可大学专科（含）以上在校生和应、往届毕业生，专业不限；

普通话发音标准，无口音问题；具有良好的英语交流能力，具有国家认可的英语等级证书（不强制获取）。

（二）身体条件

五官端正、身体匀称、肤色健康、身体裸露部位无明显疤痕、无明显的 O 形和 X 形腿；具有较强的表达能力和观察、分析、判断能力；具有一定的方位感和空间感；知觉、嗅觉、听觉等感觉器官灵敏；四肢灵活，动作协调；无慢性病史；无精神病家族史；无遗传病史；无癫痫病史；无晕车、晕船史；无重听、无口吃；无色盲、色弱，双眼裸眼视力 C 字表 0.7 以上（可进行矫正手术或佩戴隐形眼镜）。

- ➤ 男性身高（cm）：174 ~ 185。
- ➤ 女性身高（cm）：164 ~ 175。
- ➤ 男性体重（kg）：[身高(cm) ~ 105] ×90% ~ [身高(cm) − 105]。
- ➤ 女性体重（kg）：[身高(cm) ~ 110] ×90% ~ [身高(cm) − 110]。

（三）其他条件

拥有中华人民共和国公民身份；本人及家庭成员无刑事犯罪记录；身心健康，符合空勤人员体检及政审的相关要求；热爱祖国、遵纪守法、举止端庄，有志于从事航空服务事业，具有较强的服务意识和良好的道德品质。

二、民航乘务员职业等级

我国民航乘务员的职业生涯可分为五个阶段，即实习乘务员阶段、普通舱乘务员阶段、两舱乘务员阶段、区域乘务长阶段和主任乘务长阶段。通常，在航空公司完成初始培训后，考核成绩合格，进入实习带飞阶段；经过一定飞行小时数后，进行放单检查，考核通过后成为普通舱乘务员；随着飞行小时数的积累和个人能力的提升，在完成两舱知识学习并通过升级考试后，晋升为两舱乘务员；当飞行时间、管理能力和考核成绩达到航空公司的要求之后，聘用为区域乘务长；区域乘务长工作一定年限后，完成相应的学习，被航空公司聘任为主任乘务长，如图 1-19 所示。

民航乘务员职业等级可分为五级，分别是五级民航乘务员（国家职业资格五级/初级工）、四级民航乘务员（国家职业资格四级/中级工）、三级民航乘务员（国家职业资格三级/高级工）、二级民航乘务员（国家职业资格二级/技师）和一级民航乘务员（国家职业资格一级/高级技师）。

图 1-19　乘务员晋升两舱考试

图片来源：民航资源网

取得《中国民用航空客舱乘务员训练合格证》，或者在乘务员岗位工作 1 年（含）以上者，可以申报五级民航乘务员；取得五级民航乘务员资格证书，且累计从事乘务员工作 4 年（含）以上，或者累计从事乘务员工作 6 年（含）以上者，可申报四级民航乘务员；取得四级民航乘务员资格证书，且累计从事乘务员工作 5 年（含）以上，或者具有大专及以上本专业（空中乘务）或相关专业（航空服务）毕业证书，且累计从事乘务员工作 2 年（含）以上者，可申报三级民航乘务员；取得三级民航乘务员资格证书，且累计从事乘务员工作 4 年（含）以上者，可以申报二级民航乘务员；取得二级民航乘务员资格证书，且累计从事乘务员工作 4 年（含）以上者，可以申报一级民航乘务员。通过理论知识考试、技能考核和综合评审三个方面测评，成绩皆达到 60 分（含）以上者为合格。

三、民航乘务员岗位职责

民航乘务员的主要职责是在飞机上确保旅客的安全和舒适。同时，乘务员作为民航业的窗口形象，任何时候都要遵守服务规范、安全规范、形象规范和行为规范等要求。

（一）服务职责

➢ 客舱、卫生间和厨房的卫生检查。

➢ 餐食、酒水等数量和质量检查。

➢ 提供餐饮服务。

➢ 提供阅读刊物。

➢ 免税品销售。

➢ 广播服务。

> 娱乐系统操作。

> 特殊旅客服务。

（二）安全职责

安全责任重于泰山。民航乘务员承担着重大的安全职责。在紧张忙碌的工作中，必须时刻审视客舱的安全状态，及时发现各种安全隐患，及时处理各种紧急情况，担负着应对危机，保护旅客的责任。

> 应急设备的检查和使用。

> 飞机舱门及应急出口的检查和操作。

> 卫生间灭火系统和烟雾探测器的检查。

> 安全介绍与安全检查。

> 监控客舱设备运行状态和异常情况。

> 观察旅客情况，是否有异常情况。

> 空防安全管理。

> 应急处置，包括失火、释压、应急撤离、应急医疗等。

四、民航乘务员岗位要求

民航乘务员的工作属于服务性工作，是在保证客舱安全的前提下为旅客提供优质服务。要做到这两点，乘务员需要具备扎实的专业知识和优秀的职业技能。

（1）民航乘务员需要拥有丰富的知识面。第一，民航概况与航空知识。民航概况包括中国民用航空概况、中国主要航空公司概况、国际民航组织概况及国际航空运输概况；航空知识包括航空术语、飞行基础知识、航空气象基础知识和航空卫生基础知识。第二，法律法规。包括《中华人民共和国民用航空法》《中华人民共和国民用航空安全保卫条例》、《中华人民共和国劳动法》《中华人民共和国合同法》及《大型飞机公共航空运输承运人运行合格审定规则》等相关知识。第三，航空运输相关规定。包括《民用航空危险品运输规定》《中国民用航空旅客、行李运输规定》和《航班正常管理规定》等。第四，地理知识。包括中国地理一般知识；中国各省、自治区、直辖市、特别行政区简介；世界地理一般知识和世界部分国家、城市简介。第五，宗教礼俗与各地风俗。宗教礼俗包括基督教、佛教、道教、伊斯兰教和犹太教基本知识；各地礼俗包括中国少数民族的风俗习惯；主要通航国家的风俗习惯和饮食习惯；主要通航国家的国花、国鸟和国树以及重要节日等。第六，礼仪知识。包括礼仪概述、职业仪容仪表要求和职业行为举止要求等。第七，民航服务心理常识。包括民航服务心理学概要和乘客心理需要与服务等。

【案例 1-2 飞越秦岭】

在某个航班上，飞机正在巡航阶段，乘务员在客舱里为旅客提供客舱服务。一位老先生望着舷窗外的景象，跟乘务员说："我离开祖国五十多年了，这是第一次回国，看见祖国的山河，我心里很激动啊。请问，我们现在飞越的是什么山脉啊？"乘务员听到后一脸愕然，显然乘务员并不知晓答案。她抱歉地微笑着回应："我现在去问问机长。"不多时，乘务员回到客舱，告诉老先生正在飞越的是秦岭。老先生若有所思地问道："请问，秦岭有多长啊？"这一次乘务员再次哑口无言。她跟老先生说："老先生，您问我的问题，我现在无法回答，我下班后查好资料，用邮件发给您，您看好吗？"老先生高兴地点了点头。但乘务员心里却不是滋味……

（2）民航乘务员在工作中随时有可能遇到突发的特殊情况，要学会随机应变，具体情况具体对待，用最合适的处理方式达到最理想的效果。既要保证飞行安全，又要妥善处置特殊情况，既不因循守旧，也不因迁就旅客而违反相关规定。这需要乘务员具备优秀的职业技能。

【案例 1-3 自制包装巧化解】

某日，在航班登机过程中，一位女士带着一辆名牌婴儿车登机。乘务长见到后立即告知旅客："很抱歉女士，这类婴儿车不能折叠，客舱里无法安放，建议您办理托运。"旅客表示不是自己不愿意托运，因为怕被摔坏而不敢托运。乘务长继续解释："我很能理解，这么贵重的婴儿车，如果真摔坏了，我也心疼。但是出于航班安全考虑，体积过大，无法在客舱存放的行李必须托运。不如这样吧，我给您的婴儿车做一个包装吧。"乘务长说完，拿出两个机上的大塑料袋，协助旅客一起将婴儿车包起来，做完防护又嘱咐地服人员贴上"小心轻放"的标识。这位女士看到了一整套的防护措施后，安心地办理了托运手续。航班落地前，乘务长又让机长通知到达机场的地服人员，到港后先将婴儿车拿到机舱门口，最大限度地方便旅客使用。当这名女士走到机舱门口看到自己的婴儿车完好无损地摆放在廊桥上时，连连向乘务长致谢。

除了知识要求和技能要求外，民航乘务员还要有稳定的心理素质和较强的亲和力。当面对天南海北的旅客时，能做到做老年旅客的好儿女、普通旅客的好朋友、儿童旅客的好阿姨、生病旅客的好护士、外地旅客的好导游。

【案例 1-4 生病旅客的好护士】

一架由北京飞往厦门的航班在旅客登机时，一名面缠绷带，明显看得出烧伤严重的旅客引起了乘务员的注意。这名旅客独自乘机，其他登机的旅客看到他后都避之不及。为了缓解这名旅客的尴尬，乘务员热情而自然地把他安排在客舱后部安静且较为隐蔽的位置就座。飞行中，乘务员发现这名旅客由于面部缠绷带导致他无法像其他旅客一样用餐，就为他提供吸管，方便他喝水。随后的旅程中，乘务员发现他的表情很痛苦，询问得知，由于客舱干燥，导致伤口干裂并向外渗血，而他并没有随身携带药物。乘务员马上回到厨房，用干净的小毛巾在沸水里蒸煮消毒，放凉后送到这位旅客的手中，让他擦拭伤口，这名旅客充满感激她向乘务员一再道谢。

第四节　民航乘务员职业技能与特点

一、职业技能概述

（一）职业技能含义

职业技能是指从业者从事职业劳动和完成岗位工作应具有的业务素质，包括职业知识、职业技术和职业能力。其中，职业知识包含基础知识、专业知识，以及包括人文素养等在内的其他知识。职业技术是指驾驭本职业或岗位的科学技术。职业能力包括从业者在职业环境中合理有效地运用专业知识、职业价值观、职业道德、职业态度的各种能力，包括智力能力、个人能力、人际沟通能力、组织和企业管理能力等。换言之，是指人在改造自然和改造社会的有意识活动中展现的综合能力，是开展职业活动的必要条件。职业知识、职业技术和职业能力三者有机联系，密不可分，共同构成从业者职业技能的素质体系。不断提高自己的职业技能既是社会发展和组织进步的需要，也是为自己今后取得更好的职位做准备。

（二）职业技能要素

职业技能是职业发展的关键。弗朗西斯·培根说："各种学问并不把它们本身的用途教给我们，如何应用这些学问乃是学问以上的智慧。"这句话说的就是用知识解决问题的智慧，这就是一种技能。

职业技能有两大要素：专业能力和关键能力。

专业能力通常是指针对某一专业领域相应工作岗位职责所需的能力，是对从业者业务知识和操作技术的综合能力水平的基本要求。包括专业知识、专业技能、资格证书、专业拓展等。

关键能力通常是指可以跨职业、跨岗位的一种能力。包括外语能力、计算机能力、社交能力、创新能力等。

当今社会发展迅猛，一个人在职场生涯中难免遇到职业更替与岗位变换，专业技能是初入职场时的敲门砖，随着经验与阅历的增长，关键技能的优势就会逐渐凸显出来，而社交技能、团队协作技能等不依赖专业技能的能力也会发挥比关键技能更为重要的作用，如图 1-20 所示。

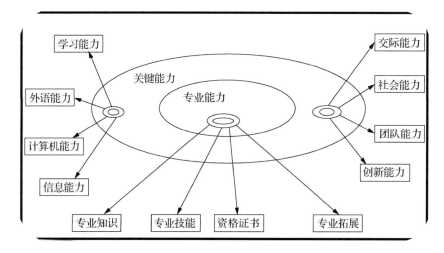

图 1-20　职业能力构成

二、职业技能训练

（一）努力掌握必要的专业理论和实践技能

任何单一的技能都很难出色地发挥作用，只有集合起来综合运用，才能保证高质量地开展职业活动。善于将专业知识归类总结，并与实践应用相结合，既有理论基础，又有实际动手能力，才能更迅速地适应岗位需求。同时获取相关专业的职业证书包括国家职业资格证书、技术等级证书、行业资格证书等。

（二）关键技能的训练

联合国教科文组织在《学会生存》一书中提到，缺乏外语和计算机能力的人是未来的文盲。英语作为现代社会一门重要的基础技能，其重要性不言而喻。学习英语不是目的，能够熟练使用英语完成本职工作才是根本。英语的学习可以从听说读写四个方面进行训练。利用 BBC、CNN 等电台节目训练自己的听力是最便捷的方式；在有可能的条件下，与外国友人进行会话训练，可以就某一话题展开讨论；很多外文资料、英语新闻都能通过互联网上获取，通过英语文章提高阅读能力；锻炼英语的写作能力可以选择用英语写日记和工作报告等。

计算机的应用已经深入工作与学习的各个方面，成为另一项重要的基础技能。对计算机的应用要善学善用。所谓善学是要随时掌握最新的技术，满足工作学习的需要；所谓善用是能够熟练使用 Office 办公软件、处理网络问题等。

（三）运用科学有效的学习方法

科学有效的学习方法不仅能提高学习能力，还能提高学习质量和效率。学习方法多种多样，应因人而异、因学科而异。选择适合自己的学习方法才能事半功倍。以下学习方法可供参考：第一，发现法。通过观察联想，运用掌握的知识去发现问题、提出问题、解决问题，在发现问题的过程中掌握新的知识。通常适用于创新型的知识学习。第二，问题法。由自己或他人提出问题，根据问题收集资料、进行验证、最终求解。第三，整体法。将知识的结构全部联系在一起，使零散的知识点形成完整的体系，通常适合宏观理论的学习。第四，比较法。将知识之间进行比较，确定知识点的联系。

（四）培养拓展能力

加强自学能力培养。给自己确立明确的学习目标，制订详细的学习计划；充分了解自身的智力水平、个性特征、学习风格以及知识掌握情况；对自学行为实施监控管理；利用各种渠道获取丰富的信息，比如图书馆、多媒体网络等，将获取的知识做笔记整理；与他人共同探讨，交流经验，虚心请教。达尔文说："我认为，我所学的任何知识都从自学中得到。"

能够适应社会和职场环境。指的是寻求整体社会与个体成员之间的一种平衡状态。既要通过调整个体成员的态度和行为适应社会和职场环境，又要尽可能地调整环境与个体成员相匹配。包括良好的书面和口头表达能力、适当的自我展示能力、出色的人际交往能力、成熟的自立能力、组织与执行能力、自我反省与控制能力等。

注重团队合作与协调。当今社会不是个人英雄主义时代，任何岗位都需要较强的团队合作能力。这项技能可以通过实践活动来获得，正确看待团队中的竞争与合作，对于团队中的异议可以有效沟通，共同商讨解决方案，对于达成一致的目标，坚决执行。

三、民航乘务员职业技能

从初入职场的乘务学员到成熟稳重的乘务长，任何一个民航乘务员的成长与成熟都不是一蹴而就的，需要经历磨炼方能美丽绽放。尤其是优秀的民航乘务员，在飞机上不仅仅是端茶送水，迎来送往，还需要具备广博的文化知识和生活常识、较强的语言沟通能力、强烈的安全意识、娴熟的客舱服务技能、丰富的医学常识和急救知识，并懂得运用各种服务礼仪完成高质量的客舱服务工作。乘务员不但要有漂亮的外在美，更要有丰富的内在美，才能对旅客提出的各种问题应对自如，帮助旅客解决各类问题。

（一）沟通协调技能

乘务员在执行航班任务的过程中经常会遇到很多难以预料的问题。比如，由于天气原因导致航班延误时，旅客情绪容易激动；由于座椅靠背调整位置不当，使前后排旅客之间发生争执甚至大打出手；一些旅客提出的个性化需求乘务员无法满足，引起旅客的投诉，等等。乘务员在与旅客沟通的时候，适当地使用肢体语言和幽默的言语营造亲和的氛围，从旅客的角度思考问题，才能圆满地完成客舱服务工作。

【案例 1-5　沟通突破隔阂】

一位男性旅客登机后向乘务员提出需要三条毛毯，由于机上毛毯配备数量有限，乘务员只给他提供了一条毛毯，旅客非常不满意。乘务员耐心地向这位旅客作了解释，而该旅客对乘务员置之不理，后来索性闭眼不理。乘务员向乘务长汇报了这一情况后，乘务长来到客舱里观察了一下这位男性乘客周边的情况，发现原来他是一家三口出行，身边还有他的妻子和孩子。乘务长端着一杯水走到孩子妈妈的身边说道：“您的儿子长得真壮实，您平时一定特别留意他的饮食吧，我的女儿长得很瘦小，您一定得好好教教我，我回头给我女儿也好好补一补。”这位母亲听了后回应：“很多人都问我给儿子用了什么营养品，其实主要是我儿子不挑食，你家闺女一定要好好吃饭才行呢。”随后，乘务长与这位妈妈又聊了一些育儿话题，其间，乘务长适时地为没能向他们提供足够的毛毯解释并道歉，这位母亲连连说道：“不要紧，没关系。”

（二）餐饮服务技能

一顿小小的飞机餐，却藏着大大的学问。从提供餐前饮料开始，到供餐结束旅客进入休息状态，乘务员需要掌握丰富的餐饮服务技能。尤其是两舱（头等舱、公务舱）乘务员需要更加细致丰富的技能和经验。

1. 餐食服务

不同的飞行时间段，航空公司会提供不同种类的餐食。在 06:30 ～ 09:00 会提供早餐，在 10:30 ～ 13:30 会提供午餐，在 16:30 ～ 19:30 会提供晚餐，其他时间会提供小吃或点心餐。此外，飞行时间超过三小时以上的航班也会提供一顿正餐，夜间飞行的航班还会提供夜宵等。

民航乘务员需要掌握如何加热不同类型的餐食。餐食的烘烤不是简单地加热食物，而是二次烹饪。比如，面包要中温烘烤 7 ～ 10 分钟；汤类要高温蒸汽烘烤 15 分钟；肉类或者海鲜类食物则要高温烘烤 20 分钟；粥类或者点心要中温蒸汽烘烤 15 分钟等。食物不同，要求烘烤的温度和时间不同，这样才能最大限度地保证食物的口感与色泽。

同时，由于飞机烤箱内烤炉架的层数较多，上层部分属于非常热度层，适合烘烤汤汁、盒装米饭、花生米等；中层部分属于理想热度层，适合烘烤牛排、鸡肉、鸭肉、猪肉、排骨等肉质密度较大的主菜；下层部分属于标准热度层，适合烘烤蔬菜、面包、海鲜、鱼肉及西式早餐等。乘务员要根据不同的餐食内容合理分配餐盒位置。

此外，乘务员还要熟悉不同餐别的供餐程序标准，中西餐的食物搭配，保证优质地完成餐饮服务。

2. 酒饮服务

飞机上通常会配有啤酒、红白葡萄酒（普通舱）、香槟以及各种洋酒（头等舱）。乘务员要掌握酒类服务的知识。包括不同种类的酒如何保存，常温还是冷藏；如何开酒；如何醒酒；如何向旅客展示酒标；如何为旅客斟酒；如何调制鸡尾酒；哪种酒对应什么样式的酒杯以及酒水与餐食如何搭配等，如图 1-21 所示。

饮料杯　　　　香槟杯　　　　白兰地杯　　　　葡萄酒杯　　　　通用杯

图 1-21　飞机上常用杯子类型

【案例 1-6　冰啤更完美】

由广州飞往北京的航班上，某乘务员餐饮服务结束后在巡视客舱。忽然，一位外籍女士叫住她，递给她一张写满英文的意见卡，大意是，你们的微笑非常亲切，服务非常周到，感谢你们带给我美好的旅程。PS：啤酒要是冰的就更好了。看完了意见卡，乘务员与该外籍女士做了简短的沟通，得知她来自澳大利亚，非常喜欢中国文化，也喜欢中国人的热情。刚才供应餐饮时，她要了一听啤酒，觉得啤酒要是冰些就更好了，她说她们澳大利亚人都喜欢冰啤。乘务员带着这张意见卡，向乘务长作了汇报。折回客舱时，托盘里盛放着从头等舱冰箱里取来的冰镇啤酒和一块小毛巾。当乘务员把这些放到这位外籍女士的小桌板上时，她惊讶地捂嘴并大声说道："我的天呐，太意外了，太完美了，太感谢了！"乘务员回应："这是中国的冰啤，希望给您的中国之旅留下美好的印象。"

与饮酒不同，中国旅客更热衷品茶。民航乘务员还要了解茶的种类和烹制方法。比如：龙井、碧螺春属于绿茶，是没有经过发酵的茶，具有提神醒脑、防辐射、防衰老、杀菌消

炎、防癌抗癌的功效；正山小种、祁门红茶属于红茶，是一种全发酵茶，具有抗氧化、延缓衰老、养胃护胃的功效；金骏眉、大红袍属于乌龙茶，是一种介于红绿茶之间的半发酵茶，具有消除疲劳、生津利尿、解热防暑、杀菌消炎、解毒防病、消食去腻的功效；茉莉花茶、菊花茶、洋甘菊茶可以为旅客带来清新的花茶口味。为旅客提供茶品时，要掌握如何洗茶、如何泡茶、如何搭配茶点等服务技能。

3. 特餐服务

特殊餐食的种类非常多，包括不同宗教信仰的餐食、婴儿餐、低脂餐、无谷蛋白餐、糖尿病餐、无乳糖餐等。针对不同宗教信仰餐食，乘务员要了解不同宗教的要求。比如，印度教徒不食牛肉，而且乘务员提供印度教徒餐时不能用左手；犹太餐只限食用者亲自开启，乘务员严禁打开外包装盒；西方素食餐不含任何肉类、家禽、鱼类、动物性油脂或明胶食品，可以吃乳制品和蛋，也称为"奶蛋素食"；等等。乘务员要充分掌握不同种类特殊餐食的具体要求，才能在工作中更好地为旅客提供服务。

【案例 1-7 遗漏的素食】

某日，北京出港的国航航班上转来了一些其他航空公司的旅客，其中一位旅客预订了素食，但是国航航班上并未收到素食旅客的信息，所有机上也没有准备素食。当这名旅客向乘务员询问素食情况时，前两位乘务员均表示没有收到预订素食的通知，因此责任不在她们。而第三位乘务员得知情况后，立刻向旅客表达了歉意，并提出了补救方案，飞机上还有一些水果、蛋糕以及坚果小零食等可供旅客选择。随后，乘务员拿来一个托盘，上面放着各种小零食，旅客欣然地选择了一些。乘务员补充道："您的情况我一定及时反映，希望以后不会再出现这样的问题。"旅客很高兴，并表示感谢。

4. 食物禁忌

由于每个人的体质不同，有些旅客可能对某些食物产生过敏反应，如蛋白、花生、虾、牛奶等。某个国际航班上，当旅客登机结束后，客舱广播中传来了当班机长的声音，"女士们、先生们，很抱歉打扰你们了。今天机上有一位乘客患有严重的坚果过敏症，请您在飞行期间不要打开或食用任何坚果食品，很抱歉给您带来了不便。祝各位旅途愉快。"

（三）特殊旅客服务技能

民航乘务员在工作中，会接触到形形色色的旅客，有些旅客由于自身的原因需要得到乘务员更多的礼遇和关照。比如聋哑旅客、盲人旅客、无成人陪伴儿童旅客、老年旅客、轮椅旅客、担架旅客等，他们在乘坐飞机的时候，乘务员要充分了解这些旅客的特点，提供相应的客舱服务。

【案例1-8 你是我的眼】

在武汉飞往桂林的航班上，有位盲人旅客登机。乘务员一边协助引领该盲人旅客找到座位，一边帮忙提拿旅客行李。待旅客落座后，乘务员又帮助旅客安放行李，告知行李存放的位置，并询问是否有需要使用的东西放在身边。随后，乘务员向旅客作了安全介绍和机上设备的使用说明，并让旅客触摸呼唤铃、座椅靠背调节按钮、小桌板和通风口的位置。飞行途中，乘务员也会适时询问该旅客是否需要使用卫生间。用餐时，乘务员细心地打开包裹热食的锡纸，并按时钟方向给旅客介绍餐食的内容和位置。飞机落地后，告诉旅客稍作休息，乘务员会亲自送他下飞机。全程无微不至的关怀使旅客倍受感动。

（四）危险品处置技能

在航空运输中，危险物品包括爆炸品、易燃液体、放射性物质、毒性物质等9类共3000多种。通常危险物品运输是航空货机运输。而近些年，在旅客乘机行李中隐藏的危险物品也不可小觑。这些物品多存在于日常生活物品中，常见的有充电宝、摄像机、照相机、笔记本电脑、锂电池等，还有一些危险品隐含在一些看似不危险的物品之中。乘务员要有强烈的安全责任意识，有效控制客舱锂电池运输风险，有效处置危险品，确保航班运行安全。

【案例1-9 空中惊魂——锂电池自燃】

2011年5月25日，从北京起飞前往上海的国航CA1549次京沪空中快线航班在飞行途中突发电池自燃事件，所幸机组人员正确处置，并对机舱乘客进行安抚和道歉。

该航班上有200多名旅客，在飞行途中，乘务员在进行客舱巡视时闻到异味并发现有微弱冒烟迹象，伴随越来越浓的焦煳味后，乘务员打开了冒烟的行李柜，火苗已有一二十厘米高，旅客惊呼"飞机客舱起火了！"原来是一名头等舱外籍旅客携带的摄像机电池发生自燃，乘务员迅速进行了处置，把电池扔到洗手间，用灭火器熄灭了火焰。

由于机组和乘务员处理得当，沟通及时，最终未给飞行造成重大影响，飞机按计划安全着陆。事发后，乘务长和机长在广播中连连道歉，给旅客压惊。

（五）紧急情况处置技能

安全是民航运输的主线，也是民航人永恒的话题。客舱安全作为飞行安全的一部分，不容忽视。乘务员既要为旅客提供热情周到的服务，又要对客舱进行安全管理。机上火灾、客舱释压、晴空颠簸、非法干扰等都是危害旅客的不安全事件，乘务员通过学习和演练，能够快速准确地处置，最大限度地避免或减少各类航空事故，保障旅客生命和财产的安全。

【案例1-10 沉着冷静 果断处置】

2008年3月7日上午10时35分，南航CZ6901航班从新疆乌鲁木齐地窝堡国际机场起飞，准备前往北京。11时10分左右，飞机正常飞行时，一名年轻女性从飞机洗手间出来后，被乘务员闻到其身上的气味不对，洗手间门口也有刺鼻的香水混杂汽油的味道。在随后的搜查中，乘务员在洗手间垃圾桶内发现可燃的物体。机上保卫员又发现另一名男性疑犯，并及时将两人隔离。初步分析他们是企图将爆炸物储存起来，然后寻找合适时机作案。这起事件与以往劫机干扰有明显不同，具有很强的政治目的。飞机随后于 12 时 40 分紧急降落兰州中川机场，机组和乘客无恙。

航班在兰州中川机场紧急备降后，警方立即介入并开展调查。经缜密侦查，警方认为这是一起有组织、有预谋的针对航空器实施恐怖袭击的案件。犯罪嫌疑人古扎丽努尔·吐尔地及相关涉案人员被警方抓获。她对其携带经过伪装、可致机毁人亡的破坏装置，骗过机场安检人员，登上飞机，实施恐怖破坏行为的犯罪行为供认不讳。

（六）机上急救技能

旅客在飞机上突患急病，有时候真的是命悬一线。乘务员虽然不是医生，却必须掌握相关的航空医学知识，与机组和医护人员紧密协作，救人于危难之中，为旅客构筑起生命通道，使患病旅客化险为夷。

第一，乘务员需要掌握机上急救原则。乘务员在机上处理急救事务时，不是诊断旅客的病情或进行预先治疗，而是提供必要的基本急救，直到专业医务人员赶到。

第二，乘务员能使用机上急救设备。通常载客的飞机上，都会配备急救箱、应急医疗药箱、旅客药品箱和自动体外心脏除颤器（极地航线）。乘务员要能熟练使用这些急救设备里的物品，比如三角巾、绷带、手臂夹板、人造口咽气道、血压计等。

第三，能处理机上常见病症。飞机飞行高度通常是在万米以上，处于高空低气压环境，机舱内的湿度近似于沙漠。特殊的飞行环境会给人的身体带来一些不适，容易造成晕机、压耳、航空性中耳炎、高空肠胃胀气等症状。飞行中的颠簸也会引起烫伤、砸伤等外伤。如果遇到旅客本身患有癫痫、糖尿病、心脏病等疾病，还会严重威胁旅客的生命安全。此外，晕厥、气道异物堵塞、急腹症等也会给旅客的身体健康和飞行安全带来影响。对于这些常见的病症，乘务员要在第一时间进行正确处置，在客舱中寻求医生帮助，积极协助治疗，记录病患旅客的全部信息，及时报告机长客舱状况，飞机落地后配合地面急救人员完成相关工作。

第四，能处理外伤急救。在飞行中，遇到旅客由于砸伤或者其他因素导致出现外伤时，乘务员要掌握止血、包扎、固定和搬运四项基本技术。懂得运用止血带止血及止血注意事项、了解身体不同部位的包扎方法、知道如何固定伤肢，使病患旅客不因搬运或者颠簸额外受伤。

第五，能实施心肺复苏。人的心脏一旦骤停，若不及时抢救，4～6 分钟后会造成患者大脑和其他人体重要器官组织不可逆的损害。在飞行中，遇到有人昏迷失去意识时，乘务员要知道如何识别心搏骤停，如何实施胸外按压，如何使用 AED。

第六，能处置机上分娩。飞机上遇有孕妇生产情况时，懂得如何做接产准备，如何接产，如何处理胎盘娩出，如何做好记录等工作。

第七，能处理机上死亡事件。飞机上有旅客因伤病急救无效发生死亡时，乘务员要懂得如何处理。若有医生在场，需由医生确认患者是否死亡，填写机上急救报告单，并按照医生的指令处置；若飞机上没有医生，做好急救准备，尽可能由机长联系地面急救部门，取得支持，按照其指令行事。

【案例 1-11 万米高空 儿童转危为安】

2014 年 12 月 15 日，国航浙江分公司 CA1957 温州飞往北京的航班上，一名三岁的儿童在进食时突然被噎，食物卡阻气管，随时有生命危险，当班乘务组进行紧急空中救援，机组及时与空管取得联系备降南京，最终让孩子转危为安。

当时正值航班上的餐饮服务期间，突然客舱内传来一名男士惊慌的哭喊声："请你们，救救孩子！"只见坐在 16A 的一名中年男子正手足无措地呼唤着自己的孩子。乘务长任大猛得知后立刻赶到现场，当时孩子脸色发紫，且无任何意识，孩子的父亲明显受了惊吓："孩子吃东西卡住了。"

凭借专业应急训练的急救知识和多年的工作经验，任大猛判断是异物阻塞，便果断采取单手腹部推挤法和拍背法交替对小朋友进行应急救治，同时通知乘务员广播找医生和报告机长，持续处置 2 分钟左右，但小朋友还是没有反应。此时客舱已进行了三次广播，但遗憾的是机上没有能够提供医疗帮助的医护人员。乘务组和全体旅客的心被揪紧了，任大猛非常明白此时此刻所担负的职责和压力，他与其他组员一边持续着处置动作，一边不停地鼓励他们，要相信自己，相信所掌握的知识，不能放弃，只有坚持做下去小朋友才有希望。突然间，小朋友发生了微弱的哭声，有希望了！

任大猛使孩子呈倒立状，用左手托住孩子的身体，右手不停拍打孩子背部。乘务员何晓蔚戴上手套，努力用手指从小朋友口中抠出异物并催吐，孩子本能地咬紧牙齿，此时，虽然手指被咬得剧烈疼痛，但何晓蔚告诫自己不能放弃，坚持住。就这样，2～3 分钟后，一声明显的哭声，并伴随着涌出的呕吐物，小朋友恢复了意识，客舱里所有人都松了口气，周围的旅客齐刷刷地鼓掌。此后，乘务组安排专人全程在小朋友身边照顾。

由于机上没有医生，为了确保孩子的生命安全，当班机长向航空管制部门申请备降最近的南京机场，并联系地面安排救护车。飞机安全降落在南京机场，国航南京航站的负责人已经在地面等候，并陪同救护车及时送孩子前往医院。随后，任大猛也电话联系小朋友的家长，家长回复说已经到医院了，小朋友目前已无大碍，非常感谢乘务组给予的全力救

治。国航南京航站也妥善安排改签了该乘客的后续行程，乘客对国航的救助和服务再次表示感谢。

【案例 1-12　高空接生，"飞机宝宝"平安降生】

2017 年 3 月 7 日，由天津飞往乌鲁木齐的厦门航空 MF8229 航班上，一名维吾尔族孕妇即将临产，生死一刻，三名厦航乘务员临危不乱，在她们的协助下，孕妇顺利产下健康女宝宝。

旅客登机时，乘务长顾娟注意到一名维吾尔族孕妇上了飞机，经询问，旅客名叫迪丽拜尔，已怀孕 29 周，这是她第二次生产。

中午 12 点飞机正常起飞，14:20 左右，这名孕妇突然觉得胸口闷、肚子疼，情况不妙。顾娟得知这一情况后赶紧报告机长，同时把孕妇调到商务舱，并通过广播寻找医生。不巧的是，当天航班的旅客中没有医生或者护士。眼见孕妇神色越来越紧张，顾娟一边安抚她的情绪，一边记录她的疼痛情况。此时距离乌鲁木齐还有一个半小时的航程，机长评估备降机场敦煌的距离和医疗水平后，决定继续飞往乌鲁木齐。

14:40，孕妇开始持续疼痛，这是临产的征兆。见此，顾娟立即拉好隔帘，指挥乘务员准备产妇需要的物品，不一会儿，机上应急医疗设备，包括垫纸、毛毯、急救箱、应急医疗箱准备完毕。另一边，机长通知地面协调好最近机位，联系医生做好准备。就这样，乘务员们把商务舱九条毛毯铺在地上，让孕妇躺好，大家按照培训时所学的知识为孕妇接生。

15:13，孕妇羊水破了，婴儿的头已清晰可见。

15:30，一名漂亮的女婴出生。拍背、吐水，婴儿响亮的啼哭声响彻机舱，直到给宝宝包上外套和毛毯，顾娟她们才长长舒了口气。

15:48 飞机落地，舱门一开，6 名医生迅速登机为产妇进行检查，同时剪断婴儿脐带，把母女俩送往当地医院。

顾娟说，这是她飞行以来遇到的最危急时刻。当时情况紧急，她顾不上害怕，好在平时培训过医疗急救、分娩等知识，才能让她们在关键时候临危不乱。

据了解，乘务组三位女乘务员全部未婚，这是她们第一次见证小生命诞生。

四、民航乘务员职业特点

优质的乘务工作，对保障旅客安全舒适出行具有十分重要的意义。民航乘务员工作具有知识型岗位和简单操作型岗位的双重特点，不仅要完成客舱服务工作，更要维护客舱的安全。

（一）工作的灵活性

乘务工作看似简单，但要在小小的客舱内，短则几十分钟、长则十几小时的时间里，

为旅客提供一个安全、舒心、满意的空中旅途并不容易。由于旅客需求的多样性和空中服务的特殊性，航班中往往会遇到各式各样的情况和问题，时时都在考验着乘务员。因此，乘务员不仅要具备娴熟的专业技能，还要具有创造性和灵活性，只有如此才能在乘务工作中游刃有余，妥善地解决各类问题，应对复杂情况。

【案例 1-13　灵机一动现奇迹】

在某个航班的下降阶段，一位女性旅客焦急地在座位上找东西，乘务员看到后便上前询问是否需要帮助。该旅客表示自己的家门钥匙不见了。乘务员与旅客一起从行李架中取出她的行李寻找，依旧没有找到。由于飞机很快就要着陆，乘务员安慰她先不要着急，待飞机落地后继续帮她找钥匙。

飞机落地后，乘务员找遍了这位旅客座位的周围以及前后排座位，始终没有发现钥匙。这时，乘务员灵机一动，将该旅客的座椅垫拆了下来，终于发现了夹在其中的一把钥匙。旅客也开心地确认了就是这把钥匙，乘务员感到十分欣慰。

（二）工作的奉献性

乘务工作要时时刻刻关注旅客的需求，以兢兢业业的态度和全心全意为民服务的理念为旅客解决问题、传递温暖。奉献精神是新时代民航乘务员必须具备的一种高贵品质。

【案例 1-14　爱的奉献】

2012 年 1 月 9 日，国航西南分公司客舱服务部乘务员铁蕾执行北京飞往成都的 4106 航班任务。一切航前准备工作就绪，正在等待旅客登机的铁蕾接到乘务长通知，航班上有一名轮椅旅客。她立即上前迎接，当她站在机舱门口，看到一位步履蹒跚，夹着双拐的旅客在地面工作人员协助下登机时便产生了疑问："为什么这位旅客行动这么不便，却无家人陪伴照顾呢？"这位旅客年龄看起来已逾六旬，两鬓斑白，走路非常吃力，铁蕾搀扶她到座位，安置好行李，便亲切地问询："阿姨，我们的航班时间比较长，您现在需不需要上卫生间呢？"老人无力地摇摇头。铁蕾帮她系好安全带，拿来靠枕和毛毯，由于担心这位老人坐久了脊椎会疼痛，她便与旁边的两位旅客协调为他们更换了座位，好方便老人在途中平躺。

航班起飞后，在几次提供饮料时，铁蕾都细心观察，老人没有喝任何饮料，看到她干裂的嘴唇，铁蕾为她端上一杯温水，可她却还是摇摇头，铁蕾蹲在老人身边，语气柔和地询问："阿姨，飞机上这么干燥，你为什么不喝点水呢？""唉！上厕所不方便！"老人无奈地回答。铁蕾心里一酸，拉住老人的手动情地说："这有什么难的，不是有我吗？"在后来几次客舱巡视中，铁蕾都多次询问和关心这位旅客，可她却始终不愿多说话，只是不时地发出叹息声。做完客舱巡视，铁蕾又一次来到老人座位前，蹲下身，亲切地问道："阿姨，您心里是不是有什么不开心的事情？能告诉我吗？请不要当我是外人，就当我是您的女儿可以吗？有什么困难说出来，我一定会帮助您！"也许是被铁蕾一次又一次真诚的关心所打动，老人抬起头，用那双饱经沧桑的眼睛盯了铁蕾片刻，终于拉着铁蕾的手与她聊了起来。

原来这位阿姨是四川乐山政府机关的一名退休干部，10年前她的老伴儿因为车祸去世，她独自抚养女儿供她读完了博士，女儿结婚后嫁到了北京，她不愿意打扰女儿的家庭生活，一个人住在老家。可是她不幸患上脑溢血，下半身无法正常行走，几次从死神手中挣脱，让她又顽强地活下来。在女儿的多次劝说下，她终于答应到北京的医院接受治疗，可在女儿家刚刚住了半个月，她觉得给女儿的生活带来了很多麻烦，要强的她就选择了独自离开，准备回乐山老家。听完老人的讲述，铁蕾非常同情老人的处境，心里暗下决心要帮助这位旅客。飞机快到成都时，铁蕾帮旅客收拾好了行李，老人告诉她要到石羊场车站赶8点前乘坐最后一班到乐山的巴士。考虑到这位旅客不仅有托运行李而且行动不便又无人接机，铁蕾决定下班后亲自将她送往车站。铁蕾将自己的想法向乘务长做了汇报，得到乘务长的充分肯定和大力支持。

下机后，铁蕾跑前跑后为老人取行李，搀扶老人乘坐出租车赶往石羊场长途车站。可是到了车站才得知乐山的巴士7点钟是最后一班，已经发车了。铁蕾便建议老人在附近的宾馆休息，明天一早再动身，老人感激地点头同意。铁蕾帮助老人在离车站最近的地方找好宾馆，帮助老人填表登记，安排好行李，将老人送进房间，一切安排妥当向老人告辞时，老人一边眼含泪水拉住她的手硬要塞给她两百元钱，一边动情地说："闺女，这一路多亏了你照顾，太感谢你了，这车费你一定要收下！"铁蕾婉言谢绝了，只是微笑着告诉老人："我喜欢服务于人，帮助于人，这是我身为一个党员应该做的。"

（三）工作的细致性

惠普的创始人戴维·帕卡德说："小事成就大事，细节成就完美。"细节就是品质，细节体现品位，细节无处不在。在乘务工作中，乘务员通过细心观察和用心服务，就能让旅客感受到旅途中的贴心与温暖。

【案例1-15 细心服务 温暖客舱】

某航班上，乘务员正在为旅客提供餐饮服务，11排A座的女士要了一杯咖啡。其间，飞机遇有颠簸，乘务员客舱广播提醒旅客系好安全带。待颠簸结束后，乘务长巡视客舱时，发现了11排A座的女士正在用纸巾擦拭衣服上的咖啡，而且其胸口的皮肤已被烫红。乘务长马上意识到这名旅客是在刚才飞机颠簸时被热咖啡烫伤了。仔细观察，该女士穿了一件领口比较大的套衫，里面是一件紧身的衣服，乘务长想到热咖啡被泼到领口里，又与里面的紧身衣服粘在一起，这名女士肯定很难受。看到相邻的B座和C座的旅客都是男士，乘务长觉得可能是这位女士不好意思开口找乘务员帮忙。乘务长将这一切看在眼里，记在心里，回到厨房中拿了一块干净的小毛巾，又从药箱中取出烫伤膏，再次来到11排，主动将这位女士带到前舱卫生间里，帮助她用冷毛巾敷在烫伤的皮肤上，又涂抹了烫伤膏。

这位女士十分诧异且非常感动："您真是太细心了，我本来都不好意思找你们帮忙。"下机时，该女士再次表达了诚挚的谢意："今天真的谢谢你们细心的帮助，我现在好多了。"

（四）工作的严谨性

乘务工作要有严谨的工作作风。航空运输是高风险的行业，一旦造成事故，损失惨重，影响广泛而深远。我国民航系统一直秉承着安全第一的方针政策，不断地加强民航安全教育，提高飞行安全意识，尤其是对工作在一线的空勤人员。安全责任重于泰山，民航乘务员在工作中粗心大意、马马虎虎、懒于思考和观察，甚至存有侥幸心理，都会给飞行安全带来隐患。

【案例 1-16　严谨认真保平安】

某日，一架航班正在登机，乘务长在迎客时发现一位旅客手捧着一个箱子往客舱走，箱子上印有"锂电池保护板"的字样。乘务长立刻警觉起来，她知道锂电池属于限制运输的危险品。她跟随旅客到了客舱里，向旅客作了详细询问。经核查，纸箱内放置的并不是锂电池而是码放整齐的集成电路芯片，每个大约 0.5cm×2cm。内附的检测报告显示，此物品做过腐蚀性检测，腐蚀等级为 8 级，腐蚀率为 34%。乘务长立刻将此情况向机长汇报，机长权衡后决定此物品需要随机托运，不得带入客舱。为了保证飞行安全，乘务长说服旅客将此物品办理了托运。

（五）工作的果断性

民航乘务员在工作中要时刻保持警醒，树立高度的安全责任意识。一旦遇有突发事件，能够迅速反应、冷静应对、准确判断、果断采取正确的处置措施。

【案例 1-17　把火灾消灭在萌芽中】

某航班中，飞机已经进入平飞阶段，乘务员开始为旅客们做餐饮服务准备。这时，一名刚从洗手间出来的男性旅客从乘务员身边经过时，身上的古龙香水味道中夹杂着一股烟味。出于职业的敏感性，乘务员立即询问该旅客是否在洗手间内吸烟，旅客的回应躲躲闪闪、含糊其辞。乘务员立即打开洗手间门，里面弥漫着烟味，查看废物箱时，烟雾扑面而来，并伴有废纸燃烧的味道。显然，没有熄灭的烟头已经将废物箱中的废纸点燃。灭火迫在眉睫！乘务员迅速拿起就近饮料车上的矿泉水倒向废物箱，明火被扑灭。为防止死灰复燃，乘务员又将废物箱取出，将里面的废弃物仔细检查，逐一确认。确保没有火灾隐患后，将此事票报乘务长和机长。因为乘务员的果断处置，一起可能引发的火灾被消灭在萌芽状态。

（六）工作的协作性

民航运输应以保障人机安全为最高原则，最大限度地防止客舱不安全事件的发生，减

少突发事故带来的人员伤亡和财产损失。当出现非法干扰、机上偷盗、客舱释压、晴空颠簸或者人员突发疾病时，乘务员要在机长的领导下，有序分工、紧密协作，规范地按照手册要求完成操作程序。

【案例1-18 同心协力防偷盗】

某日，一架航班缓缓落地，旅客们有条不紊地下机。突然，客舱里响起了急促的呼喊声，一名坐在43F座位的旅客焦急地说，他放在行李架上的旅行包里的三万元现金不见了。乘务长和安全员得知这一情况后，立即阻止旅客继续下机，并向机场派出所报了案。在等待警察到来的时候，乘务组分工协作，有负责安抚旅客的、有负责监控客舱的、有负责收集现场信息的、有负责与机组沟通的。通过在旅客中进行摸排，一位旅客反映了一个情况：他看到44J的旅客好像翻动过43排行李架的行李。乘务长让安全员暗中控制好44J的旅客，并让其他旅客填写证人证词。

机场警察到来后，乘务长向警察汇报了情况并递交了旅客的证词。事后，警察反馈消息说，失窃的现金已经找到，并对乘务组的冷静处置、积极协助给予高度的赞扬。

思考题

1. 民航乘务员的职业等级有哪些？

2. 民航乘务员的岗位职责有哪些？

3. 民航乘务员需要具备哪些职业技能？

4. 民航乘务员的职业特点有哪些？

5. 想一想，影响乘务员职业发展的因素有哪些？

6. 职业技能的要素是什么？

7. 如何提高自己的职业技能？

8. 科学有效的学习方法有哪些？

第二章
民航乘务员职业素养

"乘务员"这个称谓不仅仅代表靓丽，更包含着一份责任。当以"民航乘务员"身份踏入客舱时，就要具备非常优秀的职业素养。只有善于自我成长、自我管理并弘扬工匠精神，品质才能获得不断地提升，铸就非凡的职业素养。

职业素养
打开职业生涯之门的钥匙

第一节　职业素养概述

一、职业素养的含义

所谓素养，就是修习涵养。是指经由训练和实践而获得的一种素质与教养，包含个人的才智、能力和内在涵养，也可看作是平时所养成的良好习惯和为人方式。《汉书·李寻传》："马不伏历，不可以趋道；士不素养，不可以重国"；陆游《上殿札子》："气不素养，临事惶遽。"

从广义来讲，素养是指修养，包括道德品质、外表形象、知识水平与能力等各个方面，可以理解为与素质同义。比如思想素养等同于思想素质。狭义而言，素养侧重后天养成，素质侧重先天禀赋，两者不可相提并论。

什么是职业素养？中国知网（CNKI）的定义是指职业内在的规范和要求，是在职业过程中表现出来的综合品质，包括职业道德、职业技能、职业行为、职业作风和职业意识等方面。圣弗朗·西斯科在其著作中的定义是：职业素养是人们在社会活动过程中需要遵守的行为规范，是职业内在的要求，是一个人在职业过程中表现出来的综合品质。职业素养具体量化表现为"职商"（career quotient, CQ）。还有学者认为，职业素养是指劳动者适应社会职业活动与发展的素质与修养。

职业素养的概念很宽泛，既要有专业性，还要有敬业之心与道德之规。体现在职场中就是职业素养；体现在生活中就是个人的素质与道德修养。职业素养是内涵，个体行为是外在表象。

二、职业素养核心

职业素养由职业道德、职业意识、职业技能和职业行为习惯构成。职业素养核心包含三个方面，即职业信念、职业知识技能和职业行为习惯。

（一）职业信念

职业信念是对职业持有的一种坚信态度，这种态度是持久而稳定的。人们坚信自己所做的事、所追求的目标是正确的，在任何情况下都毫不动摇地为之奋斗。良好的职业素养包含良好的职业道德、积极的职业心态和正确的职业价值观，是一个职业者必须具备的核心素养。职业信念由爱岗、敬业、忠诚、奉献、正面、乐观、用心、开放、合作及始终如一等组成。

【案例 2-1 老中青三代乘务员齐聚一堂 共话真情服务】

2019 年 3 月 7 日下午，中国航协邀请民航老中青三代乘务员齐聚一堂，共话真情服务。民航局局长冯正霖出席座谈会并讲话，他指出：民航发展成绩的取得离不开一代又一代客舱乘务队伍的辛勤付出和团结拼搏，从 1955 年中国民航"十八姐妹"开始，客舱乘务队伍从无到有、从小到大、由弱到强，走过了 60 多年的光辉历程，在民航安全、服务、发展中作出了突出贡献。客舱乘务队伍已经成为推动民航发展的重要群体和核心力量。

冯正霖强调：客舱乘务队伍是客舱安全的保障者和服务的承载者，展现着民航的形象和服务品质，希望客舱乘务队伍向老一辈乘务员们学习、取经，传承好中国民航客舱乘务队伍的宝贵精神财富，坚持做好真情服务，让旅客更满意；同时要成为行业文化的传播者、当代民航精神的践行者，展现出新时代民航新形象，为民航强国建设再立新功。

老前辈们开了中国民航空中服务的先河，是中国民航服务的先驱。未来，我们一是要有使命。坚定信仰，爱岗敬业。二是要有目标。信心满满地向着自己的小目标奔跑，这就是国家的大信心。三是要有传承。传承客舱乘务优良传统，传承中国民航乘务精神，做蓝天事业最美的追梦人。

座谈会上还分享观看了网络上流传的暖心视频，国航 CA983 乘务组在组织紧急撤离时，乘务员声嘶力竭地呐喊，在寒风中衣着单薄，却仍手持应急电筒，有的把自己的衣服、鞋子脱给了旅客，听到和看到这些，大家为乘务员的敬业、坚守和爱心动容，如图 2-1 所示。

图 2-1 座谈会图片

资料来源：民航资源网，2019-03-08

（二）职业知识技能

职业知识技能是做好一项工作必须具备的专业知识和能力。俗话说"三百六十行，行行出状元"。没有过硬的专业知识，没有精湛的职业技能，就无法做好事情，就更不可能成为"状元"了。

【案例 2-2　走猫步也是一种能力：世界上最贵的"猫步"】

巴西超模吉赛尔·邦辰（Gisele Bündchen）是模特界的传奇人物，如图 2-2 所示。13 岁时在家乡开始学习模特表演，16 岁时离开巴西前往美国纽约发展，19 岁时登上许多模特梦寐以求的"维多利亚的秘密"时尚大秀，并连续 7 年担任"维密天使"。她台步稳健、气场强大，每次走秀出场都有一种君临天下的气势，仿佛身后有千军万马，让人震撼。走秀时轻松驾驭任何音乐，踩点无差错更是她的实力体现。有媒体报道过，吉赛尔·邦辰在巅峰时期的身价，平均走一步约 45 万美元，堪称世界最贵的猫步。2015 年，入行 20 年的吉赛尔·邦辰宣布退出 T 台，当时被很多媒体称之为"一个时代的终结"。

2016 年的巴西奥运会，在全场数万人和全世界观众的瞩目下，吉赛尔·邦辰独自一人走完了 100m 的 T 台。汇集全场的灯光，吸引着全世界的目光！

图 2-2　吉赛尔·邦辰

（三）职业行为习惯

职业行为习惯就是职业素养，指的是在职场上通过长时间地学习、改变、形成，最后成为习惯的一种职场综合素质。信念可以调整，技能也可提升。让正确的信念和良好的技能发挥作用就需要不断地练习、练习、再练习，直到成为习惯。

三、职业素养要素

（一）像老板一样专注

优秀的员工不会只是停留在"为了工作而工作、为了赚钱而工作"的层面上，而是站在老板的立场上，以老板的心态，用老板的标准来要求自己，像老板那样去专注工作，实现自己的职场梦想与远大抱负，同时要学会适应环境，善于适应也是一种能力。

（二）压力化为动力

压力是工作中的一种常态，不应回避压力，而应以积极的态度疏导和化解压力，将压力转化为自己前进的动力。出色的工作往往是在高压的情况下做出的，积极起来，还有什么压力不能化解呢？

（三）善于表现自己

韩愈说："世有伯乐，然后有千里马。千里马常有，而伯乐不常有。故虽有名马，祗辱于奴隶人之手，骈死于槽枥之间，不以千里称也。"这充分说明要善于表现自己。战国时期的毛遂、三国时的黄忠，都怀有远大抱负，但更让我们佩服的是他们勇于自荐，充分相信自己的能力。职场中默默无闻是一种缺乏竞争力的表现，而善于表现自己，往往能够获得更多的展示机会。

（四）低调做人，高调做事

低调做人，你会一次比一次稳健；高调做事，你会一次比一次优秀。低调既是姿态的低调，也是心态的低调。高调做事是一种责任、一种气魄、一种精益求精的风格、一种执着追求的精神。所做的哪怕是细小的事、单调的事，也要代表自己的最高水平，体现自己的最好风格，并在做事中提高素质与能力。

在"低调做人"中修炼自己，在"高调做事"中展示自己，这种恰到好处的低调与高调，可以说是一种进可攻、退可守，看似平淡，实则高深的处世谋略。

（五）设立工作目标，按计划执行

人若没有明确的目标，就像船只没有罗盘一样。目标能使人更好地看清自己的使命，确定了目标未必会一定有成就，但可以提高成功的概率。在工作中若没有目标，就会一无所获。目标的设定应尽量清晰量化，且在能力范围内。

（六）做管理时间的高手

美国管理学会主席吉姆·海斯说："一个人可以学会更有效地使用多种管理工具，以便在同样多的时间里使自己更加富有成效。"通过巧妙利用零碎时间和定期进行任务分类整理，可以提高工作效率，有效管理时间。

（七）服从第一

服从是一种行为、一种意识、一种品质、一种责任。"服从第一"的理念如果不能渗透到每位员工的思想中，企业是没有发展前途的，在市场竞争中是会被淘汰的。创造性和主观能动性都是在服从的基础上产生的，没有服从，再好的创意也无法推广。

（八）勇于承担责任

人生所有的履历都必须排在勇于负责的精神之后，勇于负责的精神是改变一切的力量。它可以改变平庸的生活状态，使人变得杰出优秀；它可以使人赢得他人的信任和尊重，从而强化脆弱的人际关系。小舟能渡大江，是有载人送客的责任；蒲公英能漫天飞翔，是有传播未来的责任；蜗牛能坚持上爬，是有对自己永不言弃的责任。

四、职业素养的形成与提升

一个人的职业素养主要是由后天学习和社会影响，通过自我锻炼的方式，由知识内化而逐步积累、形成的。受教育程度、家庭环境、职业经历、个人生理和心理状况等都是影响和制约职业素养的因素。职业素养的形成与个人主观能动性和社会环境分不开，是相互作用的结果。职业素养的提升是思想意识的提升，提升职业素养必须唤醒自己的职业意识，加强心理素质和职业能力的训练，通过职业生涯规划铺垫职业发展道路。

在职业活动中，必须牢固树立"五种意识"，为全面提升职业素养打下良好的思想基础。

（一）全局意识

即从整体利益出发，站在全局的角度看问题、想办法、做决策。正确处理整体与局部的关系、集体利益与个人利益的关系，积极地为企业发展出谋划策，必要时还要牺牲"小我"和暂时利益，为大局让路。

（二）责任意识

把个人的前途命运融入为之奋斗的事业之中，具备大无畏的奉献精神，以主人翁的责任感和科学求实的态度对待各项工作，端正工作作风。

（三）学习意识

一要认清学习主体，从"要我学习"转变为"我要学习"；二要明确学习目标和发展方向，明确发展战略；三要向成功的案例学习，借用"拿来主义"；四要善于向失败和错误学习，使失败真正成为成功之母。

（四）沟通意识

努力构建有效的沟通管理机制和沟通平台；加强沟通的主动性和及时性；注重沟通的双向性和互动性，消除误解和分歧，推进各项工作又好又快发展。

（五）创新意识

积极营造激励创新的良好文化氛围，充分调动从业者的创新积极性；树立"宽容失败"的科学思想，克服"枪打出头鸟"等消极思想，以勇于直面失败、愈挫愈勇的决心开展创新工作；培养"创新无止境"的进取精神，不断突破，不断超越，克服思维定式，拓展创新思维。

第二节　民航乘务员职业素养

乘务工作是航空公司直接面向旅客开展的服务项目，优质的服务代表着中国民航和航空公司的品牌形象，是我国民航综合水平的重要体现。提高乘务员职业素养、以旅客需求为导向、用心提供高品质客舱服务、扩大航空公司市场影响力，对提高航空公司核心竞争力具有非常重要的意义。

一、民航乘务员职业素养基本构成

- ➤ 吃苦耐劳的职业精神。
- ➤ 高度尽职的安全意识。
- ➤ 精湛娴熟的专业技能。
- ➤ 以客为尊的服务理念。
- ➤ 端庄优雅的行为举止。
- ➤ 积极阳光的心理素质。
- ➤ 强健活力的身体素质。

二、民航乘务员应具备的职业素养

民航乘务员只有具备良好的职业素养才能做好客舱服务工作。乘务员的一切言行举止、服务方式和态度，都在显示着其职业素养，既决定着服务质量又影响着航空公司的声望。

（一）专业能力

民航乘务员的工作职责是保证客舱安全，提供优质服务。要做到这两点，必须具备优秀的专业能力。比如沟通能力、组织能力、果断能力、急救能力和解决问题能力等。当飞机遇有紧急情况发生时，客舱场面会比较混乱，有些旅客不一定听从乘务员的指挥，这时乘务员必须及时转变角色，由服务角色转变成现场的指挥者。在转变过程中，乘务员的组织能力就发挥着非常重要的作用。因为在关键时刻，乘务员是保证旅客安全的安全卫士。所以必须具备很强的组织能力，既要组织好旅客、控制旅客情绪，又要维持客舱内的秩序。

民航乘务员在紧急情况发生时，除了应保持沉着冷静之外，还要结合掌握的业务知识，迅速果断地对情况作出准确判断，并在此基础上确定紧急情况的处理方法。毫无疑问，扎实的专业知识和果断的决定是实现快速处置的重要条件。

（二）服务礼仪

航空服务礼仪是乘务员在工作中应当遵守的行为规范，这是基本的职业素养。从迎接旅客登机到飞行中的餐饮服务，再到个性化服务和特殊旅客服务，都有完整的服务礼仪操作指导。比如，乘务员精神面貌是否饱满、动作手势是否规范、语言表达是否得当等。

（三）心理素质

心理素质是非智力因素的心理状态，是人们对自己的思想、言行带有指向支配和左右作用的动机、志趣、意志、气质、情绪及性格等方面的心理素质与修养。乘务员在工作中想要圆满、出色地完成工作任务，没有优秀的心理素质是很难做到的。

民航的发展与进步，在给乘务员带来广阔发展空间的同时也带来了更多的压力。旅客投诉、绩效考核、晋级考试、同事关系等都会造成乘务员的负面情绪。将负面情绪带入工作中，又会引起新的问题。良好的心理素质能够使乘务员积极地面对情绪和压力，做到有效的接受和适当的引导。

此外，工作中遇到紧急情况时，乘务员要有沉着冷静、清醒镇定的心理素质，对紧急情况作出准确判断，采取迅速行动。这不仅能够起到安抚旅客情绪的作用，也是让旅客配合我们做好紧急工作的重要条件。国内外航空公司都有这样的案例，当紧急情况发生以后旅客还没有慌张，个别乘务员自己已经被吓得一塌糊涂，甚至在旅客面前大哭等，造成非常不好的后果。客观地说，乘务员要在危难时刻临危不惧，沉着冷静。

（四）团队精神

客舱服务工作面临许多不可预见的情况，乘务员之间的协作就显得尤为重要。当遇有紧急情况发生时，乘务员能够迅速形成默契，团结起来，保持思想与行动的一致性是至关重要的。它表现为明确每一名乘务员的负责内容和职责，大家相互协作，相互配合，从而保证组织的高效率。

（五）职业操守

吃苦耐劳、认真严谨、爱岗敬业是每个职业都要遵守的行为规范。对于民航乘务员而言，树立爱岗敬业精神，坚持诚实守信原则是最基本的职业道德要求。乘务员要热爱本职工作、全心全意为旅客服务、满足旅客的需求。同时，乘务员还要有强烈的法律意识，保障旅客的生命财产安全。

【案例 2-3　职业精神感动旅客】

2008 年 7 月的一天，一面写有"桃花潭水深千尺，不及国航送我情"的锦旗和一封精心制作的表扬信从湖南寄到国航西南分公司客舱服务部。至此，两个月前一班延误 12 个小时的航班上乘务员感动旅客的故事才展露在大家面前。

表扬信这样写道："2008 年 5 月 14 日，我公司员工一行 36 人在成都出差期间，遭遇到了汶川特大地震，滞留在成都双流机场的 CA4245 航班上等待起飞。在等待飞机起飞的 12 个小时中，贵乘务组的全体成员坚守岗位，耐心细致，任劳任怨，全心全意照顾和关心包括我公司员工在内的所有乘客，一直到飞机顺利起飞并安全到达目的地，让我们真情感受到了灾难无情人有情！在此我们向贵乘务组的全体成员表示衷心的感谢！"表扬信落款为湖南华菱钢铁集团有限责任公司培训中心，表扬信上还有当班旅客的签名。

5 月 14 日早上 8 点，乘务长陈宇带领着组员代俊岚、汪小淬、颜丽、丁薇薇登上了执行 CA4245（成都—武汉）航班任务的飞机，开始飞行前的准备。一个小时后，旅客陆续登机，站在舱门迎接旅客的陈宇细心地发现登机旅客的神情有着疲惫和惊慌，毕竟刚刚过去的汶川大地震带给人们心灵和身体的创伤一时难以平复。于是，陈宇提醒组员要主动热情、耐心细致，用微笑服务缓解旅客的紧张情绪。半小时后，正常起飞的时间到了，机组得到塔台通知，为保证运送救灾物资和救灾人员专机的起降，民航飞机飞行时间待定。听到这个消息，陈宇召集组员，要大家一定做好不正常航班的服务工作，做好旅客的安抚工作，用微笑、细心展示国航的优质服务。陈宇用机上广播将飞机等待原因告知了旅客，乘务员们在客舱中来回穿梭，为旅客送上水和饮料，为想休息的旅客盖上小毛毯，为需要阅读的旅客打开阅读灯……一切服务工作都在紧张有序地进行着。时间一分一秒地过去，1 小时、2 小时……晚上 10 点 50 分，得到塔台通知，飞机终于可以起飞了，从旅客登机算起，12 个小时已经过去，如此长时间的航班延误实属罕见！

虽然是由于救灾工作需要导致的航班延误，乘务员做了耐心细致的解释工作，并且一刻不停地为旅客提供服务，然而，12 个小时在客舱里漫长等待，还是让部分旅客的耐心渐渐被消磨，不少人情绪激动，用激烈的言辞质问乘务员。在漫长的 12 个小时中，陈宇和组员们没有得到任何休息，不停地在客舱里来回走动，为有需要的旅客提供饮料、茶水等一系列服务，细致地关照和安抚老人和小孩，并不时应答旅客的质询……因而，乘务员们口干舌燥，双腿也已经因为长时间的站立和行走变得有些肿胀，体力消耗已达极限。陈宇深深明白一名乘务长的职责，给组员打气，告诉大家比起抗震救灾的一线官兵和灾区人民，他们受的苦不算什么，即使有委屈，大家也要以大局为重，充分展示国航乘务员的专业素质和职业精神。

送锦旗的旅客说，虽然在成都遭遇了让他们惊魂未定的大地震，惊恐慌乱影响了他们的心情，但当他们乘坐 CA4245 航班时，他们看到的是乘务员甜甜的微笑，感受到的是乘务员无微不至的关怀，也看到了乘务员对旅客耐心细致的解释，这一切让他们很感动。尤其是12个小时中，旅客们都在座位上休息，可是乘务员们却连续不断地在客舱中服务，虽然乘务员们都很疲惫了，但却丝毫没有懈怠，自始至终以高度的职业精神，完成了服务工作。

资料来源：民航资源网，2008-07-17

第三节　民航乘务员职业素养提升

一、自我成长

自我成长的三个阶段。

（一）自我认识

曾经有人问古希腊哲学家苏格拉底："世上何事最难？"答："认识你自己。"

自我认识是指一个人对自己的生理、社会、心理等方面的意识，属于自我意识的认识范畴。良好的自我认识对一个人是否能成功，占有关键性的地位。你认为自己是怎样的人，就会怎样去表现，这两者是一致的。你觉得自己是个有价值的人，去做有价值的事，结果就会变成有价值的人。

（二）自我实现

自我实现是指个体的各种才能和潜能在适宜的社会环境中得以充分发挥，实现个人理想和抱负的过程，也指个体身心潜能得到充分发挥的境界。美国心理学家马斯洛认为这是个体对追求未来最高成就的人格倾向性，是人的最高层次的需要。

（三）自我超越

自我超越是指一个人能认清自己真正的愿望，为了实现愿望而集中精力，培养必要的耐心，并能客观地观察现实。一个人真正追求的不是自我实现而是超越自我的生活意义，是为了更好地把握人生，更有意义地去生活。对人生意义的追求不是满足于自我的平衡状态，而在于一种自我的超越，表现为勇于承担责任，敢冒风险，不断地创造。这是建立学习型组织的精神基础，一个能够自我超越的人，一生都在追求卓越的境界，自我超越的价值在于学习和创造。

二、自我学习

高尔基说："学习，永远不晚。"日积月累、坚持不懈地自我学习，是提升自己内在修养和外在表现的根本方法。无论时代如何变化，学习使人进步，都是一个永恒不变的真理。

通过坚持自我学习，可以提高知识水平和业务素质；可以恪尽职守，高质量地完成本职工作；可以追赶超越，实现自我价值。

坚持自我学习的四大支柱。

（一）学会求知

学习的任务不仅是知识积累，更是对求知的愿望和能力的培养，要学会学习。积累知识能应用于一时，而学会学习则能受益终身。学会学习包括树立正确的学习态度，掌握科学的学习方法，养成良好的学习习惯等。

（二）学会共处

现代社会中，人与人之间、民族之间、国家之间的交往日益密切，既充满竞争，也离不开合作，彼此的依存性越来越强。要学会正确认识自己，正确认识他人，做到"知己知彼"，在合作中竞争，在竞争中合作。才可能根基牢固地走向社会、走向世界，实现和谐共处。

（三）学会做事

做事，是指掌握某种劳动技能，获取专业资格。现代社会要求人们不能只会做事，还要适应发展变化，善于应付各种可能出现的情况，掌握做事的能力。包括如何处理人际关系，集体合作的态度，主观能动性，管理能力，解决矛盾的能力，以及敢于承担风险的精神。

（四）学会发展

学会发展也就是学会生存、学会做人。要有适应环境以求生存，改造环境以求发展的能力。充分开发潜能，发展个性，提高素质，增强自主性、能动性、创造性和责任感，实现人的完整性。这是前三种学习成果的体现，是终身学习的根本目的。学习也是以人为本的。人既是发展的主角，又是发展的终极目的。

三、自我管理

现代管理学之父彼得·德鲁克说："有伟大成就的人，向来善于自我管理。"在他的著作《21世纪的管理挑战》中提到：历史上的伟人——拿破仑、达·芬奇、莫扎特都很善于自我管理。这在很大程度上也是他们成为伟人的原因。不过，他们属于不可多得的奇才，不但有着不同于常人的天资，而且天生就会管理自己，因而才取得了不同于常人的成就。而我们当中的大多数人，甚至包括那些还算有点天赋的人，都不得不通过学习来掌握自我管理的技巧。我们必须学会自我发展，必须知道把自己放在什么样的位置上，才能作出最大的贡献，而且必须在长达50年的职业生涯中保持高度的警觉和投入。

学会自我管理，是通向成功的一把钥匙。一个人的时间和精力是有限的，对某个领域的投入与关心程度也是有限的。有效的自我管理是要掌握的重点，把注意力集中在那些自己可以控制和产生效能的事情上。

（一）二八法则

"二八法则"是 19 世纪末 20 世纪初意大利经济学家维尔弗雷多·帕累托提出的。他认为，在任何一种组合中，最重要的只占其中一小部分，约 20%，其余 80% 尽管是多数，却是次要的，又称二八定律。

二八法则启示我们在工作中要提纲挈领，找重点，切忌眉毛胡子一把抓。我们无法同时做许多事情，只能将大部分精力集中在 20% 最核心且真正重要的事情上。20% 的关键目标却决定了 80% 的结果。20% 的目标就是努力学习，专注于某个领域，在这个领域内做到出类拔萃。然后，其他不重要的目标自然而然就容易实现了。

（二）经营自我

人生旅途，长路漫漫，经营好自己才能成就辉煌。经营自我的本质是让别人欣赏、让别人认同、让别人支持、让别人帮助自己实现目标。这并不是利己的行为，而是为了更好地塑造自己。

➢ 正确定义成功，不计较一时一事，目光远大，始终保持积极的心态。

➢ 培养强烈的进取心。

➢ 培养自律和独立的品格。

➢ 做一个喜欢自己的人。

➢ 培养对所在企业的热爱和忠诚。

➢ 给自己设计假想的马蝇。

➢ 重视他人的感受。

➢ 借鉴其他同事的长处和优点，实现自己的成长。

（三）养成良好习惯

著名教育家曼恩说："习惯仿佛一根缆绳，我们每天给它缠上一股新索，要不了多久，它就会变得牢不可破。"

美国著名管理学大师史蒂芬·柯维在其著作《高效能人士的七个习惯》中提出"全面成功才是真正成功"的思想，并列举了达到全面成功的七大习惯，如图 2-3 所示。从修养内在品德出发，由内而外开启改变之门，从个人的成功到人际关系的成功，进而达到全面关照生命的境界。这本书出版于 1989 年，至今已有 30 余年，但书中提出的概念和方法时至今日仍不过时。按史蒂芬·柯维先生的说法，因为他提出的是原则，是从人性出发的，而人性没有变化，所以七个习惯仍然富有强大的生命力。

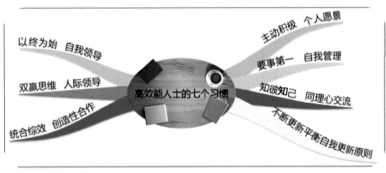

图 2-3 高效能人士的七个习惯

七大习惯强调以原则为中心、以品德为基础进行能达到个人效能和人际效能的"由内而外"的修炼。

习惯一：主动积极

人类四项独特的天赋潜能包括自知、良知、想象力和自主意志。我们要运用这四项天赋决定自己的行为，依据原则和价值观而不是情绪和外在环境，以由内而外的方式来改变自己。

当人们受到外界刺激时，根据人类四项独特的天赋，可以自由选择以主动积极或者被动消极的方式来作出回应。主动积极的人对自己负责，脚踏实地、专心做自己能力所及的事情，遇到问题勇于担责，吸取教训；被动消极的人遇到问题时怨天尤人、推卸责任、感情用事、容易受到外部环境影响或者不可控因素影响，比如有的人觉得失败的原因是没有天赋（不够聪明）、没有好出身（原生家庭环境差）、没有机遇（要是早出生十年，就能把握住 ×× 机会）等。

人的职业生涯不可能一帆风顺，工作中难免遇到各种问题与障碍，要用主动积极的心态面对工作生活，把"不得不做的事"变成"我想要去做的事"并且养成习惯，每次遇到问题或者想抱怨的时候，用"人类的四大天赋潜能"帮助自己理智地思考，重新作出对自己负责的选择。工作就会变得更加轻松，人生也会变得与众不同。

习惯二：以终为始

谋定而后动。在做任何事情时，都要先认清方向，以价值观和人生追求拟定愿景和目标，若方向不清，每一次行动，都是在做无效的努力。以终为始的原则基础是：任何事物都需要两次创造而成。第一次创造是智力上的，我们做事都需先在头脑中进行构思。第二次创造是体力上的，即我们把自己构思出来的内容付诸实践。

没有目标感的人，有句俗语形容：脚踩西瓜皮，滑到哪里算哪里。哈佛大学有一个著名的关于目标对人生影响的跟踪调查。对象是一群智力、学历、环境等各方面都差不多的人。调查结果发现，27%的人没有目标，60%的人有较模糊的目标，10%的人有清晰而短期的目标，只有3%的人有清晰而长期的目标。25年的跟踪结果显示：3%的人25年来都不曾更改过目标，他们朝着目标不懈努力，25年后他们几乎都成为社会各界的顶尖人士。10%的人，生活在社会的中上层，短期的目标不断地被达成，生活状态稳步上升。60%的人，几乎都生活在社会的中下层，他们能够安稳地生活与工作，但似乎都没什么特别的成就。27%的人，几乎都生活在社会的最底层，25年来生活过得不如意，常常失业，靠社会救济，并常常报怨他人、抱怨社会。

【案例2-4　以终为始助力施瓦辛格走向成功】

阿诺德·施瓦辛格，1947年7月30日生于奥地利，奥林匹亚先生、健美运动员、力量举运动员、演员、导演、制片人、加州州长、政治家，拥有美国/奥地利双重国籍。

当施瓦辛格还是个小男孩时，就给自己树立了一个梦想：当美国总统。梦想树立后，施瓦辛格还善于创造条件来完成自己的生涯规划。年纪轻轻的他，经过思索，拟定了一系列的连锁目标：要想成为美国总统需要先做美国州长，要想竞选州长必须有雄厚的财力支持，要想获得雄厚的财力支持需要融入财团，要想融入财团最好娶一位豪门千金，要想娶豪门千金必须先成为名人，要想成为名人最快的方法是做电影明星，如何成为电影明星呢？施瓦辛格既没有汤姆·克鲁斯的英俊又没有莱昂纳多的潇洒，怎么办？拍动作片，这个不需要颜值，但需要强健的体魄，那就把自己变成最强壮的人。

按照这样的思路，施瓦辛格开始步步为营。他从十几岁开始刻苦且持之以恒地练习健美，18岁获得欧洲健美冠军，22岁到美国好莱坞闯荡。在好莱坞的十几年里，一心去表现坚强不屈、百折不挠的硬汉形象，终于一步步成为全球动作明星。在电影事业如日中天时，迎娶了肯尼迪家族的后裔玛利亚——肯尼迪总统的侄女。结婚后逐渐退出影坛转入政坛，成为美国最大的州之一——加利福尼亚州州长。

习惯三：要事第一

如果说世界上公平的事物只有一个，那么答案就是时间。无论富贵还是贫穷、成功还是失败，时间对每个人都是公平的。从踏入职场到颐养天年，人们在职场生涯奋斗的时间是相同的，有的人宏图大展、有的人碌碌无为。其中很大一个原因就是对自己的时间没有

有效地利用。

要事第一是高效自我管理的核心，是把时间用在重要工作上的一种能力。工作按照重要性和紧急性可以分为四个象限，如图 2-4 所示，我们要把时间更多地放在与自己人生目标紧密相关的重要但不紧急的工作上，而不是忙着去解决接连不断的紧急问题。这样，人生才会变得游刃有余。

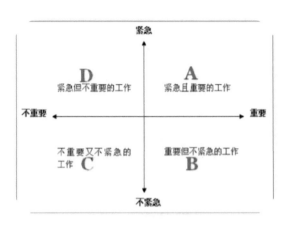

图 2-4 时间管理象限

史蒂芬·柯维先生在早期的培训课堂上，曾经要求学员把一些沙子和大石头全部放到一个大大的透明玻璃杯中。只有把大石头先摆放到杯中，然后把沙子倒入杯中，才能圆满完成把大石头和沙子都放入玻璃杯中的任务。如果顺序颠倒，玻璃杯中就盛不下这些石头和沙子，任务也就无法完成。

大石头就象征着重要但不紧急的事情，沙子就象征着不重要不紧急的事情。从这个实验可以得出一个很明显的道理：在时间管理上，我们应该把握各项工作重要程度的先后顺序，按照工作的重要程度来安排，要事第一，要事先做，只有这样，我们的工作才能不断保持较高的效能。

习惯四：双赢思维

摒弃零和博弈。双赢思维是一种基于互敬、寻求互惠的思考理念。不只解决自己的问题，还要让对方获益。而不是你死我活的敌对竞争关系。双赢既非损人利己，也非损己利人。目的是争取更多的机会、财富及资源。

【案例 2-5 京东与各流量平台互利共赢】

当我们在计算机上浏览网页的时候，或者在手机上打开 App 时看到的启动画面，甚至在 App 内浏览信息时，随处可见京东的广告。京东如此财大气粗，投入这么多的广告费吗？

其实这是京东采用了一种叫作 CPS（Cost Per Sales）付费的广告模式，只有用户点击

了广告并且产生了销售后，京东才需要根据订单金额支付相应的广告费给广告主，这样就真正实现了双赢。京东的用户越来越多，收入越来越多，广告可以一直做下去。App 或者网站只要有流量，只要给用户提供针对性的广告，就可以一直有收入。

习惯五：知彼知己

要充分地先了解别人，才能让别人了解自己。而让别人了解自己，最好的方式就是沟通，沟通中重要的不是说，而是听。用同理心聆听才能开启真正的沟通，增进彼此的了解。

在工作生活中，有些人的聆听并不是为了了解对方，而是为了作出回应。要么说话、要么准备说话，不断地用自己的模式过滤一切，用自己的经历去理解别人的表述，这不是有效的聆听。

【案例 2-6　我不要你觉得，我要我觉得】

"我不要你觉得，我要我觉得"，这句话出自 2019 年暑期热播的综艺节目《中餐厅》第三季的嘉宾黄晓明之口。在节目中，作为店长的黄晓明以自我为中心，在有关餐厅菜式、采购等事情上，常常不顾及其他人的意见，将盲目自信及独断专行表现得淋漓尽致。黄晓明在节目中的经典台词"我不要你觉得，我要我觉得""这个事情不需要讨论""听我的，我说了算""你别干了"等迅即在网上流传开来。有网友分析，这句话之所以流行，是因为反映了人们对霸道、蛮横人格的嘲笑和反感。

在职场中，无论是汇报工作，还是沟通交流，我们一定要想清楚老板想要什么、客户想要什么，然后提供给他们真正想要的东西。这才是职场人应该做的。

【扩展小知识】

人际沟通法则

黄金法则：你想人家怎样待你，你也要怎样待人。——《圣经·新约·马太福音》

白金法则：别人希望你怎样对待他们，你就怎样对待他们。——迈克尔·奥康纳

习惯六：统合综效

与人沟通协作时，敞开胸怀，博采众议；尊重差异、取长补短；勇于尝试，敢于担当；当出现分歧时，秉承着理解、沟通、双赢的原则，既非按照我的方式，也非遵循你的方式，而是创造性地寻找第三种解决方案。统合综效追求的是整体大于部分之和，即 1+1>2，部分与整体相得益彰，个人的力量是团队统合综效的基础。

习惯七：不断更新

习惯，无法瞬间获得、一蹴而就，需要不断地训练与持续地培养。从生理、心智、社

交、情感四个方面持续成长，不断地磨砺前六个习惯，把优秀变成一种习惯。人生最值得的投资就是磨炼自己，因为生活与服务人群都得靠自己，这是最珍贵的工具。

史蒂芬·柯维先生认为这七种习惯之间存在着密不可分的关系：越是主动积极（习惯一），就越能掌握人生的方向（习惯二），并有效管理人生（习惯三）；能够不断磨砺自己的人（习惯七），方能懂得如何了解别人（习惯五），寻求圆满的解决之道（习惯四、六）；一个人越独立（习惯一、二、三），就越善于与他人相处（习惯四、五、六）。

（四）学会时间管理

1. 列出任务清单，让工作效率翻倍

每天工作的时候，把要做的事情列一个清单，挑出最重要的那些事情，坚决去掉不重要的部分，然后对这些事情进行排列，每完成一件事就在清单中打钩。这个方法可以将脑海中的想法具体化、条理化。

2. 合理分配休息时间

笛卡尔说："谁不会休息，谁就不会工作。"休息与工作的关系，正如眼睑与眼睛的关系。工作中感觉效率低下时，就需要停下来休息一会儿，适当放松大脑、舒展身体。当再次投入工作中时，才能精力充沛、全力以赴。

3. 学会"断舍离"

"断舍离"这个概念是由日本杂物管理咨询师山下英子提出来的，"断"是断绝想要进入家里的不需要的东西；"舍"是舍弃堆放在家里没有用的东西；"离"是脱离对物质或者物品的执念。

对于时间管理而言，这个概念同样适用。"断"是清楚哪些事情是最重要的；"舍"是舍弃对自己不重要的事情；"离"指专注自己的事情，远离外界的诱惑，比如关掉手机。

4. 充分利用碎片时间

碎片时间是我们在工作和生活中夹在事情中间的空闲时间，比如等车时、排队时、开会的间歇等。我们每天都会有很多的碎片化时间，随手拿起手机，刷几个头条新闻、看几个抖音视频，碎片时间就悄无声息地溜走了。如果把这些碎片时间管理起来也能积少成多。

当我们没有完成设定的目标时，"没时间"成为挂在嘴边的借口。时间就像海绵里的水，只要愿意挤，总还是有的。如果规划的目标是5分钟就可以完成的任务，拖延的借口又去哪找呢？

哈佛管理学院曾经提到过18分钟轻松管理每一天的理念。这18分钟是如何分配的呢？

上班前花 5 分钟规划当日工作重点，每小时花 1 分钟重新聚焦，下班前花 5 分钟，诚实检讨并反省自己，并进行一整天的回顾。这样不断地总结思考，会让我们对于时间保持高度的敏感。

5.番茄工作法

番茄工作法是由意大利人弗朗西斯科·西里洛于 1992 年创立的一种简单易行的时间管理法，用于提高工作和学习的效率。具体方法是：选择一个待完成的任务，将番茄时间设定为 25 分钟，这期间只专注工作，中途不允许做任何与此任务无关的事，直到番茄时钟响起，休息 5 分钟。然后进行下一个番茄，每四个番茄时间后休息 30 分钟。每完成一项任务，就在清单中划掉一个任务。在番茄工作法一个个短短的 25 分钟内，收获的不仅仅是效率，还会有意想不到的成就感，如图 2-5 所示。

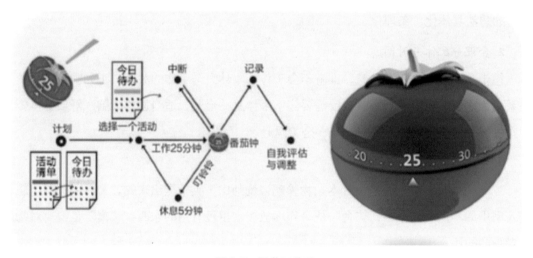

图 2-5　番茄工作法

番茄工作法基本原则如下所述。

(1) 番茄钟不可分割。

(2) 耗时超过 3 小时的任务需要再切分。

(3) 每个番茄钟开始后就不能暂停，一旦暂停，只能作废重来。

(4) 若一项任务花费时间很短，不到一个番茄钟，可与其他任务合并。

(5) 番茄工作法不用于假期和休息期的活动。

番茄工作法的目的如下所述。

(1) 减轻时间上的焦虑。

(2) 提升集中力和注意力，减少中断。

(3) 增强决策意识。

(4) 唤醒激励和持久激励。

(5) 巩固达成目标的决心。

(6) 完善预估流程，精确地保质保量。

(7) 改进工作学习流程。

(8) 强化决断力，快刀斩乱麻。

6. 制定时间计划表

凡事预则立，不预则废，制定时间计划表是最基础且最有效的一种工作习惯。帕金森定律表明，只要还有时间，工作就会不断扩展，直到用完所有时间。这意味着如果没有时间计划表，则会花费很长时间来完成一项工作。若制定了一周的时间计划表，就会花费一周的时间完成；若制定了一小时的时间计划表，就会花费一小时的时间完成。

（五）改善心智模式

"心智模式"这一概念最早由英国心理学家肯尼思·克雷克提出，是人们的思想方法、思维习惯、思维风格和心理素质的反映，并深受习惯思维、定式思维、已有知识的局限。

《列子》中有一则疑邻偷斧的故事：有一个人丢了一把斧头，他怀疑是邻居家孩子偷的，便暗中观察他的行动，怎么看都觉得他的一举一动都像是偷了他的斧头的人，绝对错不了。后来他在自己家中找到了丢失的斧头，当再碰到邻居的孩子时，便怎么看也不像是会偷他的斧头的人了。这则故事是反映人的心智模式的典型例子。

心智模式有四个特点：第一是自我感觉良好；第二是习惯成自然；第三是局限性思维；第四是心态不正。改善心智模式可以通过以下几个方法：首先是反思与自省。这是改善心智模式的核心方法。通过不断地向自己内心提问并进行评估，把内心深处隐而不见的成见、规则等浮现出来，才能更好地检验和改善。其次是学习。通过学习获取新的知识和信息，开阔视野，修正价值导向。然后是换位思考，可以持续优化心智模式。

（六）保持良好心态

作家狄更斯说："一个健全的心态比一百种智慧更有力量。"人与人之间最大的区别既不是贫穷与富贵，也不是愚笨与聪慧，而是人的心态不同。佛说：物随心转，境由心造，烦恼皆由心生。

【案例2-7　秀才赶考】

有两个秀才一起赶考，路上遇到一支出殡的队伍，看到那黑乎乎的棺材，其中一个秀才心里立即凉了半截，心想：今天怎么这么倒霉，赶考的日子竟然遇到棺材。于是，心情一落千丈，直到走进考场，那个黑乎乎的棺材一直挥之不去，结果文思枯竭，名落孙山。而另一个秀才同时也看到了棺材，心里也同样惊了一下，但转念一想：棺材，棺材，那不是有"官"又有"财"吗？好，好兆头啊，看来这次要红运当头了，一定会高中的，于是心里十分兴奋，情绪高涨，走进考场文思如泉涌，果然一举高中，如图2-6所示。

图2-6　秀才赶考

人的一生不可能背负起自己所遇到的一切，也不可能得到自己想要的一切。人生成功、幸福与否，关键取决于一个人是否具备接纳自我、正视磨难、感悟人生的好心态。很多人之所以能够获取成功，并不是因为他们的人生道路一帆风顺，也不是因为他们天赋异禀，而是因为他们面对挫折和磨难的时候善于控制自己的心态，正视它们并且战胜它们，甚至能在绝境中化险为夷，因而收获成功的硕果。

一位伟人说："要么你去驾驭生命，要么是生命驾驭你。你的心态决定谁是坐骑，谁是骑师。"一位艺术家说："你不能延长生命的长度，但你可以扩展它的宽度；你不能改变天气，但你可以左右自己的心情；你不可以控制环境，但你可以调整自己的心态。"

心态若改变，态度跟着改变；态度改变，习惯跟着改变；习惯改变，性格跟着改变，性格改变，人生就跟着改变。

（七）及时回顾检讨

1. 经常反省

➤ 吾日三省乎吾身：为人谋而不忠乎？与朋友交而不信乎？传不习乎？

➤ 见贤思齐，见不贤而内自省也。

2. 避免短视行为

➤ 注重成长性，以发展的眼光看待工作。

➤ 订立适应性更强的目标：随环境变化及时调整。

3. 掌握舍得之道

➤ 有得必有舍，不舍不得。

➢ 将欲取之，必先予之。

四、自我职业生涯规划

（一）职业生涯的含义

职业生涯指一个人从踏入社会、从事职业工作之前的职业训练或者学习开始，直至职业劳动最终结束、离开工作岗位为止，是一个人一生连续从事的职业和职务的发展道路。与职业不同，职业生涯是个发展的概念，是一个动态的过程，是一个人在一生中与工作相关的一系列活动、行为、态度、价值观、愿望等的有机整体。

职业生涯包含四个方面的含义：第一，职业生涯主要由行为活动和态度价值两方面构成，要充分了解一个人的职业生涯，必须从主观（职业态度、职业价值观）和客观（职业行为活动）两方面理解；第二，职业生涯是一种过程，是人的一生所有与职业相关的活动和经历，不仅包括进入职业阶段，也包括职业前准备阶段，比如职业能力的获得、职业兴趣的培养、职业选择和定位等；第三，职业选择受多方面因素影响，如社会环境、教育环境、个人发展需求等；第四，职业生涯是一个动态概念，不仅表示工作时间的长短，也包括了职业发展、变更的经历和过程。

（二）职业生涯的发展阶段

职业生涯是长期的发展变化过程，每个人在不同阶段都有不同的职业需求。具体职业生涯阶段的划分，专家学者们提出了不同的理论观点。

1. 施恩的职业生涯发展阶段理论

美国麻省理工学院斯隆管理学院教授、著名的职业生涯管理学家施恩（E.H.Schein）立足于人生不同年龄段面临的问题和职业工作主要任务，将职业生涯分为 9 个阶段。

(1) 成长、幻想、探索阶段（0 ~ 21 岁）。

(2) 进入工作世界（16 ~ 25 岁）。

(3) 基础培训（16 ~ 25 岁）。

(4) 早期职业的正式成员资格（17 ~ 30 岁）。

(5) 职业中期（25 岁以上）。

(6) 职业中期危险阶段（35 ~ 45 岁）。

(7) 职业后期（40 岁以后直到退休）。

(8) 衰退和离职阶段（40 岁以后直到退休）。

(9) 离开组织或职业（退休）。

2. 舒伯的职业生涯发展论

著名职业生涯规划大师舒伯(Donald E.Super) 在 1953 年的《美国心理学家》杂志上发表文章，提出"生涯"的概念。其中，工作是指在某一行业中的具体职位，是有目的、有结果、需要投入时间和精力并持续一定时间的活动；职业是介于"工作"和"生涯"之间的概念，是一系列工作；生涯是人一生中所经历的一系列职业与角色的总称，即个人终身发展的历程。

舒伯以职业发展为重点对生涯问题进行了系统研究。他认为职业生涯是指从出生开始，到逐步踏入社会，通过职业训练或者学习，培养职业兴趣，获得职业能力，进而选择职业、从事职业活动，直至退出职业活动、离开工作岗位完整的发展过程。主要包括五个阶段。

(1) 成长阶段（0 ~ 14 岁）。

(2) 探索阶段（15 ~ 24 岁）。

(3) 建立阶段（25 ~ 44 岁）。

(4) 维持阶段（45 ~ 64 岁）。

(5) 衰退阶段（65 岁以后）。

为了综合阐述生涯发展阶段与角色彼此间的相互影响，舒伯创造性地描绘出一个多重角色生涯发展的综合图形——生涯彩虹图，形象地展现了生涯发展的时空关系，更好地诠释了生涯的定义，如图 2-7 所示。在生涯彩虹图中，纵向层面代表的是纵观上下的生活空间，由职位和角色所组成，分成子女、学生、休闲者、公民、工作者、持家者六个不同的角色，他们交互影响交织出个人独特的生涯类型。

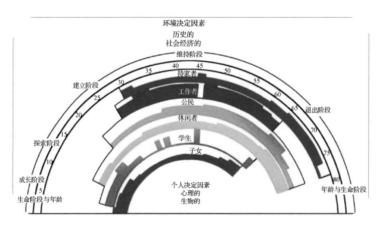

图 2-7　舒伯的生涯彩虹图

（三）职业生涯规划

职业生涯规划是由早期职业辅导运动发展而来的，职业辅导运动 20 世纪中叶起源于

美国，20世纪90年代中期从欧美国家传入中国。

职业生涯规划是指个人根据自身的主观因素和对客观环境的认知、分析、总结、协调平衡、科学抉择，确立自己的职业进度安排，采取必要的措施，实现职业目标的过程。职业规划不是简单地帮助人们找到一份工作，而是帮助人们更好地发现自我、挖掘自我、开发自我、最大限度地实现自我；帮助人们客观分析内在素质和外在环境的优劣；帮助人们科学地进行人生规划，使人生有目标、有方向，从而充实人生。

人事科学研究院考核评价技术研究室主任罗双平，用一个精辟的公式总结出了职业生涯规划的三大要素，即职业生涯规划＝知己＋知彼＋选择。知己就是自我认识和自我了解；知彼则是熟悉周围的环境，特别是与职业生涯发展有关的工作环境；选择是在获得内部和外部信息的基础之上，进行正确的选择。知己知彼相互关联，目的是要作出正确的职业抉择。

（四）职业生涯规划自我分析

自我分析包括自我不可控因素和自我心理因素。可控因素包括经济、家庭、生理条件、朋友、婚姻以及性别；心理因素有兴趣、价值观、潜能、能力、气质和个性。认识和分析自我的方法包括橱窗分析法、SWOT 分析法、360°反馈评估法、职业测评法等。

1. 橱窗分析法

橱窗分析法是进行自我认知的一种常用方法，是一种借助直角坐标系不同象限来表示人的不同部分的分析方法。它以别人知道或不知道为横坐标，以自己知道或不知道为纵坐标，如图 2-8 所示。

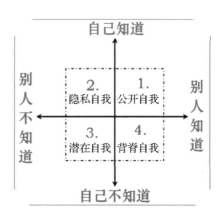

图 2-8 橱窗分析法

橱窗 1 为自己知道，别人也知道的部分，称为"公开自我"，属于个人展现给外界，没有隐藏的部分，即当局者清、旁观者亦清的部分，例如身高、肤色、喜好等。

橱窗 2 是自己知道，别人不知道的部分，称为"隐私自我"，属于个人内心私有秘密

的部分，即当局者清而旁观者迷。如自私、妒忌等不愿袒露的缺点，还有心中的抱负、雄心等不愿张扬的部分。

橱窗3为自己不知道，别人也不知道的部分，称为"潜在自我"，是有待开发的部分，即当局者迷旁观者也迷。人的潜能常常是自己并不了解，别人也很难发现的部分。

橱窗4是自己不知道，别人知道的部分，称为"背脊自我"，犹如一个人的背部，自己看不到，别人却看得很清楚，即人们常说的当局者迷、旁观者清。一个人的优点，尤其是缺乏自信的人的优点，往往是自己不知道，但别人早已发觉的部分。

通过四个橱窗可知，须加强了解的是橱窗3和橱窗4的部分。橱窗3是"潜在自我"，据科学研究表明，每个人都有巨大的潜能，人类平常只发挥了极小部分大脑的功能，如果一个人能发挥一半大脑的功能，将能够轻易地学会四十种语言，背下整套大英百科全书，拿十二个博士学位。由此可见，认识和了解"潜在自我"，是自我认识的重点。把个人潜能开发出来，也是职场人士的头等大事。橱窗4是"背脊自我"，如果自己诚恳地征询他人的意见和建议，就不难了解"背脊自我"了。但要做到这一点就需要能做到胸怀开阔，正确对待负面评价，有则改之，无则加勉。对于橱窗2，可以通过撰写自传或日记的方式来了解自我。撰写自传可以了解自身成长的大致经历和自我计划情况等。而日记则能对一个工作日或休息日进行总结并对比，从而了解自身的情况。

2. SWOT 分析法

SWOT分析法是20世纪80年代初由美国旧金山大学的管理学教授海因茨·韦里克提出的，是一种战略分析工具，经常被用于企业战略制定、竞争对手分析等场合。SWOT分析法的优点在于考虑问题全面，条理清楚，而且可以把问题的"诊断"和"处方"紧密结合在一起，便于检验。

S：Strength(优势)；W：Weakness(劣势)；O：Opportunity(机会)；T：Threats(威胁)。其中，S与W是内部因素，S是内部有利因素，W是内部不利因素；O与T是外部因素，O是外部有利因素，T是外部不利因素。以矩阵形式进行分析决策，如图2-9所示。可以再用内部与外部交叉矩阵进行分析，找到应对策略，如图2-10所示。

3. 360°反馈评估法

360°反馈评估法又称多元反馈评价或全方位反馈评价。它是由与被评价人有亲密工作关系的人，对被评价人进行匿名评价的综合评价系统。全面、客观地收集被评价人工作表现的信息，了解被评价人的优势和不足，并可以通过多次评价结果的连续跟踪来帮助被评价人进行科学的自我评价，促进被评价人不断成长，如图2-11所示。

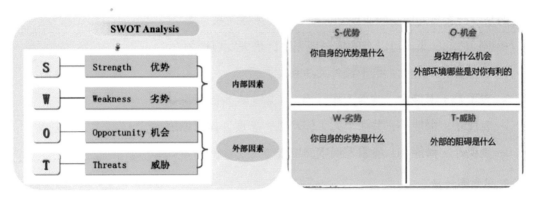

图 2-9　SWOT 分析法

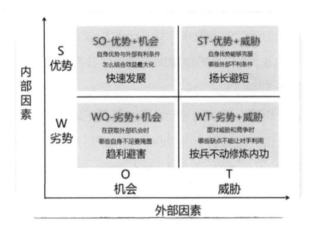

图 2-10　SWOT 交叉矩阵分析法

图 2-11　360°反馈评估法

360°反馈评估的操作步骤为"1-2-1"，即 1 个标准，2 个统一，1 个应用。

1 个标准：根据评价对象与评价目的，用最明确的语言形成标准的评价问卷。

2 个统一：统一评价人对问卷的理解；统一评分标准。

1 个应用：明确 360°反馈评价结果的应用范围，只能以 1 个目标为主导目标。其最

适宜的是进行人员发展与职业规划，而非薪酬绩效考核。

根据评估的结果，可以有的放矢地先制订培训发展计划。

➤ 表现好＋潜能大：给予额外关注和发展机会。

➤ 表现差＋潜能大：改善工作行为，了解个人发展意愿。

➤ 表现差＋潜能小：关注个人工作动机、态度，探究原因。

➤ 表现好＋潜能小：着重发展本岗位技能，做好传帮带。

4. 职业测评法

（1）职业兴趣测评。

"我喜欢做什么？"美国的学者曾对哈佛大学 MBA 毕业班的学生做过一次调查。有七成被调查者回答根据他们所学的专业来选择自己的职业；另外有三成表示他们会根据自己的兴趣来选择自己的职业。5 年后的跟踪调查发现，其中最成功、最出色的人都是当初说要根据自己兴趣来选择工作的人。

职业兴趣测评表是美国著名职业指导专家霍兰德制定的。在几十年间经过无数次大规模的实验研究，形成了人格类型与职业类型的学术和测验。他认为一个组织为了促进经济效益，必须促进人力资源的充分运用，使个人目标、兴趣、能力与组织倾向的目的保持一致。就个体而言，个体的心理特征必须与目标地位密切联系起来，选择有利于自身发展的职业。他将人分成现实型、社会型、研究型、艺术型、管理型、常规型共六大类，如图 2-12 所示。

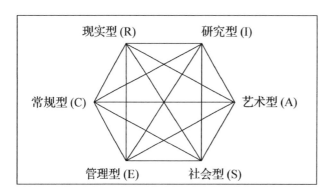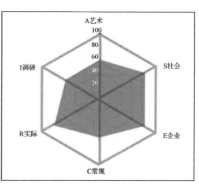

图 2-12 霍兰德职业兴趣测评表

（2）职业价值观测评。

"什么对我最重要？"，是美国麻省理工学院斯隆管理学院的埃德加·H. 施恩教授领导的专门研究小组，根据该学院毕业生的职业生涯研究演绎成的测评理论。斯隆管理学院 44 名 MBA 毕业生，自愿形成一个小组接受施恩长达 12 年的职业生涯研究，包括面谈、跟踪调查、公司调查、人才测评、问卷等多种形式，最终分析总结出了职业锚理论（Career

Anchor Theory）或称职业定论的理论基础，提出了八种职业锚，分别是技术或功能型职业锚、管理型职业锚、自主独立型职业锚、创造型职业锚、安全型职业锚、服务型职业锚、挑战型职业锚和生活型职业锚。研究表明，职业锚是内心深处对自己的看法，它是自己才干、价值观、动机，经过自省后形成的，对于个人的职业生涯起到指导、约束或稳定作用，如图 2-13 所示。

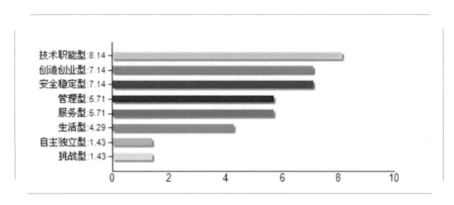

图 2-13　职业锚理论示意图

（五）职业目标三环理论

职业目标三环理论的"三环"，简单通俗地说就是喜欢做的、善于做的、应该做或者值得做的事情或工作。喜欢做的事情就是兴趣、爱好、意愿、动机、专注与投入；善于做的事情就是特长、知识、技能、经验、经历和能力；应该做的事情是机遇。适应了社会需要（天时），具有环境条件和资源供应优势（地利），以及良好的组织或人际关系基础（人和），就能给自己带来好的物质（功名利禄）和精神（情感）回报。按照三环之道发展职业和事业甚至学业，一个人会较容易取得成就和成功，所得到的物质和精神回报也会令人比较满意，人生的职业生涯也将会充满愉悦感和幸福感，如图 2-14 所示。

图 2-14　职业目标三环理论

（六）职业生涯决策

1. 职业生涯决策基本原则

"职业辅导之父"富兰克·帕森斯对如何选择职业提出：第一，自我认知；第二，职业认知；第三，上述两条件平衡。一般来说在选择职业中应做到要择己所爱、择己所长、择己所需、择己所利。

2. 职业目标设定

设定目标看似简单，但要让目标能够指导实际工作生活，还要遵循 SMART+C 原则。

➤ S 代表具体 (Specific)，目标必须是具体的。

➤ M 代表可度量 (Measurable)，目标必须是可以衡量的。

➤ A 代表可实现 (Attainable)，目标必须是可以实现的。

➤ R 代表相关性 (Relevant)，目标必须和其他目标具有相关性。

➤ T 代表有时限 (Time-bound)，目标必须具有明确的截止日期。

此外，SMART+C 的 C 代表挑战 (Challenge)，在设定目标的时候，稍微设定得高一些，具有挑战性，这样更能激起斗志，取得更大的进步。目标设定得太低，不需要努力就能实现，起不到开发潜能的作用，如图 2-15 所示。

图 2-15　SMART 原则

3. 职业生涯规划制定步骤

（1）自我评估。

这是对自己进行全面的分析，主要包括对个人的需求、能力、兴趣、性格、气质等的分析，以确定什么样的职业比较适合自己和自己具备哪些能力。民航乘务员属于服务类行业，所以更加适合属于社会型或现实型的人群，这类人群具备一定的动手能力，更喜欢实践，同时喜欢与人交往，关心社会，渴望发挥自己的社会作用，看重社会义务和社会道德。属于这类人群的人更能在民航乘务员岗位上获得身心上的满足，也能帮助从业者更好地完成职业所需的职责。

（2）分析组织与社会环境。

这是对自己所处环境的分析，以确定自己是否适应组织环境或者社会环境的变化，以及怎样来调整自己以适应组织和社会的需要。民航乘务员所就职的往往是航空运输企业，在这类企业中比较大型的企业往往体制相对复杂，功能分工比较明确，更为适合具备技术或功能型职业锚、安全型职业锚、服务型职业锚的人群，这类人群更能够适应企业的细化分工状况以及工作的稳定性。而具备管理型职业锚、挑战型职业锚、生活型职业锚的人群则不宜选择大型的航空企业，而应当考虑中小型航空企业，这类企业体制较为简单，处于发展的初始阶段或壮大阶段，有更大的灵活性有利于挑战型职业锚的人群实现自我挑战乃至与竞争对手公司之间的挑战；有更多的晋升空间适合管理型职业锚的人群寻求在管理岗位上的发展；工作时间和地点相对不固定，可以满足生活型职业锚的人群兼顾生活、家庭的需求。

（3）评估职业生涯机会。

它包括对长期机会和短期机会的评估。通过对社会环境的分析，结合自身的具体情况，评估有哪些长期发展机会；通过对组织环境的分析，评估组织内有哪些短期发展机会。

目前我国民航运输业，大环境基本确定还处于上升期，社会对民航业的需求量持续不断地增加，民航的发展速度相对较快，稳定性也较好，但可以看到在未来的三十年中，民航的竞争会加剧，从而进入一种相对时间较长的稳定期。而对于短期的机会来说，大型企业中的架构已经相对稳定，寻求稳定的职业收入和发展相对容易，培训机会充足，晋升渠道相对明确，但晋升周期很长；中小型企业的潜力更大，机遇更多，晋升周期相对较短，工作地点容易商讨，但不确定性多，抓住机会所需做的准备较多。

（4）确定职业生涯目标。

它包括人生目标、长期目标、中期目标和短期目标。分别与人生规划、长期规划、中期规划和短期规划相对应。一般应根据个人的专业、性格、气质和价值观，以及社会的发展确定自己的人生目标和长期目标，然后将其细化，根据个人经历和所处组织环境制定出相应的中期目标和短期目标。

如果把民航运输业或民航乘务员作为自己的人生目标或长期目标，那么则应根据前面所分析的内容选择好适合自身的企业环境，再根据企业环境和以后的工作经历，学会分解目标从而制定好自己的短期目标和中期目标。若选择成熟的大型企业，那么短期目标可以是一年，中期目标可以是三年；如若选择中小型企业，则要注意缩短目标间隔以适应企业快速的变化。

（5）制定行动方案。

加入民航运输业，做一名乘务员，就要制定相应的行动方案来实现自我职业价值，将自己设定好的目标转化成为具体的方案和措施。在这一过程中比较重要的行动方案是职业生涯发展路线的选择，针对技术或功能型职业锚、安全型职业锚、服务型职业锚的人群，可以将自身的职业生涯发展路线的规划循着民航乘务员的岗位功能性范畴来制定，如从普通乘务员到两舱乘务员，再到区域乘务长，最后晋升主任乘务长，然后成为乘务培训教员到主任教员等技术型路线。而针对具备管理型职业锚和挑战型职业锚的人群，可以遵循民航乘务员的管理机制来制定自己的职业生涯发展路线，如乘务员到乘务长到乘务队主任到乘务部经理等管理型路线。根据不同的职业生涯路线，则还应当制订好相应的培训计划，如技术型路线可以制订更多的职业技能培训计划，而管理型路线则应当多注意自身管理能力的培养。

（6）评估与反馈。

在人生的发展阶段，由于社会环境的巨大变化和一些不确定因素的存在，会使人与原来制定的职业生涯目标和规划有所偏差，这就需要对职业生涯目标与规划进行评估和再评估，并进行适当调整，以更好地符合自身发展和社会发展需要。职业生涯规划的评估和反馈是个人对自己不断认识的过程，也是对社会不断认识的过程，是使职业生涯规划更加有效的有力手段，不可忽视。

思考题

1. 什么是职业素养？

2. 职业素养的核心内容是什么？

3. 简述民航乘务员应该具备的职业素养。

4. 如何提高民航乘务员的职业素养？

5. 坚持自我学习的四大支柱是什么？

6. 自我成长有哪三个阶段？

7. 论述二八法则在自我管理中的作用。

8. 如何养成高效的良好习惯？

9. 如何理解时间管理象限？

10. 请根据橱窗分析法进行自我分析。

11. 请根据 SWOT 分析法进行自我分析。

12. 依据职业生涯规划步骤，给自己制定一个职业规划。

第三章
民航乘务员职业形象

　　现代社会对人才的综合素质要求越来越高，要想在激烈的人才竞争中占据优势地位，为自己在职场中赢得一席之地，除了具备一定的专业知识和技能外，还需要拥有美好的形象和高雅的气质。尤其是民航乘务员的形象，更是在工作中具有画龙点睛的作用。德国古典唯心主义哲学家黑格尔说："美是理念的感性显现。"经典文学作品的经久不衰，在于成功的人物形象塑造；而一个人的成功，80%在于显示自己的形象。

第一节 形象之美

形象是非语言的主要媒介，反映一个人的社会地位、身份、职业、收入、爱好，甚至一个人的文化水平、个性和审美品位。

一、形象美的重要性

"空姐"是美丽的代言人，空姐给人的印象往往定格为苗条的身材、得体的服饰、精致的妆容和甜美的微笑。一名合格的民航乘务员，除了在飞机上为旅客提供周到细致的服务之外，良好的形象往往能给旅客留下深刻的印象，是帮助乘务员拉近与旅客的距离、促进客舱服务顺利进行的法宝。马克•吐温说，不修边幅的人在社会上是没有影响力的；英国形象设计师罗伯特•庞德告诉人们：这是一个两分钟的世界，你只有一分钟展示给人们你是谁，另一分钟让人们欣赏你。或许会有人辩驳说："内在美才是真正的美！"不可否认，一个人若具有天使般的面孔，却怀有蛇蝎般的心肠，美从何谈起？然而，即使是伊丽莎白一世也曾遗憾地表示自己没有长得更美。可见，秀外与慧中同等重要。一个人如何塑造或表现自己不仅仅关系到自己对其他人的态度以及对自身价值的重视程度，而且还是个人内在素质、创造力以及是否具有职业特征的反映。总而言之，形象美是一种和谐之美，是一个人外在表现与内在气质的统一。

保持良好的自我形象既是尊重自己，更是尊重他人。好的形象对自己而言，可以增强自信，并通过美丽的外表来塑造自己的内心。对他人而言，能够较容易地赢得他人的信任和好感，同时吸引他人的帮助和支持，从而会促进自己事业的成功。

二、形象与体型

在字典里，形象是指能够引起人的思想和感情活动的具体形状或姿态，通常指人的精神面貌和性格特征。而现实中，形象是指人的内在素质和外在表现的综合反映，给他人留下的整体印象。

形象包括三个方面，即体型、仪容和着装。体型主要是指身体各部分之间的比例。比如倒三角形体型、矩形体型、沙漏形体型等，如图3-1所示。仪容通常是指人的外观、外貌，尤其是容貌。着装是指穿衣打扮。

有一位女士辞职后想重新找份工作，因为没有丰富的工作经验，就想找份类似前台客服的工作。但是面试了好多家公司，得到的答复都是她不太符合公司的形象要求。这位女士顿时就傻了眼：难道身材好、形象佳真的这么重要吗？是的。美国得克萨斯大学经济学教授丹尼尔·哈默梅什在他的《BEAUTY PAYS》一书中通过数据分析得出：在人的一生中，形象较好的人的收入比形象普通的人高 3 或 4 个百分点，大约 23 万美元。他们在职场中更容易得到额外的机会，例如聚会邀请、商务旅行和办公室特权等。仔细思量，形象与体型之间的确存在着一定的关联。有句话说："看一个人的身材，就大概知道他的修养。"修养就是约束自己行为的能力和素质，能够控制自己的体型，影射着能够控制自我，表示具有自律、理性、坚韧和耐力等性格特点。试想，如果一个人连自己的形象都不关心、不在乎，怎么能够证明其对自己的人生有高度责任感呢？一个人如果可以任由自己的体型横向发展，怎么能够说明其对生命质量的精致追求呢？美国学者黛布拉·吉姆林在《身体的塑造》一书中说："当代社会对身体的关注，使身体成为自我存在的主要居所。个人很难将身份和身体、外表分开。致力于改造身体也就等同于改造身份和改变身体与自我之间的关联。"

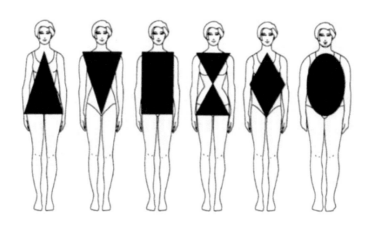

图 3-1 　体型分类

三、体型美的原则

体型美的首要原则是健康，即体格健全，肌肉发达，发育正常。其次是身体各部分的比例要匀称，和谐统一，符合美学中的形体美原则。身高体重适中，男性背宽、腰细、臀窄，身体外形呈倒三角形，富有动感，有阳刚之美；女性皮下脂肪适量，身体外形呈正梯形，有阴柔之美。"体态匀称、发育健康，构成一个和谐的整体。它给人以端庄、优雅、圣洁、高尚的感觉，引起人们对世俗生活的兴趣。激起奋发上进的精神"，《阳光下的中国人体》里这样描述。

此外，体型美还可以用以下原则衡量。

（一）胖瘦原则

BMI（Body Mass Index），即身体质量指数，是目前国际上常用的衡量人体胖瘦程度以及是否健康的一个标准。体质指数等于体重（kg）除以身高（m）的平方。

BMI= 体重（kg）÷ 身高^2（m）

根据图 3-2 中提供的数据值，可以得出一个人体质指数是否属于正常标准，如图 3-2 所示。

	WHO 标准	亚洲标准	中国标准
偏瘦	<18.5		
正常	18.5～24.9	18.5～22.9	18.5～23.9
超重	>25	>23	>24
偏胖	25.0～29.9	23～24.9	24～27.9
肥胖	30.0～34.9	25～29.9	>28
重度肥胖	35.0～39.9	>30	—
极重度肥胖	>40.0		

图 3-2　BMI 数值

例如：一个人的身高为 1.75m，体重为 68kg，那么他的 BMI 指数：68÷(1.75^2)=22.2，由表中数据得出，当 BMI 指数在 18.5 ～ 23.9 时属于正常标准，故此人属于正常体型。

（二）高矮原则

以高为美还是以矮为美，由于地区不同、民族不同，故而观念各不相同。只要身材比例匀称和谐就是体型美。

例如，因纽特人成年男性平均身高 1.50 ～ 1.60m；我国南方成年男性平均身高 1.70 ～ 1.75m；我国东北地区成年男性平均身高 1.75 ～ 1.80m；美国成年男性平均身高 1.80m 以上等。

（三）健康强壮原则

强壮为美还是瘦弱为美，不同的时代，不同的阶层，看法不同。例如，在中国古代，贵族女子以"弱柳扶风"为标杆；而 21 世纪的中国女性以"巾帼不让须眉"为傲。

（四）线条优美原则

男子以上体呈现"V"形为美；女子以侧视呈现"S"形为美。

【扩展小知识】

人体比例与黄金分割定律

黄金分割是指将整体一分为二，较大部分与整体部分的比值等于较小部分与较大部分的比值，其比值约为 0.618。这个比例被公认为是最能体现美感的比例，被称为黄金分割。

意大利著名画家、人体解剖学家达·芬奇提出，人体各部分之间的比例应合乎"黄金分割"律：人的头长应是全身高度的 1/7、肩宽应是身长的 1/4、跪时身长减少 1/4、大腿正面宽度应等于脸的宽度、耳朵长度应等于鼻子的长度、两臂伸开总长应等于身长、紧握拳头的周长等于脚长，如图 3-3 所示。

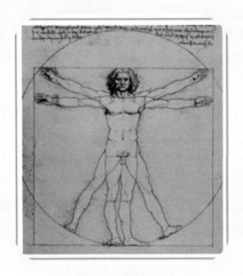

图 3-3　黄金分割

四、塑造健美体型

拥有健美的体型，除了遗传先天的自然因素，也可以通过后天的体型塑造达到充实和完善。过去，人们对发育时期的体型状况不重视，缺乏科学系统的学习与训练，导致出现许多不同程度的身体形态畸形，如站不直、坐不正、含胸驼背、走路内、外八字脚等。通过体型训练，不仅能提高健康水平，而且对修饰、改善和矫正身体的不良姿势，形成健美体态有着特殊的功效。黑格尔说："人与动物的躯体大致上很一致，所不同的是人的躯体不是一种单纯的自然存在物。在他的形状与结构中，体现了一种精神，表现了一种更高的内在生活。"

（一）体型与运动

俗话说：铁不磨要生锈，人不运动要生病。这主要强调的是运动能强身健体，是保持体型美的方法之一，运动能够使人体精气流通不郁，促进人体血液循环，增强心肺功能。

（1）体操。

主要以徒手体操的练习为主，内容简单，动作易行。通过体操练习，可以增强身体各部位的协调性和灵敏性，为塑造健美体型奠定坚实的基础。

（2）舞蹈。

主要以有节奏的身体动作来完成一定量或有难度的动作。通过练习，锻炼身体的柔韧性、稳定性、灵活性和协调性，同时提高人们对音乐的理解能力。

（3）瑜伽。

瑜伽与体操、舞蹈等动感的健体方式不同，它通过其独有的静态感可以达到健身塑形的目的。通过练习，能不同程度地体会到筋骨舒展、身心轻松、形体健美、经络通畅等效果。

（4）其他。

还有很多运动项目可以塑形健体。比如，骑单车、游泳、跳绳、深蹲、平板支撑等。

（二）体型与膳食

健康的身体是体型美的根源，而食物是保障健康的重要因素之一。科学合理地补充营养，使摄取的物质在人体内发挥最佳效果，可以达到人体健康状况的最优水平。

（1）每餐食物要合理定量。

由于熟食与生食的重量不同，比如，100g童子鸡提供的热量少于100g鸡肉提供的热量，故每餐食物应该根据实际需要定量。

（2）咀嚼食品有利于消化和消耗热量。

咀嚼食物能够消耗一定的热量，同时细嚼慢咽有利于肠道消化。

（3）不要人为地破坏食物结构。

比如减肥食品常常只注重某类食品的组合，这种做法会人为地破坏日常饮食中食物的自然组合。营养学家认为，用餐的最佳食谱是：早餐和晚餐以淀粉和糖类食品为主，午餐主要以蛋白质食物为主。

（4）不挑食不偏食。

几乎所有的食物都含有脂肪、蛋白质、碳水化合物、维生素和矿物质，但含量有别，因而都各尽其能地为人体提供必需的营养和热量，从人体健康角度考虑，应食品多样化，以满足人体对营养的需求。

（5）合理安排营养结构。

从营养学角度看，蛋白质、碳水化合物和脂肪对人体同样重要，三者缺一不可，合理组合才能保持体态轻盈、身手敏捷。

第二节　民航乘务员妆容

化妆技术随着社会时尚审美的变化而在不断地发生着变化，在当今的工作生活中，人们更加倾向于自然、清新、淡雅的妆容风格，这代表了返璞归真、崇尚自然的崭新时尚理念。从这种审美视角演化出来的妆容更加本真、自然、舒缓、美丽，被众多职业女性认同、效仿、体验、追求，形成一种新的审美时尚潮流。

完美的妆容包含多种因素，由于职业不同、身份不同、性格不同、场合不同等，展现的妆容也不尽相同。良好的妆面设计一定要契合职业和性格等特点。妆容的成功与否，很大程度上取决于个人的审美能力、想象力和心灵塑造能力。

人们都希望通过化妆修饰让自己变得漂亮时尚，但化妆不能违背基本规律和个人特点而一味追求时尚。学习化妆是为了准确了解自己的外形特点并加以美化，通过化妆使个人魅力与气质修养达到最佳状态。对于民航乘务员来说这是一门不可或缺的必修课。

一、民航乘务员妆容特性

中国民航乘务员以靓丽的外表和温馨的服务受到了海内外旅客的赞誉。气质温婉、谈吐优雅、随和可亲、善解人意，既凸显出东方女性的职业魅力，又形成了民航乘务员独特的职业风格。塑造出高贵、典雅、美丽、大方的职业形象是我们的目标，通过学习不仅使每一名乘务员都能够依据自身特点掌握适合自己的化妆技巧，找到职业化感觉，形成职业习惯，并让乘务员在执行航班任务时，以更加标准精致的妆容展现在旅客面前，为每一位旅客送上一份视觉盛宴。

民航乘务员在工作中的职业妆容有以下特性。

（1）职业妆容要求：妆面、发型、服饰统一格调，符合公司标准，避免新、奇、特。

（2）职业妆容特点：干净、整洁、自然、大方、稳重、高雅、富有亲和力。

（2）职业妆容标准：突出职业特征、体现精神面貌、与制服和谐统一。

（3）职业妆容忌讳：妆面过浓、过艳、过淡、过冷。

此外，对于男乘务员还提出如下各项要求。

（1）在客舱服务中要保持端庄肃穆和蔼可亲的职业形象，唤起人们的美感，增强人们对民航乘务员这份职业的尊重感。

(2)当男乘务员担任乘务长工作时,不具备化妆知识就无法对乘务组进行管理和检查,也无法提出要求并进行指导。

二、民航乘务员妆容原则

(1)工作妆要简约、清丽、素雅,具有鲜明的立体感。既要给人下留深刻的印象,又不能显得脂粉气十足,浓妆艳抹。客舱工作环境中的灯光对妆容有一定的影响,过于清淡的妆容会显得乘务员面无气色。

(2)工作妆避免使用浓郁芳香型化妆品。乘务员在客舱服务中,要与旅客近距离接触与交流,过浓的香味会引起旅客的反感。

(3)不要当众化妆或补妆。公共场合当众补妆,既不雅观也是对他人的不尊重,乘务员在飞机上需要补妆时,应在卫生间内进行。

(4)不借用他人化妆品。借用他人化妆品既不卫生也不礼貌。乘务员在工作中要随身携带化妆包,以备不时之需。

三、民航乘务员妆容用色

妆容色系可分为暖色系和冷色系。橘色、粉色、焦糖色等属于暖色系;紫色、蓝色等属于冷色系。我国民航乘务员妆容用色目前多以粉色系、橘色系、蓝紫色系、咖啡色系为主。乘务员在选择妆容用色时应根据个人肤色和年龄,同时要与乘务员制服颜色和谐搭配,才能获得既职业时尚又不失稳重大方的效果。

以三大航空公司(国航、东航、南航)为例,航空公司对乘务员妆容用色的选择都做了明确规定,如图3-4所示,国航制服分为中国蓝和中国红两种颜色,妆容色系规定了三种:橘色、粉紫色和咖啡色。着红色制服建议搭配橙色或者咖色眼影、橘色腮红和红色口红;着蓝色制服建议搭配粉紫色或咖色眼影、粉色腮红和玫红色口红。南航制服采用天青色和芙蓉红为整体色,妆容色系规定了两种,暖色系:眼影为大地色、腮红为桃红色、口红为桃红色;冷色系:眼影为粉色或粉紫色;腮红为粉色;口红为玫红色或粉色。东航制服以藏蓝色为主色调,配以正红色皮带。妆容采用蓝色眼影以及正红色口红,以便凸显东航乘务员的气质。妆容色系规定了典雅红唇妆和时尚湖蓝眼妆两种。典雅红唇妆眼影为棕橘色、香槟色、深棕色;腮红为亮粉色、浅桃色;口红为正红色。时尚湖蓝妆眼影为天蓝色、湖蓝色;腮红为亮粉色、浅桃色;口红为柔橘色、橘色。

国航　　　　　　东航　　　　　　　南航

图 3-4　三大航空公司乘务员制服样式

具体用色原则如下所述。

（一）眼影用色

乘务员在眼部化妆时，眼影粉或眼影膏的颜色应与口红和肤色协调，比如，用紫色或紫粉色作眼影，浅色作结构色，深色作晕染色。

（二）眼线用色

根据亚洲人发色的特点，选用黑色、灰色或深咖啡色眼线笔、眼线液或眼线粉画眼线。

（三）睫毛膏用色

睫毛膏只能使用黑色或褐色，可选择加长、加密型睫毛膏。睫毛膏不宜涂得过浓重，失去自然感。

（四）眉毛用色

眉是五官之首，可以统筹五官、改善脸型。亚洲人发色以黑色、深棕色为主，因此眉笔或眉粉选色适宜黑色、深灰色、深棕色。眉毛颜色要与发色一致。眉骨处选择高明度的高光色，如淡肉粉色、淡象牙色或最浅色粉底，不宜用纯白色及银光色。

（五）鼻部高光提亮色

通过彩妆让鼻梁变高，道理其实很简单：一是要鼻梁显得高，二是要鼻根显得低，三是要鼻侧暗下去。这样即收窄了鼻梁，又强调了立体感，从而在视觉上显得鼻梁高。选色范围与眉骨提亮色一致，适宜淡肉色、象牙白及最浅色粉底。用高光粉抹在鼻子上，白色的眼影也行。鼻翼两边用深色的粉底，或者用棕色的眼影涂抹。

（六）面颊用色

面颊淡红可表现出红润的气色，也可塑造出面部立体感，选色要适宜面部自然产生的红晕，如淡粉色、淡橙色。胭脂要在颧骨部位匀开，表现面部自然红晕，不可画成晒伤红、苹果红或高原红。

（七）唇部用色

唇是气色的关键，可以凸显神色，改变气质。选择滋润型有透明感的口红。色彩范围：粉红色、紫粉色、橙红色、红色。唇线笔选色要与口红色一致。口红要涂得薄而透，不可过于浓艳。

需要注意的是，民航乘务员职业妆容不可以使用珠光色，仅限于使用哑光色，并且颈部颜色要用粉饼与妆面做好衔接。

四、民航乘务员妆容神韵

"中国空姐"以清新靓丽的装束、高贵典雅的气质、轻盈优雅的仪态、温婉娟秀的妆容向世界展示着中国民航乘务员的神韵。乘务员职业妆容通过"形"的塑造、"色"的晕染，折射出民航乘务员的灵气、靓丽、自信、光彩、大方的独特风采，表现出民航乘务员的精神风貌。化妆后的最高境界是 1m 以内看不出化妆修饰的痕迹。

为了始终保持良好的精神状态，在此给大家一个小建议：早晨出港前化好的精致妆容，随着白天航班飞行时间加长，特别因高空客舱环境干燥，妆面到下午容易脱妆，出现瑕疵或皮肤发紧干燥。可以在飞行包里备好棉签、补水眼部啫喱、眼线笔和遮瑕膏。棉签可以处理脱妆；眼部啫喱可以应对面部一切干燥脱皮，包括唇纹、法令纹等；遮瑕膏可以处理脱妆、痘印和红血丝；眼线笔可补画眼线和眉毛。最后，记得在整理洗手间时顺便漱漱口，口气清新地进入下一步的工作状态。

第三节　民航乘务员化妆规范

一、五官形状与化妆分析

乘务员的妆面设计要能凸显出职业气质与职业韵味。如何打造完美职业妆容，首先要对五官形状进行分析。

（一）脸型

常见的脸型有圆形、国字形、甲字形（倒三角形）、由字形（正三角形）和申字形（菱形）等，如图 3-5 所示。

圆形·········· 国字形 ···· 甲字形(倒三角形) ···· 由字形(正三角形) ···· 申字形(菱形)

图 3-5 常见脸型

妆容设计是根据不同的脸形、肤色、气质，在化妆细节处加以调整和修饰，力求达到完美，使每一位乘务员都能拥有一个适合自己的"天使面孔"。

塑造脸型可以使用不同颜色的粉底修饰，产生视觉变化。用接近肤色的粉底液均匀地涂在面部内轮廓处，再用略暗于肤色的粉底涂在外轮廓部位，这样既可以塑造面部立体感又可以修饰脸型的不足。

【扩展小知识】

人体比例与黄金分割定律

说到美人标准，人们常提到"三庭五眼"，指的是人的脸长与脸宽的一般标准规律，这个观点据说是源于我国古代画论《写真古诀》，是元末肖像画家王绎为他自己画肖像的经验之谈。所谓三庭，是指将脸的长度三等分，上庭从前额发际线至眉骨、中庭从眉骨至鼻底、下庭从鼻底至下颌，各占脸长的 1/3；所谓五眼，是指将脸的宽度以眼型长度为单位分成五个等分，从左侧发际至右侧发际，为五眼型，如图 3-6 所示。

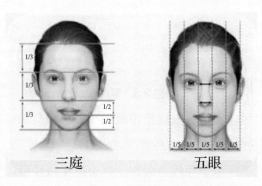

图 3-6 三庭五眼

（二）眉型

好看的眉形可以对面部起到衬托作用。民航乘务员需要定期修眉，不可出现杂乱无形的眉态。眉型不可修得过细或者化得过长过粗；眉的长度不能超过鼻翼至眼角外延线；眉毛的粗细应控制在眉头，眉腰略粗，眉梢逐渐变细；眉峰不宜过高，位于眉毛的 2/3 处即可。不可一味追求时尚眉型，因而使面容显得缺乏亲和力而不自然，如图 3-7 所示。

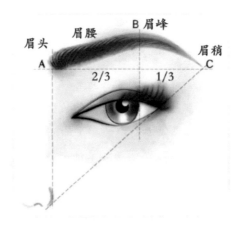

图 3-7　眉形

（三）眼型

想要化对眼妆，认清自己的眼睛类型非常重要。常见的眼型有深陷型、突出型、内双型、单眼皮、下垂型、眼距过窄或者眼过宽几种，如图 3-8 所示。

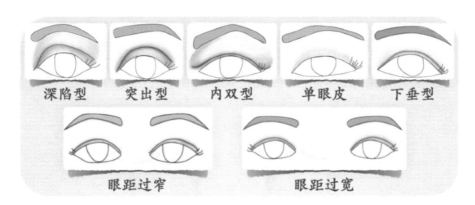

图 3-8　眼型

（1）深陷型眼型：可以通过在眼睑使用暖色系眼影用以提亮眼睛的自然阴影，并用高光粉进一步加强眉骨下方眼睑区域的亮度。

（2）突出型眼型：要避免使用浅色眼影，这会使眼睑显得过于凸显。可在眼睛周围使用深色系眼影，让眼睑区域在视觉上得到弱化。着重加深上睫毛区域的眼线能进一步弱化眼睛突出的空间。

（3）内双型眼型：可以使用深色系眼影在内双折痕处大面积涂抹，并在睫毛根部、眼睛边缘处用眼线笔加强，起到放大眼睛的作用。要选择粗线条的眼线笔。

（4）单眼皮眼型：除了使用双眼皮胶制造褶皱，还可以在靠近眼线的部位使用颜色较深的眼影，中部位置使用柔软的中性色系眼影，最后在靠近眉骨的位置使用鲜艳明亮的颜色。同时向上提拉卷曲的睫毛。

（5）下垂型眼型：容易使人显得没有精神，可以通过眼线进行修饰。用眼线笔在上眼睑沿眼睛轮廓画至外眼角部位，然后呈 45°向上画出。

（6）眼距过窄眼型：可以尝试使用冷色系或者裸色系眼影，并在外眼角部位适量轻涂睫毛膏，使整个关注的焦点向外眼角转移。

（7）眼距过宽眼型：可以使用黑色眼线笔勾勒眼周，并尽可能地靠近内眼角泪腺的位置。

（四）鼻型

鼻部的修饰在整个妆面中处于支配地位，对于鼻型不完美的人而言，合理美化鼻型可以使整个妆容锦上添花。

（1）塌鼻梁：可以在鼻梁两侧涂上咖啡色鼻影，上至与眉毛自然衔接，然后在鼻梁上涂浅色高光提亮，使阴影与亮色形成鲜明的对比。

（2）鼻子过大：可以选用柔和色调的妆容，鼻梁两侧使用暗色鼻影，从鼻根部逐渐涂染到鼻翼部。

（3）鼻子过长：可以在化眉毛时降低眉头的高度，或使用咖色鼻影从鼻根处一直涂到鼻尖。

（4）鼻子过短：在鼻侧处涂深色鼻影，鼻梁处涂窄条高光提亮。另外，化眉时把眉头稍向上抬，将鼻影从眉尖涂至鼻翼，也能获得同样的效果。

（5）鼻子过宽：使用略深于肤色的鼻影色从鼻根涂至鼻翼，在鼻梁和鼻尖上涂浅于肤色的亮色，亮色不要涂得太窄，不然会让鼻子前部显得更大。

（6）鼻子过窄：用接近肤色的裸色系眼影涂在鼻翼上，鼻梁不要涂得太宽太亮，否则会使鼻翼显得更小。

（五）唇型

无论嘴唇大小，双唇应该饱满有光泽，上唇非常丰满立体，有完美的唇峰，在两峰之间的部分还会有一个饱满的唇珠。唇型需要画出柔和、自然感，表现出微笑的唇型。唇峰画得略开、圆润，上唇略长、略薄，下唇略短、略厚，如图 3-9 所示。

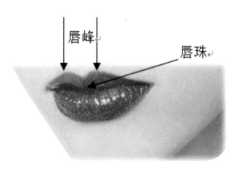

图 3-9　唇型

二、乘务员化妆程序

（一）洗手

化妆前先要将手洗干净。

（二）洁面

使用洁面乳清洁面部，彻底清除深陷毛孔中的污垢，使毛孔通畅、透气。

（三）护肤

根据自己的肤质，使用合适的护肤品。护肤步骤如图 3-10 所示。

卸妆　　洁面　　爽肤水　　眼部　　精华　　乳液　　面霜

图 3-10　常规护肤步骤

（四）防晒霜

防晒霜的作用是抵御紫外线、隔离辐射，是护肤的最后一个步骤。

（五）隔离霜

隔离霜的作用是提亮肤色、隔离脏物，是彩妆的第一个步骤。紫色隔离霜可以提亮肤色，改善暗黄肤质；绿色隔离霜可以中和泛红肤质，如图 3-11 所示。

图 3-11　隔离霜样式

（六）粉底

粉底的功效是修饰面部肤色、调节气色、改善皮肤的质感。面部有瑕疵的人，可用粉底遮瑕。同时，粉底可以避免空气中的粉尘直接接触面部，在皮肤表面形成一层保护层。

使用粉底时要选择适合自己肤色的颜色，如图 3-12 所示。切忌一味追求美白，选择过白的色号，从而造成假面的效果。粉底分为粉底液和粉底霜，依据肤质选择合适的质地。

图 3-12　粉底液颜色样式

如何选择适合自己肤色的粉底需要找对自己肤色的色调。肤色的色调可分为暖色调、冷色调和中性色调三种。暖色调皮肤会呈现出轻微的黄色、金色或桃红色调；冷色调皮肤会呈现出轻微的粉色、红色或蓝色调；中性色调皮肤既不呈现粉色、红色、蓝色，也没有黄色、金色、桃红色，而是介于两者之间。

现在比较流行的一种做法就是看手腕血管的颜色确定皮肤色调。把手腕放在太阳光下观察，如果手腕血管呈蓝色或紫色就是冷色调；如果手腕血管呈青色或橄榄色就是暖色调；如果手腕血管呈蓝绿色就是中性色调，如图 3-13 所示。

冷色　　　暖色　　　中性色

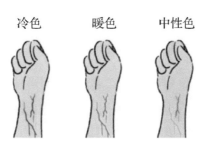

图 3-13　血管颜色与皮肤色调

找对皮肤色调就可以选择相应色调的粉底了。暖色调肤色使用黄调粉底，冷色调肤色使用粉调粉底，这里的黄和粉是粉底的基调，也是肤色的基调。大部分亚洲人的肤色都是偏黄色调，仅有少部分人是偏粉色调，切不可觉得自己肤白就选择粉调粉底，实际上还是黄调的。使用粉底试色号的时候，最好的做法是在脖子与脸的交界处测试，粉底与自己肤色融为一体的，就是最合适的色号，如图3-14所示。

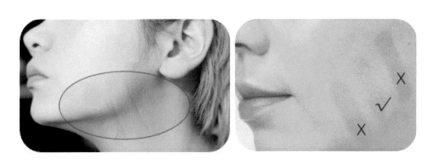

图 3-14　粉底液试色

粉底的使用方法是先在面部区域涂上粉底，然后用手指肚或者美妆蛋将粉底均匀地推开，使之与皮肤贴合，如图3-15所示。

图 3-15　粉底涂抹方法

当粉底不能完全遮住面部瑕疵时，需要使用遮瑕膏遮盖。

（七）修容

修容的作用是让面部线条在视觉上呈现立体感，通过阴影和高光来塑造面部的明暗变换。

高光可以涂在鼻梁、颧骨、额头和眉骨等部位，阴影可以涂在鼻翼两侧、脸颊两侧和发际线等部位。修容的范围切忌过大，避免妆面显。修容时要少量多次晕染，且颜色外深内浅，如图3-16所示。

图 3-16　面部修容部位

（八）定妆

定妆的目的是减少油脂分泌，使妆容持久，防止脱妆。在底妆完成后，用粉扑将定妆粉或者蜜粉均匀地扑在脸上即可。

（九）化眉

首先，用眉刷将眉毛刷顺，同时也将黏在眉毛上的粉底或浮粉刷掉，以便眉妆持久；其次，用眉笔勾勒眉毛的基本轮廓，定好眉毛的长度、宽度及眉头、眉峰、眉尾的位置。最后，顺向填充化眉，眉头处的颜色要最浅，眉峰处要最深，再到眉尾处又逐渐变浅，这是根据眉毛的生长规律，化出的眉毛会比较自然。眉毛边缘需要自然晕染。眉笔应选择与眉毛颜色接近的颜色，如图 3-17 所示。

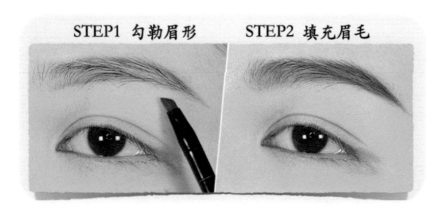

图 3-17　化眉步骤

（十）眼线

化眼线时使用眼线液或者眼线笔根据自己情况而定。化上眼线时，要贴近睫毛根部，沿着外眼角的弧度画出一条略微上挑的延长线，但上扬的长度不要超过双眼皮的宽度，过长会显得不自然；下眼线可不化或者化得清淡，仅化在眼睛后 1/3 处。眼线要化实，这样可以表达眼睛的神采和亮度，展现眼部神韵，如图 3-18 所示。

图 3-18　化眼线步骤

（十一）眼影

眼影可以强化眼部轮廓，突出眼部神韵，使人看起来神采奕奕。正确使用眼影，可使整个妆容看起来更具立体感。以"棕色系眼影"为例，步骤如下述所。

第一步，用浅棕色眼影涂抹整个上下眼睑，上至眼窝顶端眉下方，深浅度由下至上渐浅；第二步，用棕色眼影叠加涂抹眼窝，范围小于浅棕色；第三步，用深棕色眼影沿眼线根部涂抹至眼尾处，勾勒线条；第四步，用深棕色眼影晕染下眼睫毛后 1/3 至眼尾处；第五步，用棕色立影粉，涂抹眼窝深处，给眼窝塑型，突出深邃轮廓，如图 3-19 所示。

注意事项：眼影涂抹要由外向内，颜色之间过渡自然，涂抹量要适宜，切忌眼影过浓或者过淡。

图 3-19　化眼影步骤

（十二）睫毛膏

睫毛膏可以使睫毛看起来既浓密又纤长，放大眼睛，增强眼睛的魅力。需要注意，乘务员职业妆容中不允许使用假睫毛。

首先使用睫毛夹将睫毛夹卷翘。将眼睛往下看，把睫毛夹放到接近睫毛根部的位置，夹紧后手微微向上提拉，如图 3-20 所示。然后用睫毛膏分别刷上下睫毛。刷上睫毛时要边刷边向上提拉，使睫毛变得纤长且更加卷翘，刷下睫毛时从尾部开始向下刷，也可将睫毛刷头来回涂刷，如图 3-21 所示。睫毛膏可以选择加长加密型，但不宜涂得过重，以免显得不自然。睫毛颜色以黑色、深棕色、咖啡色为宜。

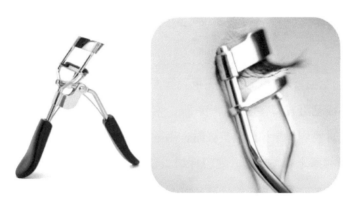

图 3-20　睫毛夹

图 3-21　睫毛膏使用步骤

（十三）腮红

腮红既可以使人展现出良好的气色，也可以塑造面部立体感。腮红颜色的选择要适宜面部自然产生的红晕，以淡粉色和淡橙色为宜，切忌过红。腮红可分为粉状、膏状和液体状，应根据自己使用喜好选择。

使用腮红时，沿着颧骨下方由内向外、由下至上自然轻扫出红晕，颜色自然过渡，不要画出边缘线，腮红下缘不要低于鼻子。如果需要塑型、调整脸型的话，长脸型以横向或圆圈的手法扫腮红，圆脸型以纵向手法扫腮红，如图 3-22 所示。

需要注意，乘务员职业妆容中禁止使用珠光腮红。

图 3-22 腮红使用方法

（十四）口红

口红可以提亮气色，涂口红时，应先用润唇膏滋润唇部。然后，可以使用唇线笔与口红搭配涂抹。先用唇线笔沿着嘴唇边缘画出唇框，勾画轮廓时注意修饰不标准的唇型，再用口红进行填充，填充时要均匀涂抹。涂口红时，微微张开嘴巴，以便补满嘴角颜色，但不要溢出。最后，用化妆棉蘸上蜜粉定妆，可以保持口红不掉色，如图 3-23 所示。另外，口红的颜色要与腮红的颜色和谐统一。需要注意，乘务员职业妆容中不要使用含珠光闪亮的口红。

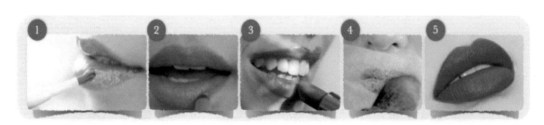

图 3-23 口红涂抹方法

（十五）颈部化妆

当完成面部妆容后，还要进行颈部的美化和修饰。确保面部与颈部之间没有明显的分界线。可以在颈部适当轻拍一些散粉或者蜜粉。

三、民航乘务员皮肤保养

民航乘务员长期在高空中飞行，客舱环境干燥，皮肤容易缺水。飞行时间不固定，国际航线飞行时间长且需要倒时差，国内航线飞行时间随时变化，这都使乘务员的饮食和睡眠不规律，容易产生皮肤出油、皮肤长痘和皮肤敏感等问题。因此，乘务员需要对皮肤进行保养和护理，帮助皮肤恢复到最佳状态。

（1）飞行前后要做皮肤补水面膜，以补充因空中干燥而使皮肤失去的水分。

（2）工作中，应在飞行包内准备保湿喷雾和滋润面霜，以备不时之需。

（3）下班回家后，第一时间卸妆洁面，彻底清洁皮肤。

（4）了解自己的皮肤类型，选择合适的护肤品，比如干性皮肤尽量选择乳霜，增加皮肤滋润度，油性皮肤尽量选择乳液，比较清爽，并根据季节变换，随时调整。

除此之外还要健康饮食、锻炼身体、充足睡眠、保持良好心态、劳逸结合，这也是保持健康皮肤的关键。

第四节　民航乘务员发型规范

俊朗、靓丽、整洁、干练的形象，可以在职场中展现给人一种自信、自尊、自强的风采。乘务员的职业形象就像一个特殊的符号，具有极强的影响力和感召力，它通过特殊标志、发型、服装、色彩，运用视觉设计和自身魅力产生的效果，让企业的理念通过视觉化、规范化、系统化得到公众的认同。

民航乘务员必须按照航空公司要求规范自己的仪容仪表。规范着装、标准盘发、正确化妆，自觉维护航空公司的尊严与形象，绝不可按照自己的个性设计发型、随意穿搭。

一、女乘务员发型

我国航空公司对女乘务员发型有严格的要求，发色一律为黑色，禁止染色或者挑染，使用公司统一配发的饰品。

（一）女乘务员短发

短发最短不得短于耳部、最长不得超过制服衣领、正面不得遮住眉毛。可选择烫发或直发，整齐梳理，不可选择怪异发型，如图 3-24 所示。

图 3-24　女乘务员短发标准

（二）女乘务员长发

长发必须盘起。一是飞行安全需要。一旦发生紧急情况，可以无障碍地迅速撤离；二是客舱服务需要。可以保障服务工作便捷、流畅、卫生；三是职业形象需要。盘发与制服相得益彰，更具职业气质和女性魅力。有的航空公司要求女乘务员只许盘发，不能有其他发型。

盘发包含三种样式：法式盘发、盘发髻和在盘发髻基础上按照航空公司的要求佩戴统一发饰，如图 3-25 所示。

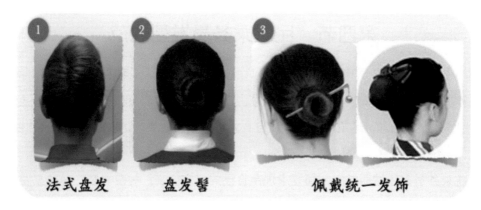

图 3-25 女乘务员盘发标准

盘发时使用的物品包括梳子、皮筋、U 形发卡、定型喷雾和发网等，如图 3-26 所示。

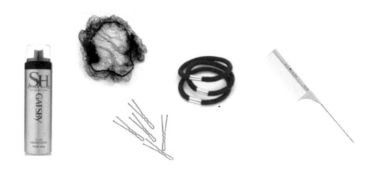

图 3-26 盘发用具

1. 法式盘发

法式盘发具有独特的时尚优雅感，部分国内外航空公司会选用这种发式作为女乘务员的职业发型，比如新加坡航空、亚洲航空等。

盘发步骤如下所述。

（1）将前面的头发采取侧分方式梳理。

（2）用八字手在颈后处将头发钩住。

（3）逆时针旋转头发。

（4）向右旋转且向上提拉头发。

（5）左手手掌同时向上推最外层头发。

（6）将发梢折回藏在发束中，平行插入多个U形发卡进行固定。

（7）前额处头发用定型喷雾定型。

（8）用定型喷雾固定整体发型。

具体步骤如图3-27所示。

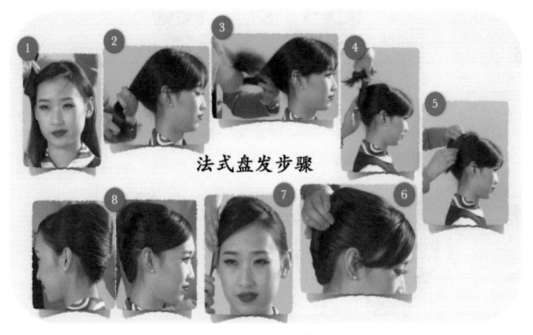

图 3-27　法式盘发步骤

2. 盘发髻

盘发髻发式应用比较广泛，我国大部分航空公司都要求女乘务员采用这种发式作为职业发型。

盘发步骤如下所述。

（1）将长发整齐梳好，在脑后用皮筋系成马尾状，高度与耳部上缘取齐。

（2）用黑色发网将马尾发全部罩住。

（3）左手抓住发根，右手抓住马尾逆时针旋转，直至将头发盘髻于脑后。

（4）用U形发卡将发髻固定，外形保持整体饱满。

（5）用定型喷雾固定碎发和整体发型。

具体步骤如图 3-28 所示。

图 3-28　盘发髻梳法

盘发髻发式标准样式如图 3-29 所示。梳此发式时，要求前额不留刘海，全部梳起。头顶部位可根据脸型进行头发蓬松度调整，如图 3-30 所示。

图 3-29　盘发髻发式

图 3-30　头顶部位蓬松造型

3. 佩戴头饰

国内外的部分航空公司，会要求女乘务员佩戴公司统一配发的头饰，比如头花网套、发簪或者发卡等，如图 3-31 所示。

图 3-31　航空公司头饰

盘发步骤如下所述。

（1）按照盘发髻的梳法，先将头发梳好。

（2）将头花网套或者发卡别在发髻处，用网套将发髻罩住；或者将发簪插入发髻中。

具体步骤如图 3-32 所示。

图 3-32　乘务员佩戴头饰

二、男乘务员发型

我国航空公司对男乘务员的发型也有明确的要求。规定发型要轮廓分明、侧不遮耳、前不遮眉、后不遮领。发色必须保持自然的黑色，禁止染异色或者挑染。不剃光头、不留怪异发型。整体职业形象保持干净整洁，不追求时髦，如图 3-33 所示。

男乘务员可以使用发胶、定型啫喱等打理头发，保持发型整齐不凌乱。

图 3-33　男乘务员发型

三、乘务员头发保养

乘务员执行完航班任务后，尤其是长航线航班，下班后不宜马上洗发，否则容易脱发。乘务员进行日常头发护理时，可以从洗发和梳发两方面着手。

保养头发的正确步骤如下所述。

第一步：选择合适的洗发水。最好每隔一天清洗头发一次，随时保持秀发的清爽飘逸。洗头前先梳通全头，用水冲湿后，将洗发水倒在手上揉出泡沫，再搓在头发上，直接把洗发水抹在头上容易伤害头皮；然后用指腹轻轻按摩头皮，以促进血液循环，而不应使劲抓头发；最后一定要用清水冲洗干净，绝对不能让洗发水残留在头发和头皮上。

第二步：用护发精华素进行护理。先把护发精华素均匀抹在头发上至完全浸透，1～2分钟就可使润发精华素完全渗入头发。根据发质情况可涂抹第二遍润发精华素，待完成，用温水将头发彻底冲洗干净。

第三步：定期使用发膜。发膜可以增加头发的营养，减少头发的静电，使头发柔顺易于梳理，并散发自然光泽。尽量一周使用一次。洗发后把发膜直接抹在头发上保持3～5分钟，再彻底用水冲洗干净即可。

此外，正确梳理头发也是保养头发的方法之一。梳头可以去除头发上的浮皮和脏物，刺激头皮促进头部血液循环，使头发柔软而有光泽。

第五节　民航乘务员服饰规范

民航乘务员的一颦一笑，一举一动都可散发出特有的职业魅力，唤起人们对这个职业的崇拜与想往。除了精致的妆容与优秀的技能外，精心设计的乘务员制服的作用也可功不可没，可使乘务员的职业形象锦上添花。

一、制服着装规范

由于各航空公司乘务员制服样式不同，制服着装规范也不尽相同。仅以东航女乘务员制服为例加以说明，如图 3-34 所示。

图 3-34　东航乘务员制服着装规范

（一）女性普通乘务员标准着装

（1）标准一。

- 海军蓝单排扣西服外套。
- 印花斜襟衬衫（长袖／短袖）／长袖印花 T 恤。
- 海军蓝半身裙。
- 海军蓝西裤（仅限冬季执飞寒冷地区航班时穿着）。
- 印花丝质／棉质红色宽边丝巾。
- 银色单线姓名牌。
- 海军蓝帽。
- 红色窄腰带。
- 接近肤色系丝袜。
- 黑色浅口皮鞋。

（2）标准二。

- 海军蓝连衣裙。
- 红色宽边腰带。
- 印花丝质／棉质红色宽边丝巾。
- 红色 8 字扣。

- 银色单线姓名牌。

- 接近肤色系丝袜。

- 黑色浅口皮鞋。

（二）女性客舱经理／乘务长标准着装

（1）标准一。

- 海军蓝双排扣西服外套。

- 印花开领衬衫（长袖／短袖）。

- 海军蓝半身裙。

- 海军蓝西裤（仅限冬季执飞寒冷地区航班时穿着）。

- 印花丝质／棉质红色窄边丝巾。

- 金色／银色双线姓名牌（银色为乘务长佩戴）。

- 海军蓝帽。

- 红色窄腰带。

- 接近肤色系丝袜。

- 黑色浅口皮鞋。

（2）标准二。

- 海军蓝连衣裙。

- 红色宽边腰带。

- 印花丝质／棉质红色窄边丝巾。

- 红色 8 字扣。

- 金色／银色双线姓名牌（银色为乘务长佩戴）。

- 接近肤色系丝袜。

- 黑色浅口皮鞋。

二、制服着装要求

每个航空公司都有乘务员制服管理规定，乘务员必须严格按照公司的规定着装。

（1）在岗时应穿公司统一发放的同季制服。

（2）不允许裙装与裤装混穿，特殊情况按照公司规定或要求穿着。

（3）制服上不得佩戴任何私人饰物。

（4）保持制服整洁、无异味、无污渍、无斑点。

（5）制服熨烫平整，无褶皱，衣扣、裤扣、袖扣扣好。

（6）制服无脱线、缺扣、残破。

（7）衬衣系于裙子或西裤内。

（8）丝袜无勾丝、破洞，皮鞋无破损。

（9）任何情况下不得将制服外借、赠予或转卖给未经授权的组织或个人。

（10）不得在公众场合将个人便装与乘务员制服及配饰或其中一部分混穿。

（11）不得穿着制服出现在非工作需要的公共场合。

（12）严禁借制服之便从事违法欺诈活动。

（13）不允许私下裁剪修改制服。

三、制服穿着指导

航空公司对乘务员制服穿着有指导说明，乘务员按照公司指导操作。

（一）男乘务员

（1）西装。

- 西装衣扣必须始终按照礼仪要求系好。
- 西装口袋处保持平整。

（2）衬衫。

- 衬衫纽扣必须始终扣好。
- 袖口纽扣必须扣好，袖管不可卷起。
- 衬衫口袋内避免放置物品。

（3）领带。

- 领带长度以达到皮带处为宜。
- 使用领带夹，位置在第 3 ～ 4 粒口。

（4）皮鞋。

保持皮鞋清洁、光亮、完好。

（5）袜子。

- 着纯黑色或者深藏青色袜子。
- 袜子的长度以坐下时不露出皮肤为宜。

（6）西裤和皮带。

- 皮带上不得悬挂任何事物。

- 西裤长度以盖住皮鞋鞋口为宜，裤线必须熨烫平整。

（7）大衣与风衣。

- 大衣／风衣只限冬季户外穿着。

- 不可将大衣／风衣搭在肩上。

（二）女乘务员

（1）西装。

- 西装衣扣必须始终完全系好。

- 西装口袋处保持平整。

（2）短裙。

- 西装短裙长度以膝盖上／下 2cm 为宜。

- 穿短裙时必须着长筒丝袜。

- 衬衫口袋内避免放置物品。

（3）衬衫。

长袖衬衫衣袖管口不可卷起。

（4）皮鞋。

保持皮鞋光洁不破损。

（5）丝袜。

- 着公司统一配发的丝袜。

- 羊毛袜仅限冬季户外御寒穿着。

（6）丝巾。

保持丝巾清洁平整。

（7）大衣与风衣。

- 大衣／风衣只限冬季户外穿着。

- 不可将大衣／风衣搭在肩上。

四、配饰佩戴规范

（一）姓名牌

姓名牌上通常包含航徽、中文姓名和姓名拼音，乘务员在工作中必须佩戴姓名牌。一方面体现规范管理，另一方面表示接受公众监督和检查。乘务员的姓名牌要佩戴在制服的

外面，胸前左侧上方（口袋）处，如图 3-35 和图 3-36 所示。

图 3-35　女乘务员姓名牌佩戴规范

图 3-36　男乘务员姓名牌佩戴规范

（二）证件

证件通常是指登机证。乘务员在进入候机楼、上下飞机时要佩戴登机证，方便地面工作人员检查核实。登机证统一挂于胸前，使用航空公司配发的带有航空公司或中国民航局标志的挂绳，登机证正面朝外，自然下垂，如图 3-37 所示。

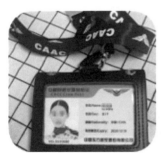

图 3-37　乘务员登机证佩戴规范

（三）手表

根据中国民航局《公共航空运输人运行合格审定规则（CCAR-121-R2）》规定，空勤人员出差时，必须佩戴一块走时准确的手表。手表样式要符合职业要求，禁止佩戴卡通式、异型、夸张性的手表，如图 3-38 所示。

图3-38　手表佩戴规范

（四）饰品

女乘务员在工作中，允许佩戴一副耳钉，大小不得超过耳垂轮廓，不得佩戴耳环或者超出一副的耳饰；男乘务员不得佩戴任何耳饰。男女乘务员均可以佩戴一枚精致简洁的戒指，禁止佩戴超大、闪耀的戒指；不可以佩戴手链、脚链、手镯、胸针等饰品。

（五）工作箱包

乘务员要在工作箱包上指定位置插入个人名片，但不能在工作箱包上拴挂或粘贴各种造型的饰物。乘务员根据出差天数，应按照航空公司规定配带相应的工作箱包。

（六）眼镜

眼睛近视的乘务员在工作中要佩戴隐形眼镜，但需要在工作箱包内备份一副框架眼镜。

五、丝巾与领带佩戴规范

（一）丝巾佩戴规范

1.平结

平结是一种最简单的系法，也是乘务员比较喜欢的一种方式。方法如下述所。

（1）将丝巾对角折叠，再折叠，叠折宽度5cm。

（2）将丝巾系在脖子上，丝巾两端交叉，右侧在上，左侧在下。

（3）右手握住左侧丝巾，用左手将右侧上方丝巾向下向内环绕，系上一个结。

（4）双手交换位置，左手握住下方丝巾，用右手将上方丝巾从右至左围着下方丝巾环绕一圈，在内侧系上一个结。

（5）整理丝巾两端，形成两角对等，放置颈部右侧，丝巾角一端置前，一端置后，如图3-39所示。

图 3-39　平结丝巾系法

2. 扇形结

（1）将方形丝巾铺展放平，像折扇子一样将丝巾折叠到一起。

（2）将折叠好的丝巾系在脖子上，丝巾两端合在一起从丝巾扣中穿出，扣好丝巾口。

（3）整理丝巾，将丝巾展开呈扇形，并转到颈部右侧，如图 3-40 所示。

图 3-40　扇形结丝巾系法

3. 玫瑰花结

（1）将方形丝巾其中一个对角系一个小结。

（2）拿住另外一个对角，从系好的小结下方交叉穿过。

（3）穿过后继续向两端拉动，且轻轻甩动，直到丝巾出现玫瑰花造型。

（4）稍加整理造型，将丝巾两端系在颈部并转到颈部右侧，如图 3-41 所示。

图 3-41　玫瑰花结丝巾系法

（二）领带佩戴规范

1. 平结

平结是一种既简单又经典的领带打法，比较适合领口较窄的衬衫，如图 3-42 所示。

2. 温莎结

温莎结是最正统的领带打法，打出的三角形饱满有力、左右对称，给人一种踏实、宽广、可信的感觉，非常大气，如图 3-43 所示。

图 3-42　平结领带打法　　　　　　图 3-43　温莎结领带打法

第六节　扩展阅读：中国民航乘务员制服的年代秀

服饰是一种语言、一种记忆，它以非文本的方式向人们展示着岁月的变迁和时代的更迭。通过乘务员制服的演变，我们可以了解中国民航业的发展历程。

最早的乘务员制服大多从空军制服演变而来，在体现女性妩媚中带着一丝英气。随着时代发展，现代乘务员制服则将女性的优雅与知性烘托得更加鲜明。各航空公司也试图通过乘务员制服领跑"制服时尚圈"，无论如何，乘务员制服都打上了属于她们的时代烙印。

1930 年，波音公司聘请了八名女护士在飞机上工作，"空姐"职业由此诞生。为了使她们的工作服务更加专业，波音公司为她们统一订制了深绿色的工作服装，上身是双排银扣的羊毛套装，外面还有一层同样质地的披肩，如图 3-44 所示。

中国民航乘务员制服经过近百年的演变，从简单到精致，从朴素到优雅，每一处设计，每一个款式，都在体现着不同时代女性风采，也体现出不同航空公司的文化和特色。20世纪 30 年代，中国航空的乘务员制服是白色短袖衬衫配素色铅笔裙，虽然用色朴素，但精致考究。新中国成立后百废待兴，这个时期的乘务员制服透露出一种质朴的清纯，深蓝色套装简单大方。20 世纪六七十年代，军装是社会主流服饰，乘务员制服也随之发生变化。

改革开放以后，航空公司开始面向社会公开招聘乘务员，乘务员制服也顺应潮流走向了新的春天，在样式和颜色上有了重大改变，如图 3-45 所示。

图 3-44 世界上最早的乘务员制服

| 20世纪30年代 | 20世纪50年代 | 20世纪70年代 | 20世纪80年代 |

图 3-45 20 世纪我国民航乘务员制服

伴随着 1988 年的民航体制改革，20 世纪 90 年代，中国民航进入了高速发展时期，富有特色的乘务员制服成为各航空公司的品牌和标识，体现出各航空公司乘务员的职业气质。随着民航的发展，时代的进步，进入 21 世纪后，我国乘务员制服也开始走进了百家争鸣、百花齐放的绚丽新时代。

✈ 【中国国际航空公司】

国航乘务员 1988 年换上了由法国著名时装设计师皮尔·卡丹设计的制服；2002 年国航乘务员制服更新换代，采用了被国际上称为"中国蓝和中国红"的明瓷中霁红与青花两种颜色作为主色，以甜白为搭配色，体现了东方女性的典雅之美，如图 3-46 所示。

图 3-46　国航乘务员制服

【中国东方航空公司】

东航乘务员制服记载了东航乘务队伍 60 年的成长历程。从最初身着中国民航统一制服到 20 世纪 90 年代换成代表自己航空公司形象和风貌的制服，标志着东航开始着眼于世界。如今，第五代东航制服由法国知名品牌 Christian Lacroix 设计，本着"简洁、美观、得体"的原则，力求展现东航乘务员优雅的东方气质与时尚的海派风格，如图 3-47 所示。

图 3-47　东航乘务员制服

【中国南方航空公司】

南航乘务员制服的演变见证了改革开放 40 余年来中国民航的发展变化，折射出各个时期民航服务理念的变化。最新一代南航乘务员制服是由法国著名服装设计师史提浦·苏（Stephane Soh）设计，采用天青色和芙蓉红为主色调，展现出南航世界级航空公司的新风采，

如图 3-48 所示。

图 3-48　南航乘务员制服

【海南航空公司】

　　海南航空公司成立于 1993 年 1 月，1993 年 5 月开航运营。2000 年 1 月海航集团有限公司成立。海南航空以优质的产品及服务连续十年蝉联"SKYTRAX 五星航空公司"荣誉，成为中国内地唯一入围并蝉联该项荣誉的航空公司。伴随着海航 27 年的成长历程，乘务员制服经历了五次更新换代，第五代制服名为"海天祥云"，于 2018 年 6 月 6 日启用，搭配温婉素雅的全新乘务员妆容正式登上历史舞台，被称为最美制服。这套制服由知名服装设计师劳伦斯·许与知名化妆师毛戈平合作设计，是首家登上巴黎高定时装周的中国航企。最大亮点在于中国传统元素与国际时尚结合，制服用中式旗袍形状做底，领口为祥云漫天，下摆为江涯海水，以"彩云满天"为基，寓意着海航大鹏金翅鸟翱翔于云海之间的辉煌意境，诠释了海航集团的无限发展空间及生生不息的企业内涵，如图 3-49 所示。

图 3-49　海航乘务员制服

图 3-49 海航乘务员制服（续）

【深圳航空公司】

深圳航空公司于 1992 年 11 月成立，1993 年 9 月 7 日正式开航，总部位于广东省深圳市，目前是国内第五大航空公司。从 1993 年到 2020 年，深航的乘务员制服历经了 7 次更换，已经从单纯的工作服装转变为深航的时尚元素，如图 3-50 所示。

图 3-50 深航乘务员制服

✈ 【厦门航空公司】

厦门航空公司成立于1984年，总部位于中国东南沿海的福建省厦门市，是中国首家按现代企业制度运行的航空公司。经过35年的持续发展，厦航现已成为中国民航独具特色的航空公司。1986年第一代厦航乘务员身着中国民航统一制服，随着时代的发展进步，厦航乘务员制服经历了以天蓝色调为基色的第二代和第三代制服。以中国传统旗袍为基础，以紫色为基色的第四代制服。以暗纹的紫色毛料套装搭配缀有蓝天白鹭标志的白色衬衫的第五代制服。这套制服堪称经典，广受好评。蓝紫色与明黄色条纹间隔的丝巾，更是成为厦航乘务员的标志。2014年8月31日，厦航新一代乘务员制服正式发布。新制服从紫色回归到厦航LOGO的蓝色。这套制服将复古元素与现代简约时尚进行了完美融合，勾勒出更加高雅、自信、干练的厦航乘务员形象，如图3-51所示。

图3-51　厦航乘务员制服

✈ 【四川航空公司】

四川航空公司成立于1986年9月19日，1988年7月14日正式开航运营。2002年8月改制为四川航空股份有限公司。川航每年为全球超过3000万旅客提供深具"中国元素、四川味道"的航空服务，服务质量及航班正常率位居中国民航前列，在中国民航服务测评中获评"最佳航空公司"，蝉联"中国质量奖提名奖"。开航30余年，川航乘务员制服经历了七次变革，第七代乘务员制服采用红黑经典配色，兼具热情和沉稳的特质，设计理念为"Movements，Sichuan 动静之间，川红"，红色似四川人好客热情，也代表着川味麻辣美食。此次换装作为川航"熊猫之路"计划的一部分，旨在展示美丽川航的国际化形象。也意味着川航将以全新的姿态，开启新的航程，如图3-52所示。

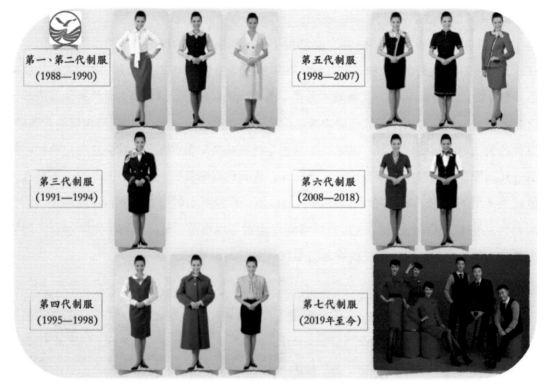

图 3-52　川航乘务员制服

思考题

1. 如何理解人们对于"环肥燕瘦"身材的审美标准?

2. 简述形象美的重要性。

3. 根据 BMI 指数,算一下自己的数值所属的范围。

4. 民航乘务员妆容的特性是什么?

5. 简述如何修饰出完美的眉形。

6. 如何选择适合自己肤色的粉底色调?

7. 女乘务员盘发样式有哪几种?

8. 男乘务员发型要求是什么?

9. 乘务员制服着装有什么要求?

10. 练习三种常见丝巾的系法。

11. 练习两种领带的系法。

12. 按照乘务员化妆程序练习化职业妆。

第四章
民航职业礼仪

中国是文明古国,素以礼仪之邦著称,传统道德规范博大精深,内涵广阔,一言难以蔽之。荀子曾说:"人无礼则不立,事无礼则不成,国无礼则不宁。"孔夫子两千年前崇尚以礼治国、以礼服人,打造谦谦君子之国,所谓"礼兴人和"。英国哲学家约翰洛克说:"没有良好的礼仪,其余的一切成就都会被人看成骄傲、自负、无用和愚蠢。"因此,民航乘务员作为职场人士,除了要具备良好的职业形象与专业的职业素养,还需要掌握相应的职业礼仪,这样才能在公共场合中展现出谦恭礼让、谅解宽容、与人为善、仪态优雅的个人形象,不出现贻笑大方的行为。

第一节 民航乘务员形象礼仪

一、仪容之礼

良好的仪容是一种积极的生活态度，是热爱生活的表现。从礼仪的角度讲也是尊重他人的表现。孔子云："见人不可不饰，不饰无貌，无貌不敬，不敬无礼，无礼不立。"所以，乘务员在职场中要以得体的仪容示人，恰到好处地展现个人的光彩与魅力，给人留下深刻的印象。虽然常说："人不可貌相，海水不可斗量"，但在如今的职场中，万万不可忽视"仪容识人"的重要性。从经济学角度分析，这是最节省成本、最行之有效的一种识人方式。想象一下，若没有令人信服的外表，又怎能吸引别人探究你的能力呢？

民航乘务员在执勤期间，航空公司都有明确的职业妆容标准，按照公司要求执行即可。而在非执勤时间，作为一位职场人士，民航乘务员如何展现良好的仪容之礼呢？

有的乘务员认为自己的工作地点是在飞机上，没有航班任务时，就没有必要化妆。其实，身处职场之中，乘务员在公共场所也要讲究仪容礼仪。如图4-1所示，图中这名女士化妆与否差别很大。不难得出，精致的职场妆容给人神采奕奕、气宇轩昂的感觉；而素面朝天的人就显得无精打采、气色苍白。

图4-1 无妆有妆对比图

【案例4-1 尼克松"栽"在镜头前】

1960年9月26日，在芝加哥哥伦比亚广播公司的一个电视直播间里，美国总统候选人理查德·尼克松和约翰·肯尼迪站在摄像机和聚光灯前，进行了美国总统竞选历史上第一次电视辩论，如图4-2所示。尼克松当时是美国副总统，肯尼迪是马萨诸塞州一名资历尚浅的参议员。此前许多人认为这将是一场一边倒的竞赛，经验老到的尼克松肯定会胜出。但电视屏幕改变了一切，当时尼克松刚动过膝盖手术，脸色苍白、身体消瘦、还发着烧；肯尼迪则刚刚参加完加州竞选活动，肤色黝黑、活力四射。上台前两人都没有请专业化妆师化妆，但肯尼迪的助手帮他简单地"润了润色"，尼克松则随便抹了点男用粉底霜，结果在电视上显得脸色更加苍白。

如果是在广播中收听这场辩论，人们会认为两个人旗鼓相当、不分高下。但电视观众们看到的却是另一番情景：一脸憔悴的尼克松对决阳光且富有活力的肯尼迪。当年参加现场直播的桑德尔·范奴克回忆说："我注意到副总统嘴唇附近满是汗渍，肯尼迪则非常自信，光彩照人。"对比如此鲜明，观看直播的 6500 万美国人几乎立刻就能决定要把选票投给谁。虽然此后两人又进行了三场电视辩论，但已经无关紧要了。美国东北大学专门研究总统辩论的新闻学教授阿兰·施罗德指出："肯尼迪在第一场辩论中就确立了压倒性优势，尼克松想要翻盘是极其困难的。"事后肯尼迪也表示，如果没有电视辩论，他很难入主白宫。也许是这次失利在尼克松心里投下了太大的阴影，在 1968 年和 1972 年的总统选举中，他都拒绝参加电视辩论，所幸并未影响他最后成功当选。

尼克松和肯尼迪在电视辩论现场（资料图）

图 4-2 总统选举的电视辩论

民航乘务员在职场中，应着职业淡妆，以简约素雅为宜，妆容要清淡而传神，不能过分地引人注目，比如珠光眼影、闪光唇彩等。为彰显女性特色而过度化妆，虽个性时髦却在职场中显得不合时宜。如图 4-3 所示，左侧素雅妆容给人端庄大方、亲切平和之感；右侧艳丽妆容给人过于戏剧化的感觉。

图 4-3 不同妆容效果对比图

职场中，仪容之礼的五条规则：整洁、自然、互动、礼貌、健康。

第一，整洁指的是头发要常洗常理无头屑、指甲没有污泥、及时清理眼角、鼻孔、耳朵、口角等部位的细微残留物。

第二，一定要自然。妆容自然协调，色调和谐统一，不能给人以矫揉造作之感。无论是修饰先天不足的容貌，还是增彩天生丽质的妆容，都要以自然为原则。

第三，互动是指仪容的美化与修饰，要被对方接受，相互愉悦，礼敬于人。

第四，礼貌包含三个方面：一是修饰回避。即不在公共场合化妆或者补妆，特别注意不在男士面前化妆，也不当众清理指甲或者涂抹指甲油，可行的做法是到化妆间（卫生间）去。二是化妆品专人专用。不要借用他人的化妆品，既不卫生又不礼貌。三是不妄论他人的仪容修饰。

第五，健康是仪容的根基。只有保持良好的生活习惯、饮食平衡、睡眠充足、心态平和，才能内外兼修，真正做到表里如一，秀外慧中。

【扩展小知识】

容止格言

1904 年 10 月 17 日，张伯苓先生和严范孙先生在严氏家塾的基础上，创办了南开中学。成立时，严范孙先生亲笔写下"容止格言"："面必净，发必理，衣必整，钮必结。头容正，肩容平，胸容宽，背容直。气象：勿傲，勿暴，勿怠。颜色：宜和，宜静，宜庄。"

二、仪表之礼

服饰在一个人塑造个人形象的过程中居于重要地位。莎士比亚曾指出："一个人的穿着打扮，就是他的教养、品位、地位的最真实的写照。"俗话说，穿衣戴帽，各有所好。但是在公共关系活动中，服饰不仅是属于个人事情，还关系到对他人的尊重。民航乘务员在执行航班任务时，穿航空公司统一配发的制服，既职业又优雅。而在其他公共场合中，比如去公司参加业务培训或开会时，如何穿着最为得体规范呢？可可香奈儿说："当你的穿着邋邋遢遢时，人们注意的是你的衣服；当你的穿着无懈可击时，人们注意的是你。"我们不仅要对自己的服饰认真选择，使自己在职场中仪态端庄，还要遵从职场形象礼仪。

如图4-4所示,图中有三幅图片,请选出可以作为乘务员去参加公司在岗培训时穿着的服装。

图4-4 三种服装样式

显而易见,三幅图片里的服装都不适合。如果在运动场里、在朋友聚会中、在宴会上,这三幅图片里的服装就显得恰如其分了。近年来流行的职场影视剧中,演员们把职场白领风格搭配得淋漓尽致,很好地演绎出专业干练的职场形象,如图 4-5 所示。

图4-5 影视剧中演员的服饰

职场仪表礼仪包含三个原则和四个要点。三个原则分别是 TPO 原则、和谐原则和整洁原则;四个要点分别是符合身份、扬长避短、区分场合和遵守常规,如图 4-6 所示。

图4-6 女性职场服饰

（1）三个原则。

① TPO原则：T、P、O分别是英语中Time、Place、Object三个单词的首字母缩写。"T"指时间，泛指早晚、季节、时代等。男士有一套质地上乘的深色西装或中山装足以走遍天下，而女士的服装则要随时间而变换，要适合季节气候特点，保持与潮流大势同步。"P"代表地方、场所、位置。办公场合应穿着职业套装以体现专业性；出席不同场合的活动时，根据需要适当增加配饰，如丝巾、胸针等；此外要顾及传统和风俗习惯，去教堂或寺庙等场所，不能穿过露或过短的服装。"O"代表目的、目标、对象。拜访客户穿职业套装会显得专业；朋友聚会、郊游时选择轻便舒适的服装。

② 和谐原则：正确的着装，能起到修饰形体、容貌等作用，形成和谐的整体美。仪表整体美的构成包括形体、气质与服饰的款式、色彩、质地、工艺等因素的完美结合。

③ 整洁原则：在任何情况下，仪表都应该是整洁的。衣服不能沾有污渍，不能有开线、破洞，扣子等配件应齐全。衣领和袖口处尤其要注意整洁。

（2）四个要点。

① 符合身份。为自己进行正确的自我定位。服装选择要符合个人的工作性质，不能过于嚣张霸气，炫富或者炫耀性别的服饰应尽量避免。留给人干净爽朗的印象很重要。在办公室里不要穿着太随意，正装可以提高我们的个人形象和个人气质。选择质地考究，色彩纯正的正装，给人留下稳重的印象。

② 扬长避短。每个人的身材都有特点，环肥燕瘦，高矮黑白。要根据自身特点选择服装款式。比如，颈部较短者，可以选择U领或者V领的服装；腿部较粗者，裤装要选择深色，面料不能太软、太贴身，裙装长度要在膝部或以长裙为宜；体型娇小的人，应尽量少选色彩过重或者纯黑色的服饰，避免在视觉上造成缩小的感觉；体型瘦高的人，适宜选择浅色横纹或大方格、圆圈等服饰，以增强视觉错觉带来的横宽感。

③ 区分场合。这与TPO原则中的"P"不谋而合。在仪表礼仪中，服装的选择一定要适合所在的场合。比如，在办公室需要穿正装着皮鞋，若穿着拖鞋、凉拖、超短裙、吊带背心、无袖衬衫等就显得不务正业。

④ 遵守常规。有关着装约定俗成的规矩，一定要自觉遵守。

a. 不要过分杂乱。比如穿着高档的套裙，却光脚穿双露脚趾的凉鞋，显然很不合适。

b. 不要过分鲜艳。服装颜色以单色、不明显的同类色或稍明显的对比色为宜，可选择条纹、规律的几何形状图案或者没有图案。

c. 不要过分暴露。不要暴露胸部、肩部、腰部、背部、脚趾和脚跟。

d. 不要过分透视。即内衣不能让别人透过外衣看到。

e. 不要过分短小。不能穿着短裤短裙。

f. 不要过分紧身。没有必要向外人炫耀自己的身材。

【扩展小知识】

男士西装的三个"三"原则

➢ 三色原则：全身的颜色限制在三种以内。包括上衣、下裤、衬衫、领带、鞋子、袜子。

➢ 三一定律：重要场合，鞋子、腰带、公文包是同一颜色，首选黑色。

➢ 三大禁忌：西装袖口上的商标不能不拆；重要场合，忌穿白色袜子或者尼龙袜子；重要场合，忌穿夹克或短袖衬衫打领带。

女士裙装的五不准

➢ 黑色皮裙不能穿。

➢ 重要场合，穿裙装不能光腿。

➢ 丝袜不能出现残破。

➢ 鞋袜不能不配套。

➢ 不能出现"三截腿"。

三、精神面貌

民航乘务员也和普通人一样，有着不同的性格：有人含蓄、有人张扬、有人内敛、有人热情、有人随和、有人刻板……这些内在的性格很难更改，也没有必要更改。但是，作为一名乘务员在职场中时，需要保持符合乘务员身份的精神面貌。良好的精神面貌不仅能表现出民航乘务员的能力和信心，而且饱满的热情还会感染身边的每一个人，使自己产生一种人格魅力。我们知道，世间万物均有两面，既有洒满阳光的一面，又有阴云密布的一面，如同每朵玫瑰花下都长满了刺，而每丛棘刺上都绽开着美丽的花朵。所谓：祸兮福之所倚，福兮祸之所伏。所以，一切事物都取决于自己的心态。良好的精神面貌就是要拥有阳光心态，即一种积极的、向上的、宽容的、开朗的健康心理状态。这样的阳光心态能带给人美好心情，催人前进，让人忘掉劳累和忧虑。

精神面貌的四个关键词：正气、温和、从容、镇定。

正气：所谓正气，即正直、传播正能量的风气。然而，心中充满正气远远不够，还需要外在表现出来。如何表现？答案就是：眼神。眼睛是心灵的窗户，是人体传递信息最有效的器官。眼睛的传达力和表现力最强，能反映出人内心的真实情感。所谓"一身精神，具乎两目"，说的就是眼神的重要性。那么眼神如何传神？记住四个字：正、直、平、稳。

当乘务员与旅客交谈时，从正前方平视对方的眼睛，目光要平稳坦然、温和亲切，不能飘忽不定，透露出犹疑诡异的眼神。且不宜长时间凝视对方，这会令对方感到紧张、难堪。英国人体语言学家莫里斯说，眼对眼的凝视只发生于强烈的爱或恨之时。因此大多数人在一般场合中都不习惯于被人凝视。同时，应将视线置于旅客两眼与嘴部的三角区，以示尊重，如图4-7所示。不要将视线置于旅客的胸线以下或者盯着旅客上下打量，更不能久视旅客的生理缺陷。此外无论何种场合，注意不要乱用眼神，比如挤眉弄眼或者瞪大眼睛等，因为文化背景不同，其代表的含义也不尽相同。西方人认为对异性挤眉弄眼是一种调皮诙谐，而东方人认为是在调情。还要注意的是，当旅客缄默或失语时，不应再看对方。

图4-7　视线范围

温和：谦谦君子，温润如玉。民航乘务员应该给人以温和、和善、亲切的感觉。表情是一个人情感和情绪的外露。乘务员在职场中的表情一定要自然生动，不能太过冷淡或者僵硬，甚至傲慢。在众人面前，乘务员嘴角可以微微上扬，即使不笑，也一定要表现出平和的表情。与人为善不一定要过分客气，但要发自内心的融洽和亲和，不能当众发火，更不要当众斥责别人。即使批评，也可以用温和的口气说出威严的话语。越是位高权重，越要用温和的方式彰显自己的自信和权威。

从容和镇定："一切言动，都要安详；十差九错，只为慌张。"遇事不要惊慌失措、六神无主，可以有意识地放慢动作、放缓节奏、降低语速和声音，人为地让自己冷静下来，用相对平和的方式面对事情。如同惠特曼所说："让我们学着像树木一样顺其自然，面对黑暗、风暴、饥饿、意外和挫折。因为，环境不能决定你是否快乐，你对事情的反应才决定你的心情。"

第二节　民航乘务员仪态礼仪

仪态举止是通过表情、手势以及身体动作来表达思想感情的"无声之语"。站、坐、行、蹲、微笑、握手，简单的仪态礼仪却能于举手投足间体现乘务员良好的教养和风度。在工作中，乘务员通过面部表情、身体姿态、手势和动作可以传递信息，这些信息往往比有声语言更有魅力，能收到"此时无声胜有声"的效果，是职业形象礼仪的更高境界。英国哲学家培根在《论美》中认为："形体之美要胜于颜色之美。"形体之美是一种极富魅力和感染力的美，它能使人在动静之中展现出人的气质、修养和品格。举止语言学大师伯德惠斯·戴尔的研究成果表明："在两人之间的沟通过程中，有65%的信息是通过举手投足来表达的。举止的信息负载量远远大于有声语言，且常常比有声语言更真实。它们能够表达有声语言所不能表达的情感，比有声语言更简洁生动。"肢体语言大多是不由自主的，因此，举止中透露的信息更加真实可靠，能够真实地表现人的情操，更值得人们信赖。

同时仪态举止还是一张"无形的名片"，人们可以由此判断一个人的身份、地位、学识和能力。端庄秀雅的姿态，从行为上展示着一个人内在的持重、聪慧与活力。倘若一个人容貌俊秀，衣着华贵，但没有相应的仪态之美，便会给人一种虚浮粗浅的感觉。举止得体、风度优雅，可以体现乘务员良好的内在素质和修养，赢得旅客的尊重和信任。

【案例4-2 总统的仪态】

曾任美国总统的老布什，能够坐上总统的宝座，成为美国"第一公民"，与他的仪态表现分不开。在1988年的总统选举中，布什的对手杜卡基斯，猛烈抨击布什是里根的影子，没有独立的政见。而布什在选民中的形象也的确不佳，在民意测验中一度落后于杜卡斯基十个百分点，不料两个月后，布什以光彩照人的形象扭转了劣势，反而领先十多个百分点。原来布

什有个毛病，他的演讲不太好，声音又尖又细，手势及手臂动作总显得比较死板，身体动作不美。后来布什接受了专家的指导，改变了自己的动作，有效地改变了人们对他的评价。

一、微笑

微笑，是世界上最美丽的语言、是国际通用的"货币"、是含义甚广的交际手段、是自信的象征、是礼貌的表示，能充分体现一个人的热情、修养和魅力。微笑也能带给自己良好的心理暗示，营造快乐的氛围。富有内涵的、善意的、真诚的、自信的微笑，犹如一杯甘醇的美酒，使人酣畅流连。微笑在一刹那间产生，却能给人留下永恒的记忆。真正甜美而非职业假性的微笑是发自内心、自然大方、真实亲切的微笑。

生活中需要微笑的理由：微笑比紧锁眉头要好看；微笑可令人心情愉悦；微笑可令生活过得有滋有味；微笑有助于结交新朋友；微笑可表达友善；微笑可给人留下良好的印象；送人微笑，报以微笑；微笑可增加自信和魅力；微笑可减少忧虑。

乘务员在工作中要学会微笑，不会微笑的乘务员是不合格的乘务员。乘务员表情基调应以喜乐为主。与旅客交流时，配合微笑的面容，会让人觉得亲切可信，饱含诚意；当遇

到无法满足旅客需求的情况时，乘务员微笑婉拒会使旅客感到不那么难堪，如图4-8所示。

图4-8　乘务员的微笑

国际标准微笑也叫作三八原则，就是别人在离你3m的时候，就可以看到你的面容和善，嘴角微微上翘，露出上齿的八颗牙齿，如图4-9所示。

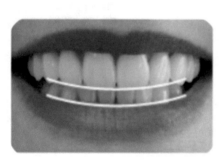

图4-9　微笑的三八原则

乘务员微笑时，要做到口眼鼻眉结合，使眼睛略眯、眉毛上扬、鼻翼张开、脸肌收拢、嘴角上翘，即眼笑、口笑、心笑。把微笑贯穿于服务过程的始终。笑的时候要精神饱满、神采奕奕、亲切甜美。练习时可以面对镜子，寻找自己最美的表情，从眼睛开始露出微笑，然后将笑容慢慢延伸至整个面部，神态自然轻松。可以露出6～8颗牙齿，保持"10点10分"的状态。注意要保持牙齿的干净以表示尊重。

【案例4-3　12次微笑】

飞机起飞前，一位乘客请求空姐给他倒一杯水吃药。空姐很有礼貌地说："先生，为了您的安全，请稍等片刻，等飞机进入平稳飞行后，我会立刻把水给您送过来。好吗？"

15分钟后，飞机早已进入了平稳飞行状态。突然，客舱呼唤铃急促地响了起来，这位空姐猛然意识到：糟了，由于太忙，忘记给那位乘客倒水了！空姐连忙来到客舱，小心翼翼地把水送到那位乘客跟前，面带微笑地说："先生，实在是对不起，由于我的疏忽，延误了您吃药的时间，我感到非常抱歉。"这位乘客抬起左手，指着手表说道："怎么回事？有你这样服务的吗？你看看，都过了多久了？"空姐手里端着水，感到委屈。但是，无论她怎么解释，这位挑剔的乘客都不肯原谅她的疏忽。在接下来的飞行途中，为了补偿自己的过失，空姐每次去客舱给乘客服务时，都会特意走到那位乘客面前，面带微笑地询问他是否需要水或者别的什么帮助。然而，那位乘客余怒未消，摆出一副不合作的样子，并不理会空姐。

临到目的地前，那位乘客要求空姐把留言本给他送过去。很显然，他要投诉这名空姐。此时，空姐心里虽然委屈，却仍然不失职业道德，显得非常有礼貌，而且面带微笑地说道："先生，请允许我再次向您表示真诚的歉意，无论你提出什么意见，我都将欣然接受您的批评！"那位乘客脸色一紧，嘴巴准备说什么，可是却没有开口。他接过留言本，在上面写了起来。飞机安全降落。所有的乘客陆续离开后，空姐打开留言本，惊奇地发现，那位乘客在本子上写下的并不是投诉信，而是一封热情洋溢的表扬信。

是什么原因使这位挑剔的乘客最终放弃了投诉呢？在信中，空姐读到这样一句话："在整个过程中，你表现出的真诚的歉意，特别是你的12次微笑，深深打动了我，使我最终决定将投诉信写成表扬信！你的服务质量很高。下次如果有机会，我还将乘坐你们的这趟航班！"

感悟：真诚的微笑能够弥补我们犯下的错误，冰释我们生活的误会和怨恨。只要你对他人绽开你真诚的笑容，他人也会给予你同样的热诚和关爱。别吝啬你的笑容，在你的唇边绽开一束美丽的花朵，世界便会因此而美丽。

二、站姿

站，是人的静态和动态动作造型的起点和基础。"站如松"是对健美站姿的形象描述。典雅的站姿，方能显示出乘务员的自信，衬托出乘务员高雅的气质和风度，给人留下美好的印象。

女乘务员站姿要求：头正、颈直、目平、下颚微收、面带微笑；双肩展开自然下沉、挺胸、收腹、立腰、提臀；双手虎口交叉，右手在上，左手在下，自然垂于腹前脐下；双腿夹紧、膝盖并拢、脚跟并拢、脚尖略打开10cm成"V"字形，如图4-10所示。长时间站立或交谈时，可以双脚交替后撤一步，重心落于后脚，让双腿得到休息，缓解疲劳感。但上身仍需保持站姿，且双脚间距不宜过大，更不能横向打开站立。双手可由腹前脐下移至腰际，如图4-11所示。

男乘务员站姿要求：头正、颈直、目平、下颚微收、面带微笑；双肩展开自然下沉、挺胸、收腹、立腰、提臀；双手腕部相握，置于腹前脐下或背于身后腰下10cm；或者双手自然下垂，五指并拢，中指贴于裤缝处；双脚打开与肩同宽，脚尖向前，如图4-12所示。

图 4-10　女乘务员标准站姿

图 4-11　女乘务员交谈站姿

图 4-12　男乘务员标准站姿

　　无论男女乘务员，站立时均要防止身体倚靠歪斜，给人以懒散懈怠之感；也不要双手叉腰或抱在胸前，这会给人盛气凌人之感；更不要双腿随意抖动或把手放进口袋、驼背弯腰，会被认为不尊重旅客，有失大雅，如图 4-13 所示。

图 4-13　不良站姿

【扩展小知识】

良好站姿的养成方法

有些乘务员因为不注意身体姿态，养成了含胸驼背的习惯，严重者会导致骨骼变形。改变含胸驼背的具体做法：在家里时，背靠墙壁，每天坚持15～20分钟，保持头部、肩部、臀部、小腿、脚跟均与墙体贴合。一个月后即可形成得体的站姿。

三、行姿

行，是站姿的延续，是一种动态动作造型。行走是人们生活中有目共睹的肢体语言，"行如风"就是用风行水上来形容轻快自然的步态。静态的美虽能令人心动，动态的美也能扣人心弦。行姿礼仪的要点是平稳、从容、直线。

乘务员正确行姿：头正、颈直、目平、下颚微收、表情自然；挺胸收腹、双臂自然摆动；起步时，身体略微前倾；行走时，双脚内侧在一条直线上（仅限女乘务员）；步态轻盈稳健，有韵律，如图4-14所示。

图4-14 乘务员标准行姿

当乘务员在客舱中行走时，在标准行姿的基础上还有注意以下几点。

（1）脚步要轻、步速要稳，不能急促，切勿跑步。

（2）夜航飞行时更要轻、柔、慢，不能碰撞到休息中的旅客。

（3）女乘务员双手相握置于腰部，男乘务员双臂自然下垂或一只手放在身体的后部。

（4）乘务员目光应关注在行走范围内左右两侧1～5排客舱座椅区域。遇有旅客望向自己，用微笑或点头回应，如图4-15所示。

（5）两名乘务员在客舱里交汇时，先相互点头示意，然后以背靠背的方式通过，如

图 4-16 所示。

图 4-15　乘务员客舱内行姿　　　　　　图 4-16　乘务员客舱交汇

四、坐姿

　　坐姿是一种可以维持较长时间的形体姿势，也是一种主要的休息姿势。坐，是一种静态动作造型，如古人所言"坐如钟"。坐姿文雅端庄，是展示一个人气质与修养的重要形式。优美的坐姿，可给人稳重大方的美感。爱默生说："优美的身姿胜过美丽的容貌，而优雅的举止又胜过优美的身姿；坐姿礼仪的要点是：轻、稳、缓。

　　乘务员机上标准式坐姿是上身端正，与站姿要求相同；女乘务员双膝自然并拢，男乘务员双膝自然分开与肩同宽；保持三个 90°：脚面与脚踝、小腿与大腿、大腿与臀部；双手自然放在膝盖上，如图 4-17 所示。

图 4-17　乘务员机上坐姿

除了标准式坐姿，还有几种其他坐姿形式，现分述如下。

（一）女乘务员坐姿

女乘务员坐姿通常包括标准式、侧腿式、重叠式、曲直式和交叉式五种，如图4-18所示。这五种坐姿均以标准坐姿为基础，上身及双手保持不变，双膝始终并拢。一腿后撤，一腿保持不变为曲直式；双腿左移或者右移，与地面呈45°夹角，为侧腿式；在侧腿式基础上，双腿叠放，脚面绷直，为重叠式；在侧腿式基础上，双脚交叉为交叉式。

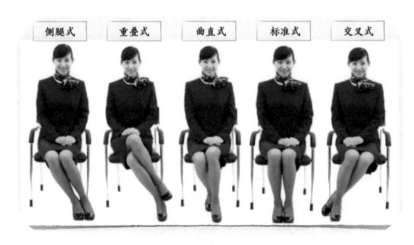

图4-18　女乘务员坐姿样式

（二）男乘务员坐姿

男乘务员坐姿通常包括标准式、前伸式、前交叉式和后交叉式四种，如图4-19所示。这四种坐姿也是以标准坐姿为基础，上身及双手保持不变。一腿向前伸出为前伸式；双脚交叉稍向前伸出为前交叉式；双脚交叉稍向后撤为后交叉式。

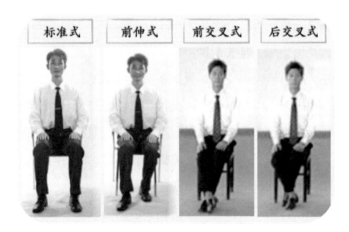

图4-19　男乘务员坐姿样式

需要注意的是，乘务员入座时要轻缓；入座后，不能抖动腿脚或者跷二郎腿，否则就显得不够稳重；不能在旅客面前挖鼻子、抠耳朵、剪指甲、打瞌睡，或者低头看报纸等；起座时要稳重，避免弄出噪音。

五、蹲姿

蹲，是人们在特殊情况下采用的一种暂时性的姿态。当腰弯至低于45°以下时，必须采用蹲姿。除非工作需要，否则任何时候都不要采用蹲姿工作或休息。蹲姿要点：迅速、美观、大方。

乘务员在工作时用到蹲姿的场合比较多，比如与小朋友或者老年人沟通时，会采用蹲姿，给人以亲切、关怀的感觉；从餐车中拿取餐食时会采用蹲姿；捡拾客舱地板上的东西时会采用蹲姿等。乘务员常用蹲姿包括三种形式：高低式、交叉式和半跪式。如图4-20所示。高低式蹲姿最常用，蹲下后一腿高，一腿低，背部尽量保持自然挺直。

图4-20 乘务员蹲姿样式

乘务员蹲姿拾物品动作解析，如图4-21所示。

女乘务员：一脚后撤半步，抬起后脚跟，呈前后步，双腿并拢，上身保持挺直，下蹲时用手整理制服裙摆，蹲下后双手交叉，放置于两腿缝隙间，起到遮盖作用，以免走光。需捡拾物品时，可适时转动身体，侧手捡拾物品，另一手保持原状。起身后，还原标准站姿。

男乘务员：一脚后撤半步，抬起后脚跟，呈前后步，双腿与肩同宽，上身保持挺直，双臂自然下垂，蹲下后双手放置于双膝处。需捡拾物品时，可适时转动身体，侧手捡拾物品，另一手保持原状。起身后，还原标准站姿。

蹲姿注意事项：第一，切忌直接弯腰捡拾物品。因为直接弯腰捡拾物品既不雅观，又会损伤腰部，如图4-22所示。第二，不要突然下蹲。第三，不能离人太近。第四，注意下蹲方向。

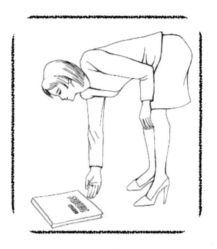

图 4-21　乘务员蹲姿捡拾物品　　　　　图 4-22　不良姿态

六、鞠躬

　　鞠躬，即弯身行礼，是一种表示对他人尊重、恭敬的礼节。通常适用于庄严肃穆或者喜庆欢乐的仪式场合。鞠躬时动作要到位，在标准站姿基础上，向前弯身，保持头、颈、背在一条直线上。目光向下，表示谦恭的态度，如图 4-23 所示。

　　鞠躬时，根据弯身角度可分为 15°鞠躬、30°鞠躬和 45°鞠躬三种，如图 4-24 所示。15°鞠躬也被称作一度鞠躬，常用于打招呼；30°鞠躬也被称作二度鞠躬，常用于自我介绍和表示感谢；45°鞠躬也被称作三度鞠躬，常用于表示歉意。此外，还有一种鞠躬形式是 90°鞠躬，通常表示大喜大悲，比如中式传统婚礼或追悼会，或者表示忏悔、改过和谢罪。

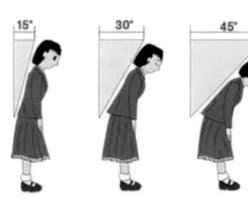

图 4-23　标准鞠躬　　　　　　　图 4-24　三种鞠躬

乘务员鞠躬动作，如图 4-25 所示。

（1）按照标准站姿站好。

（2）向前弯身行礼。15°鞠躬目视前方；30°鞠躬目光落于前方 1.5m 处地面；45°鞠躬目光落于前方 1m 处地面。

（3）保持行礼姿态，持续 1～3 秒。

（4）礼毕后慢慢抬起上身。

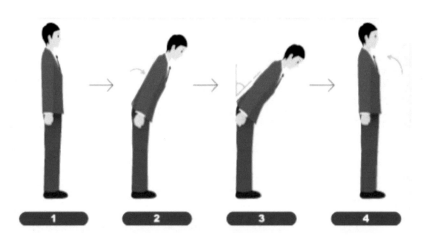

图 4-25　鞠躬动作

鞠躬时的错误行为：鞠躬时不脱帽子；鞠躬时嘴里吃东西；鞠躬时扭扭捏捏，装模作样；双腿没有并齐鞠躬；驼背式鞠躬；坐着鞠躬；鞠躬时眼睛向上翻。

七、手势

常言说："心有所思，手有所指。"手势作为肢体语言的一种，能很直观地表达人的情绪和态度，对说话也有一定的辅助作用。手势的魅力不亚于眼睛，可以说手是人的第二双眼睛。手势表现的含义非常丰富，比如，举手赞同、摆手拒绝、招手致意、挥手告别、拍手称赞、拱手致谢等。恰当地运用手势传情达意，能够为交际形象增光添彩。

手势运用要符合规范：避免使用产生歧义的手势；避免使用不良手势；手势应大小适度、自然亲切。切忌使用食指指人或者用手指勾人，这都是非常不礼貌的行为。

乘务员引导手势礼仪的基本要求如下所述。

（1）动作舒展自然，配合面部表情及礼貌用语共同使用。

（2）任何时候，手势幅度都不要过大或过猛。

（3）面对旅客 45°站立，引导旅客向前、向上、入座等，示意时要手到眼到说到。

（4）节奏缓和、协调柔美，气质优雅。

训练方法如图 4-26 所示。

（1）横臂式：身体保持基本站姿，左手自然下垂，右手从右侧抬起，五指并拢自然伸直，掌心斜向上方，手掌与地面成45°，腕关节伸直与小臂形成直线，肘部略弯曲，大臂与身体之间成45°夹角，目光朝向右手所指方向。注意整个手臂不可完全伸直。

（2）斜臂式：身体保持基本站姿，左手自然下垂，右手从右侧抬起，五指并拢自然伸直，掌心在垂直于地面的基础上向上翻45°，腕关节伸直与小臂成直线，大臂与小臂成160°，目光与手指方向一致。

（3）高臂式：身体保持基本站姿，左手自然下垂，右手从右侧抬起，五指并拢自然伸直，掌心在垂直于地面的基础上向上翻45°，大小臂之间成120°夹角，腕关节伸直与小臂成直线，腕部与眉齐高，目光与手指方向一致。

图 4-26　乘务员引导手势

八、握手

握手——从掌心开始的礼仪，是适用面最广泛的一种礼节。在日常交往中，随处会使用握手礼，不仅熟人、朋友，连陌生人、对手，都可能握手。握手常常伴随寒暄，握手礼含义很多，应视情而定。

握手原则：伸手先后顺序：位高者先伸手；一人与多人握手时，遵循由尊而卑的顺序。

握手禁忌：忌用左手。握手时一定要用右手，这是约定俗成的礼貌；忌用双手。尤其与异性握手时，不宜使用双手；忌戴手套、墨镜、帽子。只有女士在社交场合可以戴着薄纱手套与人握手。按照国际惯例，军人可以戴手套和帽子握手，但是握手的时候必须先行军礼；忌另一只手放在口袋里；忌坐着与人握手；忌长时间紧握别人的手不放，问候、寒暄没完没了；忌多人交叉握手。

握手姿势：站在距离对方60cm处，双腿立正，上身微微前倾，头微低，伸出右手，手掌和地面垂直，四指并拢，拇指稍微张开，手臂弯向内侧，手尖微微向下。握手时用力适度，保持 2 ~ 3 秒随即松开手，恢复原状。与人握手时，神态要专注、热情、友好、自然，面含笑容，目视对方双眼，同时向对方问候。

乘务员训练方法：面对面站立，相隔距离为一步远。女乘务员腹前握指式站姿，男乘务员垂臂式站姿。各自伸出右手虎口对虎口相握。握手时目光注视对方，微笑示意。力度适中，轻微用力 3 ~ 5 秒钟。加上寒暄语同时练习，例如：认识你很高兴等，如图 4-27 所示。

图 4-27　握手练习

九、递送

递送的基本原则是举止要尊重他人。双手递接物品，目视对方，主动上前，方便接拿，递于手中，拿稳之后方可松手。在特定场合下或东西太小不必用双手时，一般要求用右手递接物品。

(1) 递送名片。名片应双手呈递，将正面朝向接受方，同时自报姓名；接收名片时，双手呈接，认真阅读，表示感谢，妥善保存。

(2) 递送文件、报纸杂志。应使文字正面朝向对方，不可倒置；双手递送，客户或对方接稳后，方可松手。

(3) 递送茶杯。一手托底，将杯把指向对方的右手边，双手递上。

(4) 递送尖锐物品。如剪刀、笔类物品，将尖头朝向自己，不要指向对方；水果刀等，刀刃向下手握刀背，刀把儿朝向对方。防止伤人伤己。

第三节　民航乘务员言谈礼仪

言为心声，言谈是人们运用语言表达思想，沟通信息，交流感情的重要方式；是反映一个人的思想水平、知识修养、道德品质、社会阅历，以及职业形象的外在体现。《红楼梦》

里的林黛玉，聪慧清雅、才思神妙，自有一番典雅不俗的风度美。而只会说句"一夜北风紧"的王熙凤，虽美若神妃仙子，却使人感到略显俗气。现实生活中也是如此，漂亮的容貌、华丽的服饰、洒脱的举止，自然有一种风度美，若言谈平庸、浅薄、粗俗、低劣，则风度之美锐减。朱自清先生说："人生不外言动，除了动就只有言，所谓人情世故，一半儿是在说话里。"所以，话不在于说得多么流畅，多么滔滔不绝，而在于是否表达了言者的真诚。真诚的语言，不论对说者还是对听者而言，都至关重要。美国前哈佛大学校长伊立特说："在造就一个有教养的人的教育中，有一种训练必不可少，那就是优美、高雅的谈吐。"

对于民航乘务员来说，语言表达能力非常重要。良好的逻辑思维能力，清晰的语言表达能力，是乘务员为旅客提供优质服务的基础保障。旅客来自天南地北，陌生感阻碍了人与人之间的沟通，所以需要乘务员快速有效地与旅客进行沟通，从而了解旅客的需要并及时提供帮助。作为一名乘务员不仅要懂得如何沟通，更要学会怎样沟通。不同的服务语言往往会带来不同的服务效果。根据不同旅客的年龄、身份、地位以及旅客的情绪和当时的环境，要学会区别对待。比如，对待老人要用温和的语言、对待儿童要用活泼的语言、对待重要旅客要注意语言的严谨、对待特殊旅客要使用特定的言语等。因此，同样一句话，说法不同，得到的效果也大相径庭。

【案例 4-4　小故事二则】

(1) 旧时年关，有人在家设宴招待帮助过他的人，一共请了四位客人。时近中午，还有一人未到，于是自言自语："该来的怎么还不来？"听到这话，其中一位客人心想："该来的还不来，那么我是不该来了？"于是起身告辞而去。主人很后悔自己说错了话，说："不该走的又走了。"另一位客人心想："不该走的走了，看来我是该走的！"也告辞而去。主人见因自己言语不慎，把客人气走了，十分懊悔。妻子也埋怨他不会说话，于是辩解道："我说的不是他们。"最后一位客人一听这话，心想"不是他们！那只有我了！"于是叹了口气，也走了。

(2) 从前有个县官过生日，叫来两个算命先生给自己卜算寿期。其中一个算命先生说："你家里人都比你死得早。"县官一听大怒，责罚了40大板；另一个说："你比你家里的人都长寿。"县官听了大喜，奖赏50两银子。同样的意思，一个得了赏钱，另一个却挨了板子。

【案例 4-5　化解尴尬的艺术】

有一位第一次乘坐飞机的男性乘客在使用完洗手间后，发现马桶上方的壁板内有一打叠放得非常整齐的纸质用品，其实这是专为乘客提供的马桶垫纸。但是这名乘客却并不知道它的真正用途，便顺手拿了几张揣在了自己的口袋里。令人尴尬的一幕在开餐时发生了：乘务员发餐时突然发现了这位男乘客将马桶垫纸当成了餐巾套在了脖子上，正当其他乘客瞪大眼睛看着乘务员将如何面对这一尴尬情景时，只见乘务员不动声色地转身从头等舱拿来一条棉质餐巾并轻声微笑着对这位男乘客说："先生，我给您拿了一条头等舱的餐巾，它的吸水性更好，来，我都您换一下吧。"就这样乘务员巧妙、自然地化解了该名乘客尴尬的局面，而又尽可能地保留住了他的自尊心。如果乘务员不懂得语言技巧，在大庭广众之下告诉这位男士他脖子上挂的是马桶垫纸，将会极大地伤害他的自尊心。

一、语言的艺术

人们常说：良言一句三冬暖，恶语伤人六月寒。语言是连接人与人之间的纽带，纽带质量的好坏，直接决定了人际关系的和谐与否。荀子言："与人善言，暖于布帛；伤人以言，深于矛戟。"对于以语言的表达为主要服务内容的民航乘务员而言，服务用语是关乎服务质量、服务态度的大问题，认真掌握语言技巧是提高服务质量的根本，能反映乘务员的职业素养和服务技能。所以，我们要提高自己的说话水平，提升自己的语言魅力，让语言成为树立乘务员职业形象的一道独特风景。

（一）语言表达的三个层次：清楚、有效、生动有趣

第一层，语言表述要清楚。乘务员在与旅客沟通交流的过程中，要使自己表述的信息清楚无误，用最简单的词语表达最简明的含义。切莫使用模棱两可的话语，尽量少使用艰涩难懂的俗语或行业术语。无论是回答旅客的问询，还是向旅客介绍飞机上的相关知识，都要言简意赅。概言之，语言沟通的基础是简洁清晰，并非散文一般的华丽美观。

【案例4-6 都是语言惹的祸】

在某个航班上，飞机临近着陆，乘务员紧张而有序地做着落地前的各项准备工作，其中一项工作内容是将机上所有的饮料锁在饮料车内并用铅封封好，记录铅封号码。这时，一位刚刚睡醒的旅客跟乘务员说："给我来一杯果汁吧！"该乘务员恰好在厨房里刚刚锁好所有的饮料车，听到旅客此时如此说，便脱口而出："先生，飞机要落地了，我们都封了。""我要一杯果汁，你们就疯了？"旅客不满……

第二层，语言表述要有效。围绕自己想要表达的含义，合理地组织语言，突出自己想要表达的重点，尽量不要冗述背景、不要引用过多的例子、不要夹杂无关的含义。语言表达的重点是用简短的话语，清楚直接地传递自己的含义或请求。

【案例4-7 多余的解释】

在一架上海飞往北京的A321航班上，乘务员正在收取旅客用完的餐盒。坐在21排J座的乘客将他这一排的三个餐盒递给乘务员，其中一个餐盒里有乘客放入的未喝完的饮料。乘务员在接收餐盒时，将该盒内的饮料溅洒到了该J座旅客的衣服上。乘务员见状立即擦

拭旅客的衣服并致歉，然而在致歉的言语中，一直提到是别的旅客把未喝完的饮料放入餐盒中所致。J座旅客起初未有不满，感到乘务员一直在辩解后表示要投诉。

第三层，语言表述要生动有趣。充分利用肢体语言、面部表情和眼神交流，幽默地表达自己的含义或请求。不要吝惜自己的肢体语言，不要在沟通中面无表情，同时严肃刻板的话语会引起旅客不满的情绪。为了让旅客更容易聆听并接受自己所表达的含义，肢体语言、面部表情和眼神交流是必不可少的元素，而适时的幽默能提高沟通的品质，更容易得到旅客的认同。

【案例 4-8　我不是长臂猿】

某 737-800 航班上，旅客用餐结束后乘务员在收餐盘，大多数乘客都递上餐盘便于乘务员收取，一位靠窗坐的乘客却无动于衷。由于乘务员够不到该旅客的小桌板，便对该旅客说："先生麻烦您把用好的餐盘递给我，好吗？"乘客傲慢地说："你是服务员，还是我是服务员？"乘务员微笑着回答："我是服务员，但不是长臂猿。"

（二）言出必行：珍视自己的每一句话

唐太宗李世民曾说："言语者，君子之枢机，谈何容易？"乘务员不要轻易对旅客作出允诺。在工作中，乘务员可以同旅客畅谈人生，品评时尚，但是若谈论到涉及航空公司服务内容的时候，一定要三思后行，谨慎言语。言者无意听者有心，旅客会认为乘务员说的话一定是能够实现的，若没有做到，轻者可能会被投诉，严重者会给航空公司带来负面的社会影响。

同时，乘务员谨记话不可说绝，不要轻易拒绝旅客的请求。在工作中，乘务员常常会遇到旅客提出的各式要求，有些要求可以立时满足，有些要求却超出乘务员能力范围难以满足。为了给自己留下回旋的余地，也为了服务工作顺利展开，乘务员不要把话说绝。若当场表态这个绝对不可以，那个绝对办不到，会陷自己于被动之中，为后续工作造成麻烦。学会婉转巧妙地拒绝对方的要求，并提出一些替代方案，让旅客认为拒绝是合乎情理的，这样既能够显示对旅客的重视，也能为自己争取主动。旅客也会因为乘务员的真诚，而对服务工作给予充分的肯定，从而会留下较好的印象。比如旅客需要一份环球时报，由于报纸数量有限已经发完，这时可以委婉地告知："先生，很抱歉，今天的环球时报已经发完，您看这份北京晚报也不错，你先看看，等其他旅客看完，我会协调一下。"

【案例 4-9　迅速弥补化解矛盾】

在北京飞往杭州的航班上，乘务员在起飞前进行客舱安全检查的时候，一名旅客提出自己的阅读灯无法打开。乘务员检查后发现确实不亮，但是前后排的阅读灯都是正常的，于是回复该名旅客："这个灯坏了"，说完便离开了。飞机起飞后，这位旅客按呼唤铃，询问乘务员是否有耳机，乘务员又立刻回应道："不好意思，我们飞机上没有耳机。"说完就走了。这位旅客对乘务员处理问题的方式非常不满，恰好被正在巡视客舱的乘务长看到了这个情况，了解了事情的前因后果，乘务长亲自带领乘务员给这位旅客道歉，旅客见到乘务长重视他的感受，便表示接受乘务员的道歉。

（三）语言的模糊处理

在客舱服务过程中，经常会遇到形形色色的旅客以及各种突发的问题。乘务员要学会运用巧妙的语言化解与旅客的分歧。使用婉转的话语表达本意，转化矛盾，从不同的角度思考问题，但不要加入乘务员的个人情绪。恰当地进行"模糊处理"，可以减轻问题带来的紧张感和束缚感，让双方平静下来，从而大事化小、小事化了。同时模糊语言是一种弹性语言，具有更大的灵活性，当乘务员遇到不愿回答又不得不面对的话题时，可以运用模糊语言来回答，从而转换话题，避免陷入尴尬和矛盾境地。比如，一位乘客问乘务员："你觉得你们公司的服务好，还是其他公司的服务好？"乘务员说："您喜欢乘坐的公司的服务就好。"或者乘客问乘务员："你们每月挣多少钱？"乘务员说："够生活。"

【案例4-10 巧妙化解一杯咖啡引发的不悦】

头等舱乘务员为旅客服务时，不小心将一杯咖啡洒到一名商务旅客的衬衫上。这名旅客正在用笔记本电脑办公。乘务员赶紧道歉："先生，真的很抱歉，把您的衣服弄脏了，实在对不起。"然而，这并不能平息旅客的不满，因为他将要在下飞机后穿着这身衣服赶去开会。乘务长看到这一切后，端着一杯热茶走到旅客面前说："先生，乘务员给您带来了困扰吧，看您很不开心的样子。"旅客没有回应。"既然咖啡给您带来了烦恼，不如换杯茶品尝一下吧。"旅客依旧没有回应。"经常出差开会，这样飞来飞去，可能比我们飞的时间还多呢，今天能遇见，是一种缘分。"旅客继续沉默。"不如这样吧，乘务员让您不高兴了，我让她为您准备一些小茶点，稍后我再来。"说完，乘务长离开了，并嘱咐乘务员为该旅客送上茶点，擦拭衬衫上的污渍。随后，乘务员向旅客介绍了航空公司的机上快速补偿方案，并表示明白旅客不看重补偿，但还是希望旅客能够接受补偿。全程旅客没有任何回应。飞机落地后，旅客下机时对乘务员说了一句"刚才不好意思，我的态度不好"。简单的话语，让乘务员倍感欣慰和释怀。

思考一下，如果你作为一名乘务员，在飞机上遇到有旅客向你反映有人脱鞋造成了客舱味道难闻，你该怎么说呢？

二、谈吐之礼

（一）良好的语音

语音是语言的外在形象。清晰、端庄、迷人的声音会在很大程度上影响人们对一个人语言的接受程度。就好比人们喜爱百灵鸟的叫声，而厌烦乌鸦的啼鸣。因此，乘务员要提高自己的语音质量。

第一，保证说话时拥有较好的语言清晰度，既要音量适中，又要语速适度，确保每一个音节都完整无缺，能够清楚地表述。第二，保证用词的标准化。由于中国的方言土语及地方口音多种多样，乘务员在与人交流时应使用普通话，尽量避免俚语和成语，以避免歧义和误解的产生。第三，声音质量的好坏，也会影响乘务员的形象。男性声音通常低沉浑厚，而女性的声音比较细腻柔和。可以通过接受训练，改变不良的发声方法，让声音圆润、富有磁性。或者改变不良的生活习惯，比如戒烟戒酒等来改变音质音色。第四，说话要如同唱歌一般，注意起伏、节奏和抑扬顿挫。悦耳的声音可以提高听者的兴趣，相反，平铺直叙，毫无波澜的语言会让人感觉枯燥乏味。第五，语音语调要得当。合理的声调配合恭敬的态度，可以给旅客带来听觉上的享受，用错语音语调，会改变言者的本意。在客舱里经常会遇到旅客想要调换座位，乘务员征询旅客"你想怎么换？"简单的一句话，如果说成"你想（第二声）怎么换"，这样的语气明显会使人觉得乘务员的态度不耐烦而且不友善。

（二）规范的语言

语言有雅俗之分。《论语·述而》云："子所雅言，《诗》《礼》、执礼，皆雅言也。"规范的语言即是雅正的语言。作为一名有涵养的民航乘务员，尊重旅客的尊严、人格和情感非常重要，而礼貌用语最能体现对人格和情感的尊重与关怀。您好、请、谢谢、对不起、再见、祝您旅途愉快、打扰了、请多包涵、劳驾……这些基本规范用语，构建了日常工作与生活中礼貌表达的基础，这既是客套也是中国文化。在当代生活中，人与人之间的交流依然秉承着守礼谦逊、尊重为上的思想。因此，乘务员要怀有庄重之情、敬畏之心，行尊重之举。

（三）谈吐礼仪的四原则

1. 倾听原则

智者善听，学做一名耐心的听众。善于倾听是对言者的一种尊重。乘务员应做到神情专注，重于观察。需要注意的是，充分聆听不代表一言不发，要积极地给予反馈和适时的点头回应，这会让言者感受到被关注和尊重。但不要随意打断对方的话语，不要随意插话，尊重别人就是让别人把话说完，有教养的人不会打断他人的说话；不要轻易质疑对方，就是不要胡乱抬杠，比如旅客说"你们公司的餐食不好吃啊"，乘务员回呛"我们的餐食还算是航空公司里比较好的呢"；不要随便纠正对方，只要不涉及原则问题，不要对他人的是非进行判断，"水至清则无鱼，人至察则无徒"，站立的角度不同，思考问题的方向就不同，很多事谈不上孰是孰非，换个角度想想就能理解了。

【案例 4-11　美国西南航空公司的招聘面试】

　　早些年，美国西南航空公司是一家非常有名的航空公司，世界各地的应聘信雪片似的寄往该航空公司。西南航空首先筛选掉技能不符合要求的人，留下的应试者需要经过公司的初次面试。面试过程是这样：首先，把应聘者每20人分一组，让他们坐在会议室里，然后让每个人排着队到前面来做一个三分钟的演讲，包括介绍个人自然情况、应聘的职位、工作经历等，时间一到，换下一位应聘者。面对这样的初试，很多人认为是在考察应聘者的口头表达能力、逻辑思维能力、仪表仪态等方面的基础表现。其实，西南航空的主考官看的是当别人在演讲的时候，其他应聘者在做什么。因为西南航空强调的是客户服务意识，所以那些来回溜达、看报纸、接电话、与人交头接耳、轻蔑之色溢于言表的人在初次面试时就被淘汰了。什么样的人能成功进入第二轮面试呢？就是那些注重倾听别人讲话，懂得尊重他人的人。

　　2. 适度原则

　　在交流过程中，言语要有度。第一，说话时要合乎时宜，相机而言，不要不分场合地点，滔滔不绝，口沫四溅，也要避免该说话时不说，不该说话时乱说。第二，掌握说话的时间。时间宽裕可以说多些，细致一些，时间紧迫时要言简意赅，简明扼要，突出重点，避免东拉西扯。第三，态度要谦虚诚恳，任何场合中，开诚布公的态度都能让人感到亲切，而过分的张狂和傲慢会给人留下不好的印象，适度谦恭透露出的是一种高贵气质。

　　3. 避讳原则

　　说话的内容要主题明确，话题合宜。飞机上的旅客由于风俗习惯不同、信仰有差异，一些敏感的话题在交谈中提及会引起反感。比如，很多人在初次见面时，不愿意披露过多的个人信息，所以尽量不要涉及这些内容。切记做到：不涉及个人隐私（不询问家庭收入、婚姻状况、身体健康、女性的年龄或者体重等）、不非议党和政府、不探讨宗教信仰和政治见解、不谈论国家秘密和行业秘密、不涉及格调不高之事（家长里短、小道消息、男女关系等）。可以选择一些轻松愉快的话题，比如名胜风光、烹饪美食、时尚休闲等；或者是格调高雅的话题，比如历史文化、哲学探讨；还可以选择一方擅长的话题，比如旅客很喜欢跟乘务员聊一聊关于飞机的事情。

　　4. 需求原则

　　与人交流，要站在对方的角度思考如何进行沟通。对年长者说话要声音洪亮、语气缓和、简单直观、尽量避免使用专业术语；对小朋友说话要用简单易懂的词汇表达含义；对残疾人士说话要充分考虑对方的内心感受。比如，乘务员问一位老奶奶："奶奶，您喜欢喝点什么饮料？"老奶奶回答："啊，是，我要喝饮料。"乘务员以为自己没说明白，又把声音提高询问了一遍，老奶奶也很认真地这样再回答了一次。如此反复，弄得谁也不开心。老奶奶认为乘务员不给她提供饮料，而乘务员又认为是老奶奶没有提出明确的要求。其实这就说明了乘务员没有站在旅客的角度上去思考问题。老奶奶想喝饮料又不知道该如何表达，乘务员如果意识到这一点，就应该把饮料瓶拿给她看并说："好的，这是橙汁、这是椰汁，您喜欢喝哪一种呢？"老年人看到了直观的东西，自然就会明白并作出选择。

【案例 4-12　秀才买柴】

有一个秀才去买柴，他对卖柴的人说："荷薪者过来！"卖柴的人听不懂"荷薪者"（担材的人）三个字，但是听得懂"过来"两个字，于是把柴担到秀才前面。秀才问他："其价如何？"卖柴的人听不太懂这句话，但是听得懂"价"这个字，于是就告诉秀才价钱。秀才接着说："外实而内虚，烟多而焰少，请损之。（你的木柴外表是干的，里头却是湿的，燃烧起来，会浓烟多而火焰小，请减些价钱吧。）"卖柴的人因为听不懂秀才的话，于是担着柴就走了。

三、乘务员服务用语

（一）服务敬语

民航乘务员在客舱中要时刻把服务敬语挂在嘴边。最基本的十字礼貌用语：您好！请！谢谢！对不起！再见！

乘务员礼貌用语训练内容如下所述。

（1）问候语：您好！早上好！（中午、晚上）小姐好！先生好！

（2）欢迎语：欢迎您！见到您很高兴！王经理，欢迎您的到来！我们又见面了！

（3）送别语：再见！慢走！您走好！欢迎再来！一路平安！多多保重！

（4）请托语：请！请稍后！请稍等！请让一下！

（5）求助式请托语：劳驾！拜托！打扰！借光！请关照！

（6）组合式请托语：请您帮我个忙、劳驾请您帮我扶一下、拜托您给这位老大爷让个座。

（7）致谢语：金先生谢谢您！谢谢李女士！谢谢张阿姨！

（8）加强式致谢：十分感谢！万分感谢！非常感谢！多谢！

（9）具体式致谢语：有劳您了！让您替我费心了！给您添了不少麻烦！

（10）主动征询语：需要帮助吗？我能为您做点什么？您要点什么？您喜欢哪一种？您如果不介意我来帮您吧？

（11）应答语：好的，我知道了！好的，随时为您效劳！很高兴为您服务！

（12）谅解式应答语：不要紧！没关系！不会介意！

（13）谦恭式应答语：请不必客气！请多多指教！您太客气了！过奖了！

（14）赞赏语：太好了！真棒！非常出色！太适合了！还是您懂行！非常正确！

（15）回应式赞赏语：承蒙夸奖不敢当，得到您的认可我很开心。

（16）应酬式祝贺语：恭喜恭喜！向您道喜！向您祝贺！真替您高兴！

（17）节日式祝贺语：春节快乐！生日快乐！新婚快乐！

（18）道歉语：对不起！请原谅！失陪了！不好意思！多多包涵！失礼了！惭愧惭愧！真过意不去！

（二）表达方式

（1）语感自然：乘务员与乘客讲话时语调要平和沉稳，不局促。

（2）语气亲切：态度诚恳、语气和蔼可亲，声音大小要适宜。

（3）语调柔和：声调温和不强烈，尊重他人。

（4）语言简练：口齿清晰，不啰唆，不颠三倒四，反复无常。

（5）语意准确：内容清晰，明白准确。

（6）语速适中：语速缓和，不宜过快或过慢。

（三）回答问询

礼貌地回答旅客问询，是民航乘务员在服务中应表现出的职业礼仪行为。当遇到旅客提出的问题无法解决时，尤其是在旅客情绪失控的时候，如何礼貌地化解矛盾，是对民航乘务员的沟通能力、处理问题能力和职业素养的考验。

（1）回答问询时应保持职业站姿，不能斜倚在椅背或者客舱壁板处。

（2）思想要集中，认真聆听，目光不能游移。

（3）若没有听清楚问题，应委婉地请旅客重述一遍，不能听之任之凭着猜想，随意回答。

（4）回答问询时从容不迫，按先后顺序向，轻重缓急，一一作答，不能只关注一位旅客，忽略了其他旅客的存在。

（5）如果遇有乘客提出的问题超出自己权限，应及时请示上级，禁止说一些否定句。

第四节 民航乘务员职业礼仪修炼

民航乘务员在航班上为旅客提供服务，本质上就是一种人际交往关系。服务者是影响服务质量最主要的因素，其能力和素质的高低对服务水平具有决定作用。具有优良素质和能力的乘务员可以在服务过程中营造出令人愉快的氛围。通过对乘务员个人品格的分析，发现了一个有趣的规律——优秀的乘务员大多具备优秀的个人品格，富有责任心、爱心、包容心、同情心、耐心等，总而言之，都是心灵美的人。

中华民族素有崇尚心灵美的悠久传统。孔子说："里仁为美"；孟子说："充实之谓美"；荀子说："形象虽恶而心术善，无害为君子也。"一代美学宗师宗白华先生在他的《美从何处寻》一书中说过这样一句话："如果你在自己心中找不到美，那么，你就没有地方可以发现美的踪迹。"这足以看出，一个人心灵之美在其学习和生活中的地位是不可估量的。形象美是一个人的外在表现，是视觉感官上给人的一种美观。而心灵美则体现为一个人的为人处世是否积极向上、是否真诚善良、是否宽容大度等。孟德斯鸠说："美必须干干净净，清清白白，在形象上如此，在内心中更是如此。"

心缺自尊，言行必卑贱；心缺敬畏，言行必随便；心缺诚实，言行必虚妄；心缺涵养，言行必粗陋；心缺智慧，言行必愚痴；心缺良善，言行必恶毒；心缺美德，言行必低下。心是一杆秤，称出的是自己的言行；言行是一面镜子，映出的是自己的心灵，心灵美则言行美，心灵美人生才会美。

民航乘务员如何铸就心灵之美，提升个人职业礼仪呢？

一、秀外慧中

韩愈说："才畯满前；道古今而誉盛德；入耳不烦；曲眉丰颊；清声而便体；秀外而慧中。"美的境界莫过于此。

（一）端庄大方的仪态

乘务员的职业特点决定了其外表形象是非常重要的，而端庄大方的仪态则是乘务员气质的重要组成部分。它至少应该包括以下几点。

1. 整洁的外表

良好的仪容仪表可以展现一个人自信、积极进取的生命力和高尚的道德情操。乘务员应为其中表率。大千世界，千姿百态，职场中人形象各异，但是，整洁的精神面貌应该是基本要求。执行航班任务前，应该养成照镜子的习惯：看自己的衣领是否翻好、衣扣是否

系好、衣服上是否有污渍、鞋袜是否干净、妆容是否精致、牙缝是否清洁等，任何一点小的瑕疵都会在工作中被发现并且被放大，从而使自身形象大打折扣。

2. 优雅的举止

得体的举止是一个人高雅风度的重要体现，是良好人格修养的外在形式，它常常会在不经意间明确地传递出我们的内在气质和情感信息。对于乘务员而言，举止不仅是气质的外在依托，也影响着气质。优雅的举止不仅可以与丰富的内涵相得益彰，还可以充分显示一个人的修养，同时也是充满自信的完美表达。优雅的举止，会让人看起来富有朝气，充满活力。因此，乘务员在日常生活中就要注意训练自己的一举一动。站有站相，不要伸脖耸肩，或者歪膀斜腿，这会给人留下散漫的印象；坐有坐形，不要塌腰、跷脚或脚尖不停抖动；行有行姿，不要扭腰摆臀、左顾右盼。无论是站坐行蹲，都要保持四肢平稳、端正。长此以往，便能在举手投足之间彰显魅力。

3. 悦人的声音

西方沟通学家把声音称为"沟通中最强有力的乐器"。乘务员的魅力，很大一部分是在服务中通过声音散发出来的。一个女乘务员的声音应该婉转、甜美、轻柔、动听；一名男乘务员的声音应该洪亮、纯净、浑厚、磁性。悦人的声音既能充分传递自己的感情，又能调动他人的感情。温柔的声音、亲切的态度、婉转的音调、平和的旋律，叠加起来，会使乘务员散发出独特的性格魅力，并且有效保持与旅客的良好关系，提高服务质量。

因此，乘务员需要重视自己的声音训练。学习相关的声学常识、嗓音发声常识、正确的呼吸方法等，这些都有助于帮助我们训练声音。同时还需要了解一些用嗓小窍门，例如，说话时不能靠挤压喉咙发声，要去掉"喉音"，一是挤出来的嗓音不好听，二是挤压时间长，嗓子会痛，严重的会引发咽炎。嗓音是一种信息的载体，不但要"动听"，还要"感人"，要具有丰富细腻的表现力和感染力。

（二）良好的内在修养

气质是内在涵养的外在体现，是一种特有的，不可以模仿的，由精神到举止的修养。气质虽有先天因素，但后天的培养很重要。高雅的气质令人赏心悦目，反而若胸无点墨，任凭华冠丽服，也只会虚有其表，给人肤浅的感觉。乘务员的内在修养可以从以下几个方面培养。

1. 广泛的阅读

书籍是屹立在时间的汪洋大海中的灯塔；书籍就像一盏神灯，它能够照亮人们最遥远、最漫长的生活道路。乘务员的智慧与修养，需要从大量阅读中得到升华。腹有诗书气自华，自古以来，人们便明白知识可以培养气质。曾国藩说："人之气质，由于天生，很难改变，唯读书则可以变其气质。古之精于相法者，并言读书可以变换骨相。"以文学引路，兴趣为导，从哲学、历史、戏剧，到政治、军事、人物传记等，唯有广泛涉猎，方能陶冶心灵，使人自内而外散发出隽久的魅力。通过阅读，在幽幽书香潜移默化的熏陶下，可化浊俗为清雅，变奢华为淡泊，转促狭为开阔，令偏激为平和。一个博览群书的乘务员更能在职场中受到喜爱和尊重，因为由内而外散发出的是一种文化和素养的积累，是修养和知识的沉淀。

2. 高雅的情趣

夫君子之行，静以修身，俭以养德，非淡泊无以明志，非宁静无以致远。情趣是在兴趣的基础上建立起来的比较稳定的精神追求。良好的生活情趣可以放松紧张的情绪，驱走身心的疲惫，享受生活的美好，陶冶高尚的情操，甚至可以提升人格魅力。乘务员应该结合自身特点，培养自己的高雅情趣，比如登山、书法、插花、收藏、烹饪等，既丰富了生活，又提高了审美能力。情趣反映了一个人对待生活的态度，只有乐观生活的人才会积极培养发展自己的情趣。

3. 魅力的释放

何为魅力？柔情似水，弱柳扶风是魅力；活泼开朗、热情如火是魅力；特立独行、前卫时尚是魅力；蕙质兰心、温润谦和是魅力。魅力不是名流的专利，它虽属于每一个人，却又不能唾手可得，需要时间和心血去培养，是品德修养沁入骨髓而散发出来的。

男性乘务员的魅力应如松树般挺立、大海般深邃、磐石般坚强，充满阳刚之气；而女性乘务员的魅力应如三月春风、六月细雨、九月花香，充满阴柔之美。

二、良好修为

在工作和生活中，提高修为永远是保持自身根基的大事，是人生永不落幕的主旋律。什么是修为？一般来说，是指一个人的修养、素质、道德、品格等思想境界，属于个人软实力。《三国志·蜀书·先主传》："勿以善小而不为，勿以恶小而为之。"修为无处不在，人的经历不同，看待事物的角度不同，修为也就不同，不能一概而论。

精彩的人生，过程比结果要紧。不重长度，而重宽度和厚度，人生就是一种修炼。有人修得肤浅，有人修得深厚；有人把自己修成一块美玉，温文尔雅，秀外慧中；有人把自己修成一块好钢，坚强如一，百折不挠；也有人把自己修成弱水，至柔至韧，润泽万物。俄国文学家契诃夫在《凡尼亚舅舅》中写道："一个人，只有他身上的一切——他的容貌，

他的衣服，他的灵魂和思想——全是美的，才能算作完美。"

民航乘务员在职场中的言行举止不仅代表自己的素质和风度，也代表着航空公司的形象。乘务员应该在工作过程中树立一种品格：无论处于什么条件下，都要保持良好的修为，按照高行为标准做事，从容地支配自己的行为。工作中"不以事小而不为，不以事杂而乱为，不以事急而盲为，不以事难而怕为"，如此才能做好工作，在职场中实现自我的人生价值，更为自己的修为锦上添花。

如何修炼自己的修为，可以借鉴以下几个方面的经验。

（一）沉稳

沉稳的气质在人际交往中给人以踏实、稳健而且富有魅力的感觉，可以体现出一种强大的气场。第一，要学会善于控制自己的情绪，不要乱发脾气，做到凡事处之泰然。第二，不要像祥林嫂那般逢人便诉说自己的困难或遭遇。只会抱怨困难的人永远只能身处困境。用自己的力量去战胜困难，才是解决之道。第三，不要唠叨自己的不满，因为喜欢唠叨之人，容易被人认为是做事不太牢靠的人。第四，重要的决定尽量与人商量，最好隔一天再发布。第五，无论是说话还是走路，不要慌张，养成不急不躁的气质。

（二）自信

自信是指人的自信心。要相信自己，正确评价自己，准确驾驭自己。自信就是要有坚定的目标，执着的追求，并在任何情况下都不动摇，使之成为自己的精神支柱。增强自信心，关键在于拆除心灵的障碍，卸掉心灵的包袱，不要因为被泼冷水而自卑，没有一朵花是被热水浇灌出来的。然而，自信不是自大，不要有权力的傲慢和知识的偏见。

（三）细心

细心是指心思缜密，见微知著。细致的人通常比较踏实，因为仔细，所以不会有所遗漏，也就少犯错误。首先要关注身边之事，思考其因果关系，培养思维能力。细心观察是为了理解，透彻理解是为了行动。爱默生说："细节在于观察，成功在于积累。"正如牛顿对苹果的思考，瓦特对壶盖的琢磨；其次，不要盲目地做任何事，要有目标，做一个有计划的人。古人云："凡事预则立，不预则废"，要养成有条不紊和井然有序的习惯，不被时间赶着走，结合时间表及事情的重要程度，列出计划，逐步完成。

（四）胆识

胆识是指胆量和见识。胆，是一种勇气、一种无畏、一种动力，可以督促人们去做一些未敢想之事；而识，是人们对世界的认知与学识。胆与识相辅相成，培养自己的胆识要胆识俱佳，双管齐下，若只择其一而为之，有胆无识，匹夫之勇，有识无胆，纸上谈兵，均算不上真正意义的胆识。第一，要建立信心，放弃自卑的心理，敢于表达自己的思想，使用恰当词汇，不要常用缺乏自信的词句。第二，要有自己的思想和主见，做事当机立断，不要常常反悔，沉着冷静才能解决问题。第三，要学会控制自己的情绪，整体气氛低落时不要被同化。第四，不怕走弯路，遇事不顺时，重新寻找突破口。

（五）大度

遇方便时行方便，得饶人处且饶人。为人处事学会宽容和谦卑，才能让自己的生命之路走得更顺利。雨果说："世界上最宽阔的是海洋，比海洋更宽阔的是天空，比天空更宽阔的是人的胸怀。"对于他人的无心之失不要耿耿于怀，唯宽可以容人，唯厚可以载物。同时，不要把有可能成为朋友的人变成对手。第三，任何成果和成就都应和别人分享。第四，需要有人牺牲或者奉献的时候，自己走在前面。

（六）诚信

诚信是个人立身之本，人无信则不立。诚于中而必信于外，一个人心若有诚意，口则必有信语，身则必有信行。诚信是实现自我价值的重要保障，也是个人修德达善的内在要求。首先，不要盲目承诺，要言而有信。其次，不要信口开河，少说话多倾听，言多必失。第三，可以没有大智慧，但不要耍弄小聪明。第四，停止一切"不道德"的手段。

（七）担当

在不同的视角下，担当的诠释不同。于布衣百姓而言是"一人做事一人当"，于仁人志士看来是"天下兴亡，匹夫有责"，总而言之，担当都是一种勇于接受的态度，更是一种敢于负责的行动。敢于担当的人，是值得人们敬重的；勇于担当的人生，是丰富多彩的。每一个人都应该有这样的信心：人所能负的责任，我必能负；人所不能负的责任，我也能负。如此才能磨炼自己，进入更高的境界。

（八）内涵

第一，不要小看仪表，仪表也是一种心情，一种力量，在自己审视美的同时，让别人欣赏美。第二，不要自视清高，天外有天，人上有人，淡泊明志，宁静致远。第三，培养属于自己的高雅情趣和审美观，培养健康的生活习惯。第四，学习广泛的知识，虚心观察周围的事物，开阔眼界。第五，人无高低贵贱之分，要学会尊重他人。尊重乃是礼仪的灵魂所在。《礼记》曰：夫礼者，自卑而尊人。故尊重他人不仅是一种美德，一种修养，也是一种责任和本分。

【案例 4-13 感动客舱】

2015 年 12 月 8 日，在由郑州飞往海口的海南航空 HU7302 航班上，一位河南新乡老人因患有脑梗无法握勺进食，乘务长为老人喂饭，使老人深受感动，几度哽咽落泪。

"听到一位老人哭得好伤心，我们以为发生了什么事呢。"同坐一个航班的王女士回忆道，上前一看，才发现是一位海航空姐单膝跪地在为老人喂饭，老人被感动而失声痛哭，这让周围的旅客无不对这位空姐肃然起敬。

思考题

1. 论述民航乘务员职业礼仪的重要性。

2. 简述仪容之礼的原则。

3. 什么是仪表的 TPO 原则？

4. 仪表之礼的四个要点分别是什么？

5. 论述精神面貌的关键词及其含义。

6. 练习微笑，并掌握微笑的原则。

7. 简述男女乘务员的站姿标准。

8. 用语言描述乘务员的正确行姿。

9. 对镜练习标准站姿。

10. 对镜练习标准坐姿。

11. 对镜练习男女乘务员的坐姿形式。

12. 对镜练习蹲姿动作。

13. 鞠躬根据弯腰角度可分为几种形式，含义是什么？

14. 两两一组，练习鞠躬。

15. 两两一组，练习握手。

16. 两两一组，练习递送。

17. 握手的禁忌有哪些？

18. 语言表达的三个层次分别是什么？

19. 谈吐礼仪原则是什么？

20. 如何训练良好的语音？

21. 十字礼貌用语是什么？

22. 论述如何修炼自己的心灵美。

第五章
民航乘务员责任情商

　　情商的最高境界是责任意识，责任的最高境界是情商意识。责任情商既是关注责任结构思维也是关注情商责任思维。本章从责任情商的角度引领大家思考和研究乘务员应该如何更好地开展服务工作、更好地提升服务品质、更好地培养个人职业素养。希望借此新的视角，能使每个人的职业素养更上一层楼，职业生涯更有光彩，充分领悟民航乘务员责任情商的重要性。

第一节　情绪与情商

一、情绪概述

要了解情商，首先需要了解情绪。情绪是人们在日常生活中受到某种来自内部或外部的信息刺激时，身心表现出的一种激动状态。人的情绪多种多样，有喜、怒、悲、忧、惊、恐、思等，如图 5-1 所示。

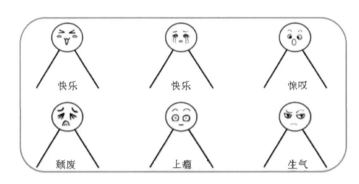

图 5-1　人的情绪

（一）情绪的概念

辞海对情绪的解释是心情、心境；情意；不愉快的情感；是从人对客观事物所持有的态度中产生的主观体验。牛津词典对情绪的解释是心灵、感觉或感情的激动或变动，泛指任何激越或兴奋的心理状态。普通心理学认为，情绪从广义来说，是人对客观事物的态度体验；狭义而言，是指人在受到刺激时根据其需要是否获得满足而产生的暂时性的、较为剧烈的态度及其体验。它是对客观世界的一种反映形式。

情绪是一种心理活动，与人的需要紧密相连，是以需要为中介的一种反映形式。并非任何外界刺激都能引起人的情绪，只有与人的需要有直接或间接联系的事物才能使人产生情绪态度。通常，满足人的某种需要的事物会引起人的肯定的情绪体验；反之，妨碍或干扰人的某种需要的事物会引起否定的情绪体验。情绪包含情绪体验、情绪行为、情绪唤醒和对刺激物的认知等复杂成分。它是人对客观事物所持的态度体验。

情绪的产生并不是自发的，是由刺激引起的。这种刺激大多来自外部，也有来自内部的。当一个人受到刺激时，小脑就会自动地产生相应的生物、生理、化学反应，我们称之为情绪。情绪是小脑的应激反应，是人生理上的一种自我保护机制，它比大脑思维的速度要快上千倍。情绪的产生依赖于个体感觉器官对客观信息的感知，同时又依赖于主观需要。个人体验到的情绪是具有主观性的。可以说，客观刺激与主观需要的相关性是情绪产生的先决条件。并且，情绪的产生往往伴随着不受自身控制的生理变化和行为反应，这些都是当事人难以控制的。按照情绪的趋向性划分，可以将情绪划分为正面情绪，负面情绪。

（二）情绪与情感

在心理学范畴中，情绪和情感是统一的心理过程，但是从产生基础和表现特征来看，两者有一定的差别。情绪大多数时候与人的生理性需要相关，产生较早。比如，婴儿时期会因为食物、温度等生理性需要而产生哭、笑等情绪表现。大多数情感与人的社会性需要相关，产生较晚，它随着心智的成长和社会认知的发展而产生。情绪是人和动物共有的，但情感是只有人类才有的。情绪具有情境性和暂时性，情感则相对稳定和深刻。情绪通常由人们身旁的事物所引起，又常常随着人、事物、环境的变化而变化。然而情感是在多次情绪体验的基础之上所形成的稳定的态度体验。

（三）情绪的特点

(1) 情绪是一种主观经验，只有每个人自己才能真正地感受到。

(2) 情绪是个体内在的心理和生理反应。

(3) 情绪是个体对待事物的信念或认知评估。

(4) 情绪一般由脸部表情表现出来。

(5) 个体对于直觉到的情绪可以表现出一定的行为反应。

（四）情绪的作用

情绪在人们的日常生活中扮演着重要的角色，无论何种情绪，在人们的生活、学习和工作中都发挥着应有的作用。

1. 自我保护作用

当一个人遇到意外危险时，在生理和心理上都会立刻产生应激反应，呈现出紧张、恐惧的情绪。生理上突然心跳加快、呼吸加速、肾上腺素加速分泌；心理上酝酿抵抗或逃脱的对策，从而对人起到自我保护作用；当一个人由于学习时间过长或工作负担过重时，一旦超过人的承受极限，就会产生疲惫的情绪，迫使人中止手头的工作，转入休息状态，对人的身体健康起到保护作用。

2. 信息传递作用

情绪在人际交往中具有信息传递的作用。情绪在人群中能够互相影响和传播，会对周遭的人造成影响，甚至在人群中蔓延。情绪的外部展现称之为表情，它属于一种非言语的沟通方式。这种沟通方式比言语沟通方式出现得更早，比如婴儿与成人的沟通便是通过这

种方式实现的。在人际交往中，许多场合是靠表情来传递信息的，人们习惯用微笑来表示赞许，用点头来表示肯定，用摇头来表示否定，甚至用脉脉含情的眼神来表达爱慕之情，用号啕大哭来表达悲痛之情等。在人际沟通中，表情还能为言语沟通起到重要的补充作用，使言语表达更为明白、形象和准确。心理学家研究指出，在日常沟通中，言语传递的信息仅占 7%，由此可见，表情在人际交往过程中的重要性。

二、情绪管理

（一）情绪管理原则

同样受到刺激，不是所有人都会产生情绪。这取决于人的价值观。价值观的差异，导致个人需求标准和对客观事件评价标准不同，因此，情绪体验的境界和强度也有所不同。为了减少情绪问题，民航乘务员应当树立正确合理的人生价值观，避免情绪偏激、钻牛角尖等，这有助于减少情绪问题。

通过研究和实践，情绪管理主要有以下几项原则。

(1) 培养乐观向上、积极进取的人生观。

(2) 培养广泛的兴趣爱好与主观幸福感，热爱生活。

(3) 重视沟通技巧，建立宽厚的人际关系。

(4) 悦纳自我，增强自信心。

(5) 培养宽容心，不苛求他人。

(6) 学会忘记过去的失败和对自己的伤害。

(7) 勇于承认自己的不足，但避免过分自责。

(8) 学会控制个人情绪，消除负面情绪。

(9) 不要随意扩大某件事的严重性，尽可能做到"大事化小，小事化了"。

(10) 学会忽略于己不利的因素，避免引起负面情绪。

（二）情绪管理方法

1. 理性情绪疗法

20 世纪 50 年代，美国临床心理学家阿尔伯特·艾利斯 (Albert Ellis) 首创了理性情绪疗法。该理论认为，情绪并非由某一激发事件直接激发，而是由经受这一事件的个人对该事件的解释和评价所引起的。这一理论被称为情绪困扰的 ABC 理论。其中 A 代表诱发事件；B 代表信念，是指人对 A 的信念、认知、评价；C 代表结果，即情绪症状。

情绪和行为取决于认知，认知是个人心理活动的关键，如果能把认知这个环节调控好，则情绪和行为的困扰就会在很大程度上得到改善。艾利斯认为人们极少能够纯粹客观地认知诱发事件 A，总是根据大量的已有信念、价值观、意愿、期待、偏爱、动机等来认知 A。因此，对 A 的经验总是主观的，因人而异。同样地，A 对于不同的人引起的不同情绪症状 C，主要是因为他们的 B 不同。人们常有许多非理性的信念，其特点是绝对化，片面化。它会影响人对社会事物的客观解释，从而带来不良的情绪体验。为了减少或避免产生情绪问题，人们应当尽可能抛弃非理性的信念。

要想对情绪进行管理和调适，必须对引起情绪的信念进行驳斥或对抗。例如，某民航乘务员因为业绩平平（A）而产生了焦虑或者抑郁情绪（C），这是由其特定的信念（B）所造成的。其特定的信念是，民航乘务员只有业绩良好，才能获得更多的晋升机会，否则就不可能晋升了。其实，理性的信念应该是，未必人人都能做到业绩良好，而且晋升不只是看业绩一个方面；重要的是做好自己的工作，发挥自己的优势。抛弃非理性的理念，建立正确的信念，就能够有效地对情绪进行管理。

2. 积极的自我暗示法

心理暗示就是个人通过语言、形象、想象等方式对自身事件影响的心理过程。积极的心理暗示可以在不知不觉中对自己的意志、心理乃至生理状态产生影响，使自己保持好心情、乐观自信，从而调动主观能动性，扬长避短。例如，我国历来都有在书房悬挂名言的习惯，这些都是用来暗示和激励自己的。实践证明，积极的自我暗示对人的不良情绪和行为有奇妙的影响和管理作用，既可以缓解紧张情绪，又可以自我鞭策。

3. 自我安慰法

为了帮助自己在遭受重大挫折时接受现实，保护自己，避免精神崩溃，可以找出某种合乎内心需要的理由加以说明或辩解。可以为工作或生活中的失败找一个"冠冕堂皇"的理由安慰自己，借以冲淡内心的不安和痛苦。比如"胜败乃兵家常事""塞翁失马焉知非福"等都是古代流传下来的自我安慰的话语，有助于缓解压力，降低焦虑，摆脱烦恼。

4. 交往调节法

人际交往实现了思想交流、情感交流和情感沟通，能够帮助个人增强战胜不良情绪的信心和勇气，更加理智地消化不良情绪。对于那些由于人际交往障碍或者人际关系矛盾引起的某些不良情绪，可以主动地找亲朋好友交流谈心。通过交往、倾诉和谈心，能够对情绪起到缓和、抚慰和稳定的作用。

5.适度宣泄法

产生不良情绪时，最简单的方式就是宣泄。宣泄的场合通常是别无他人的空间，或是面对知心好友。宣泄的方式包括深呼吸，使用过激的言辞去抱怨、抨击、谩骂，尽情发泄个人的不满和委屈，参与某种体育活动或劳动也是良好的宣泄办法。通过宣泄，不良情绪可以得以释放、缓解，紧张心情可以随之平静下来。

6.情绪升华法

升华是指把不为社会所接受的动机、欲望改变为符合社会规范和时代要求的动机和欲望，引导到对人、对己、对社会都有利的方向和途径。它是对不良情绪的一种高水平宣泄。

7.转移情境法

这是一种把注意力从引起不良情绪反应的情景转移到其他事物上或从事其他活动的自我调节方法。当个人产生负面情绪时，应立刻设法脱离产生不良情绪的情景，把注意力转移向个人感兴趣的事物上，通过新的情景，得到宽慰和乐趣，促使情绪平静下来。

三、情商概述

（一）情商的概念

什么是情商呢？情商就是人管理情绪的能力。许多人对情商的理解不全面，认为情商是在职场或官场中对上级溜须拍马、圆滑世故；对同事尔虞我诈、钩心斗角；对下级冷酷无情、麻木不仁。这不仅是对情商的误解，甚至是对情商的错误应用。

情商，也称情绪商数（Emotional Intelligence Quotient，EQ），是一种自我情绪控制能力的指数。情商被视为一种最有魅力的商数，是人在情绪、感情、意志、耐受挫折等方面的品质力，主要包括认识自身情绪、认识他人情绪、自我激励、妥善管理情绪和人际关系管理，如图 5-2 所示。

图 5-2　人的情商

情商是一个心理学概念。情绪智力形成于人的童年时期，随着年龄的增长而不断地得到培育和加强，这对我们的健康、人际关系以及工作、生活都会产生直接的益处。情商是人的一种基本生存能力，决定着其他心智能力的表现，也决定着人一生的走向与成就。哈佛大学心理学教授丹尼尔·戈尔曼在他的文章《为什么情商比智商更重要》中说："如果人没有掌握情绪的能力、如果人没有自我意识、如果人不能管理自己令人不安的情绪、如果人不能产生同理心和有效关系，那么无论人多么聪明，也不会取得很大的成就。"清华大学吴维库教授做了一个更形象的比喻："人体就如同一驾马车，马车由马来拉动，人体由情绪来推动。控制马的工具是缰绳，管理情绪的工具是情商。如果马受惊失控会造成车毁人亡，如果人情绪失控就会发病、发疯、自杀、杀人。"由此可见，管理情绪的能力非常重要。吴维库教授把管理情绪的能力简单归纳成五种能力，即认识自己的能力，管理自己的能力，激励自己的能力，认识别人的能力，管理别人的能力。

（二）情商模型

情商的理论基础，要从情商的三大理论模型说起，即萨洛韦和梅耶的能力模型、戈尔曼的混合模型和巴让的情商模型。

1. 萨洛维和梅耶情绪智力理论的能力模型

1990 年，美国耶鲁大学的彼得·萨洛维 (Peter Salovey) 和新罕不什尔大学的约翰·梅耶 (John Mayer) 首次提出"情绪智力"这一概念。即指个人监控自己及他人的情绪和情感，并识别、利用这些信息指导自己的思想和行为的能力。随后十年里，不断地完善该理论，如图 5-3 所示。

图 5-3 萨洛维和梅耶情绪智力理论的能力模型

萨洛维和梅耶情绪智力能力模型的四个维度：第一维度表示情绪知觉和情绪识别，包括来自情绪系统的认知信息和输入信息；第二维度是情绪的整合，即情绪对思维的促进作用，包括使用情绪促进认知加工；第三维度是情绪的理解和推理，包括情绪认知加工和进一步着眼于问题解决的情绪信息加工；第四维度是管理情绪，包括管理自己情绪的能力和管理他人情绪的能力。

萨洛维和梅耶概括了情绪智力所包括的四级能力：第一，情绪的知觉、鉴赏和表达能力。从自己的生理状态、情感体验和思想中辨认和表达情绪的能力；通过语言、声音、仪表和行为从他人、艺术作品中辨认和表达情绪的能力。第二，情绪对思维的促进能力。情绪对思维的引导力能影响信息注意的方向；对情绪有关的判断和记忆过程产生作用的能力；心情的起伏影响思考能力；情绪状态影响问题解决等。第三，对情绪的理解和分析能力。认识情绪本身与语言表达之间关系的能力，例如对"爱"与"喜欢"之间区别的认识；理解情绪所传达的意义的能力；理解复杂心情的能力；认识情绪转换可能性的能力等。第四，对情绪的成熟调控。根据所获得的信息，判断并成熟地产生或消除某种情绪的能力；察觉与自己和他人有关的情绪的能力，调节与别人情绪之间的关系等。

萨洛维和梅耶还指出了情绪智力具有四个显著的特点：第一，评价和表达自我情绪。即深入了解自我的情绪，并且能够自然表达。在这方面有较强能力的人，可以很好地感觉和认识到自己的情绪。第二，评价和识别他人情绪。即感觉和理解他们周围人情绪的能力。在这方面有较高能力的人，对他人的感觉和情绪更为敏感。第三，调节自我情绪。这能帮助自己迅速地从心理困境中恢复。第四，运用情绪促进绩效。即利用自己的情绪投入建设性的活动中并提高个人绩效的能力。

2. 戈尔曼情商混合模型

1995年，被称为"情商之父"的哈佛大学教授丹尼尔·戈尔曼 (Daniel Goleman) 在他的《情绪智力》一书中使用了与"智商"相对形式命名的术语："情商"。它认为情商指的是我们识别自己和他人情绪、激励我们进步，并且进行情绪控制、左右人际关系的能力。为此他把情商界定为五个方面，如图 5-4 所示。

图 5-4　戈尔曼情商混合模型

第一是自我认知，即认识自身情绪。认识自身情绪是情商的基石，这种能力对个体更好地了解自己非常重要。不了解自身真实感受的人只能听凭这些情绪的摆布，能准确地了解情绪产生的原因并能掌握自身感觉的人才能成为生活的主宰。

第二是自我调控，即妥善管理自己的情绪。自我情绪管理是建立在自我认知的基础之上的，通过自我调节，可以达到自我安慰，摆脱焦虑、忧郁、沮丧等消极心态的目的，这方面能力强的人能很快走出低谷，重新振作起来。

第三是内驱力，即自我激励的能力。自我激励就是要胜不骄、败不馁，激励自己朝着一定的目标努力奋进。在学习和工作中要取得成功就应当集中注意力并发挥创造力，转移情绪是取得成功的必要条件。要做到这一点就要不断地增强自我成就感，保持高度的热忱，要不断地给自己确定目标，不断地强化自己的意志，充满自信是取得一切成就的内在动力。自我激励在一个人的成才过程中是一个非常重要的因素。

第四是同理心，即认知他人的情绪。认知他人的情绪需要同理心。所谓同理心，就是善于体会别人的感受，这是基本的人际交往技巧，也称移情。具备同理心的人能够从细微处感觉他人的需求，站在他人的角度考虑问题，体察别人的情绪。

第五是社交技能，即人际关系的管理能力。人际关系是一门管理他人情绪的艺术，是维系融洽的人际关系，调节他人情绪的能力，能否细微地关注，恰当地对待他人的情绪，往往决定着一个人的领导能力和人际和谐程度。

3. 巴让情商模型

1997 年，得克萨斯大学医学分校的巴让 (Bar-on) 博士通过自己多年的研究和实践提出了自己对情绪智力的定义。他认为情绪智力是影响人应付环境需要和压力的一系列情绪的、人格的和人际能力的总和，是决定一个人在生活中能否取得成功的重要因素，直接影响着人的整个心理健康。

巴让情绪智力模型由 5 种能力和 15 种成分组成，如图 5-5 所示。根据十余载的研究和统计分析，巴让认为这 15 种成分是个人应对生活的能力和个人总的情绪幸福的决定因素，因而是情绪智力最有效、最稳定的组成部分。

5种能力	个体内部能力	人际能力	适应性能力	压力管理能力	一般心境能力
15种成分	•情绪自我察觉 •自信 •自我尊重 •自我实现 •独立性	•共情 •社会责任感 •人际关系	•现实检验 •问题解决 •灵活性	•压力承受 •冲动控制	•幸福感 •乐观性

图 5-5　巴让情绪智力模型

（三）情商与智商

情商与智商是两种不同的能力，一种属于情感层面，一种属于智力层面，这两种能力发挥作用时涉及大脑不同部分的运作。智力活动与大脑顶部的新皮层密切相关，而情感中枢则位于大脑较深层的部位，在更深的下皮层。情商与情感中枢活动密切相关，并且与智力活动彼此协调。

如果说智商是深藏的宝藏，那么情商就是开发、挖掘这种宝藏的最好工具。一个人前半生取决于智商，后半生取决于情商。电子商务先锋马云先生认为成功与否与情商有关，跟读书多少没有直接关联。情商可以影响智商，甚至可以再生智商。平庸与卓越在智商上的差别远远小于情商上的差别。具有坚强毅力、强烈自信心、进取精神、好胜、谨慎的人往往能成功。总之，情商高的人，外在形象就能让其他人为之折服。

职场中很多人都谈到过情商的重要性。创新工厂的董事长李开复指出，情商是认识自我、控制情绪、激励自己以及处理人际关系、参与团队合作等相关的个人能力的总称。人的成功要遵守二八原则，即 20% 取决于智商，80% 由其他因素决定，其中最重要的是情商。与人打交道，情商需要更高；与事打交道，智商需要更高。智商、情商双高的人，总是春风得意；智商不高、情商高的人，有贵人相助；智商高、情商不高的人，怀才不遇；智商、情商双低的人，一事无成。在当今社会的舞台上，看到机会，敢于行动，这需要有大智慧，也就是情商。不仅如此，情商对于个人的人生成功、职场顺利和家庭幸福都是至关重要的。2010 年首个《中产家庭幸福白皮书》在上海出炉，调查历时两个多月，覆盖了全国 10 个省区 35 个城市，共有 10 万人参与，总结出了影响家庭幸福的前 5 个因素，分别是健康、情商、财商、家庭责任以及社会环境。家庭成员缺乏情商，会不断产生摩擦，导致家庭如同炼狱。情商高的家庭则充满和谐的气氛，其乐融融。

（四）情商的表现

职场中情商的表现通常可分为以下三个层次。

（1）最低层次是情商较差。具体表现为情绪化、随心所欲、喜怒无常、情绪变化大，这会对个人的职业发展造成损害甚至灾难。很多人会将生活中的情绪带到工作中，甚至将某种特定的情绪扩大，延伸到所有工作环节中去，这样的人往往令人非常反感，同时影响其他人，不但得不到同事的认同，更不可能在工作中得到重用。

（2）中间层次是情商较高。这个层次的人能顺利地开展工作，能控制个人情绪，不带个人主观情绪地工作，工作中表现理性，客观，就事论事。同时，能保持相对积极乐观的态度，工作中遇到困难能较好地调整，勇于面对和克服，不会轻易退缩，更不会一蹶不振。这样的员工是每个企业都需要和欣赏的。

（3）最高的层次是能够表演情绪。具备这种能力的大多是成功的领导者和管理者。熟练地运用情绪，将情绪为工作所用，不但能管控个人情绪，还能用自身的情绪感染他人。在顺境时能通过情绪的引导和激励，激发他人继续奋进的斗志；在逆境时保持镇定，排除自身的负面情绪，并稳定他人的情绪，进而让所有人协同一心，克服困难。这样的高情商人士，最终都能够成功地带领好自己的团队，成就一番事业。

【案例 5-1　软糖实验】

1960 年，美国斯坦福大学心理学家瓦特·米伽尔把一些 4 岁左右的孩子带到一间陈设简陋的房子，然后给他们每人一颗非常好吃的软糖，同时告诉他们，如果马上吃软糖只能吃 1 颗；如果 20 分钟后再吃，将奖励 1 颗软糖，也就是说，总共可以吃到两颗软糖。

有些孩子急不可耐，马上把软糖吃掉。有些孩子则能耐心等待，暂时不吃软糖。他们为了让自己耐住性子，或闭上眼睛不看软糖，或头枕双臂自言自语……结果，这些孩子终于吃到两颗软糖。

实验之后，研究者进行了长达 14 年的追踪。继续跟踪研究参加这个实验的孩子们，一直到他们高中毕业。跟踪研究的结果显示：那些能等待并最后吃到两颗软糖的孩子，在青少年时期，仍能等待机遇而不急于求成，他们具有一种为了更大更远的目标而暂时牺牲眼前利益的能力，即自控能力。而那些急不可耐只吃 1 颗软糖的孩子，在青少年时期，则表现得比较固执、虚荣或优柔寡断，当欲望产生的时候，无法控制自己，一定要马上满足欲望，否则就无法静下心来继续做后面的事情。换句话说，能等待的那些孩子的成功率，远远高于那些不能等待的孩子。

【案例 5-2　乐观测试】

20 世纪 80 年代中期，美国某保险公司曾雇用了 5000 名推销员，并对他们进行了培训，每名推销员的培训费高达 3 万美元。谁知雇佣一年后就有一半人辞职，四年后这批人只剩下了 1/5。

该公司的老板向宾夕法尼亚大学心理学家马丁·塞里格曼讨教，希望他能为公司的招聘工作提供帮助。塞里格曼教授对公司招聘的 1.5 万名新员工进行了两次测试：一次是用该公司常规进行的以智商测验为主大甄别测试，另一次是塞里格曼教授自己设计的对被测者乐观程度的测试。而后，对这些员工进行了分类的跟踪研究。在这些新员工中，有一组人没有通过甄别测试，但在乐观测试中，他们却取得了"超级乐观主义者"的成绩。

跟踪研究的结果表明：这一组人在所有人中工作任务完成得最好。第一年，他们的推销额比"一般悲观主义者"高出 21%，第二年高出 57%。从此，通过塞里格曼教授的"乐观测试"成了该公司录用推销员的一个重要条件。

塞里格曼教授认为，当乐观主义失败时，他们会将失败归于某些他们可以改变的事情，而不是某些固定的、他们无法克服的困难。因此，他们会努力去改变现状，以争取成功。

【小测试1】 从图5-6中人们的眼神里，你能读取他们的情绪吗？

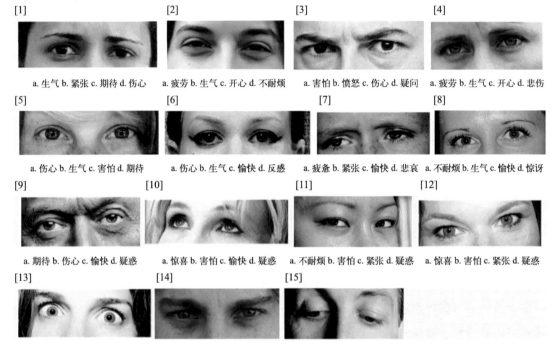

图 5-6　小测试：读取人们的眼神

参考答案：（答对得1分，总分15分）

1	2	3	4	5	6	7	8	9	10	11	12	13	14	15
b	c	c	d	d	a	d	c	a	a	a	a	b	b	d

答案解读：

14～15	读心高手，可以敏感捕捉别人最细微的情绪，洞察一切，其他人别想瞒过他。
9～13	情商高、成熟、善于察言观色，能很快感知别人的情绪，知道别人在想什么。
6～9	大部分的人属于这个范围，可以自如地和他人交流，讲道理，沟通无问题。
1～5	沟通起来略显吃力，而且他人不太懂他。
0	麻木冷漠。不得不怀疑有这么冷漠的人吗？

【小测试2】 国际标准情商测试题

这是一组欧美流行的测试题，可口可乐公司、麦当劳公司等世界500强企业曾以此为员工EQ测试的模板，帮助员工了解自己的EQ状况。共33题，测试时间25分钟，最大

EQ 为 174 分。如果你已经准备就绪，请开始计时。但请记住，这不是一个求职询问表，用不着有意识地尽量展示你的优点和掩饰你的缺点。如果你真心想对自己有一个判断，那你就不应施加任何粉饰。否则，你应重测一次。

第（1）～（9）题：请从下面的问题中，选择一个和自己最切合的答案。

（1）我有能力克服各种困难：____

A. 是的　　　　　B. 不一定　　　　　C. 不是的

（2）如果我能到一个新的环境，我要把生活安排得：____

A. 和从前相仿　　B. 不一定　　　　　C. 和从前不一样

（3）一生中，我觉得自己能实现我所预想的目标：____

A. 是的　　　　　B. 不一定　　　　　C. 不是的

（4）不知为什么，有些人总是回避或冷淡我：____

A. 不是的　　　　B. 不一定　　　　　C. 是的

（5）在大街上，我常常避开我不愿打招呼的人：____

A. 从未如此　　　B. 偶尔如此　　　　C. 有时如此

（6）当我集中精力工作时，假使有人在旁边高谈阔论：____

A. 我仍能专心工作　　B. 介于 A、C 之间　　C. 我不能专心且感到愤怒

（7）我不论到什么地方，都能清楚地辨别方向：____

A. 是的　　　　　B. 不一定　　　　　C. 不是的

（8）我热爱所学的专业和所从事的工作：____

A. 是的　　　　　B. 不一定　　　　　C. 不是的

（9）气候的变化不会影响我的情绪：____

A. 是的　　　　　B. 介于 A、C 之间　　C. 不是的

第（10）～（16）题：请如实选答下列问题，将答案填入右边横线处。

（10）我从不因流言蜚语而生气：____

A. 是的　　　　　B. 介于 A、C 之间　　C. 不是的

（11）我善于控制自己的面部表情：____

A. 是的　　　　　B. 不一定　　　　　C. 不是的

（12）在就寝时，我常常：____

A. 极易入睡　　　B. 介于 A、C 之间　　C. 不易入睡

（13）有人侵扰我时，我：____

A. 不露声色　　　B. 介于 A、C 之间　　C. 大声抗议，以泄私愤

（14）在和人争辩或工作出现失误后，我常常感到震颤，精疲力竭，而不能继续安心工作：____

A. 不是的　　　　　B. 介于 A、C 之间　　　C. 是的

（15）我常常被一些无谓的小事困扰：____

A. 不是的　　　　　B. 介于 A、C 之间　　　C. 是的

（16）我宁愿住在僻静的郊区，也不愿住在嘈杂的市区：____

A. 不是的　　　　　B. 不太确定　　　　　　C. 是的

第（17）～（25）题：在下面问题中，每题选择一个和自己最切合的答案。

（17）我被朋友、同事起过绰号、挖苦过：____

A. 从来没有　　　　B. 偶尔有过　　　　　　C. 常有的事

（18）有一种食物使我吃后呕吐：____

A. 没有　　　　　　B. 记不清　　　　　　　C. 有

（19）除去看见的世界外，我的心中没有另外的世界：____

A. 没有　　　　　　B. 记不清　　　　　　　C. 有

（20）我会想到若干年后有什么使自己极为不安的事：____

A. 从来没有想过　　B. 偶尔想到　　　　　　C. 经常想到

（21）我常常觉得自己的家庭对自己不好，但是我又确切地知道他们的确对我好：____

A. 否　　　　　　　B. 说不清　　　　　　　C. 是

（22）每天我一回家就立刻把门关上：____

A. 否　　　　　　　B. 说不清　　　　　　　C. 是

（23）我坐在小房间里把门关上，但我仍觉得心里不安：____

A. 否　　　　　　　B. 偶尔是　　　　　　　C. 是

（24）当一件事需要我作决定时，我常觉得很难：____

A. 否　　　　　　　B. 偶尔是　　　　　　　C. 是

（25）我常常用抛硬币、翻纸、抽签之类的游戏来预测凶吉：____

A. 否　　　　　　　B. 偶尔是　　　　　　　C. 是

第（26）～（29）题：下面各题，请按实际情况如实回答，仅需回答"是"或"否"即可，在你选择的答案下打"√"

（26）为了工作我早出晚归，早晨起床我常常感到疲惫不堪：是 _____　否 _____

（27）在某种心境下，我会因为困惑陷入空想，将工作搁置下来：是 _____　否 _____

（28）我的神经脆弱，稍有刺激就会使我战栗：是 _____ 否 _____

（29）睡梦中，我常常被噩梦惊醒：是 _____ 否 _____

第（30）～（33）题：本组测试共4题，每题有5种答案，请选择与自己最切合的答案，在你选择的答案下打"√"，答案标准如下：①从不，②几乎不，③一半时间，④大多数时间，⑤总是。

（30）工作中我愿意挑战艰巨的任务。① ② ③ ④ ⑤

（31）我常发现别人好的意愿。① ② ③ ④ ⑤

（32）能听取不同的意见，包括对自己的批评。① ② ③ ④ ⑤

（33）我时常勉励自己，对未来充满希望。① ② ③ ④ ⑤

参考答案及计分评估：计分时请按照计分标准，先算出各部分得分，最后将几部分得分相加，得到的那一分值即为你的最终得分。

第（1）～（9）题，每回答一个A得6分，回答一个B得3分，回答一个C得0分。计 ___ 分。

第（10）～（16）题，每回答一个A得5分，回答一个B得2分，回答一个C得0分。计 ___ 分。

第（17）～（25）题，每回答一个A得5分，回答一个B得2分，回答一个C得0分。计 ___ 分。

第（26）～（29）题，每回答一个"是"得0分，回答一个"否"得5分。计 ___ 分。

90分以下	你的EQ较低，你常常不能控制自己，你极易被自己的情绪所影响。很多时候，你容易被激怒、动火、发脾气，这是非常危险的信号——你的事业可能会毁于你的急躁，对于此，最好的解决办法是能够给不好的东西一个好的解释，保持头脑冷静，使自己心情开朗，正如富兰克林所说："任何人生气都是有理的，但很少有令人信服的理由。"
90～129分	你的EQ一般，对于一件事，你不同时候的表现可能不一，这与你的意识有关，你比前者更具有EQ意识，但这种意识不是常常都有，因此需要你多加注意、时时提醒。
130～149分	你的EQ较高，你是一个快乐的人，不易恐惧担忧，对于工作，你热情投入、敢于负责，你为人更是正义正直、同情关怀，这是你的优点，应该努力保持。
150分以上	你就是一个EQ高手，你的情绪智慧不但不是你事业的阻碍，而是你事业有成的一个重要前提条件。

第二节 民航乘务员的责任情商

一、民航乘务员责任情商概念的引入

要引入民航乘务员的责任情商，就必须先从民航乘务员的从业性质说起。民航乘务员属于服务类人员，主要的工作是服务旅客，简而言之就是与人打交道。这要求民航乘务员需要具备较高的情商来与旅客沟通，甚至应对旅客由于突发事件所导致的情绪。民航乘务员承担着与旅客沟通、服务旅客的责任，又肩负着民航安全的使命，这更增加了民航乘务员在情商方面的需求，责任情商便是源于民航乘务员的职业责任而必须具备的情商需求，是民航乘务员应当了解和具备的一种职业素养，更是民航乘务员贯穿于整个职业生涯的一种追求。

所谓民航乘务员的责任情商指的是乘务员在管理好自身情绪的同时，针对旅客的心理及其产生的情绪，进行感知与分析，以便更好地与旅客进行沟通，做好服务工作，甚至运用自身情绪影响旅客，处理并应对突发事件所带来的旅客情绪问题，如图5-7所示。

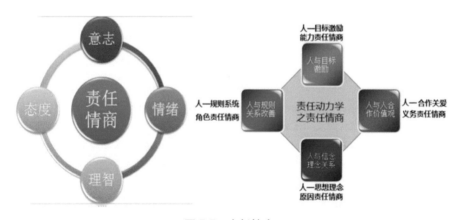

图 5-7 责任情商

二、民航乘务员责任情商的表现形式

民航乘务员责任情商主要表现在两个方面：情绪管理和抗压。

（一）情绪管理

管理好自己的情绪是民航乘务员工作中的一项重点内容，在高强度的工作环境中，面对不同心理和不同需求的旅客，难免会产生各种各样的情绪，处理不好这些情绪，会让乘务员倍感疲劳，也无法为旅客提供高品质的服务，甚至由于乘务员难以控制自己的情绪而与机上旅客发生争执。

【案例 5-3　你来我往吵起来】

据台湾东森新闻报道，一架澳门航空班机因延误近两个小时，导致旅客情绪相当烦躁。一名男乘客不满，对空姐发脾气，不知男乘客说了什么激怒了空姐，让空姐大动肝火，气急败坏地和乘客互相指责对骂，"放开！我在做我自己的工作，我怎么啦！"旁边的同事劝和也无法阻止冲突延烧。而旁边乘客七嘴八舌，甚至起哄。最后这名空姐自行离开，纷争才稍稍平息，但乘客还是继续对另外一名乘务员抱怨，如图 5-8 所示。

图 5-8　澳门航空空姐与旅客在客舱内互指对骂

（1）保持良好的心境。俗话说：干一行，爱一行。这样工作起来才会有热情，而热情对民航乘务员来说是非常必要的。只要对工作有热情，在与旅客的交流中才能感到轻松、亲切和自豪，不应该把自己的烦恼带到工作中去。著名导演斯坦尼斯拉夫斯基曾经说过："演员一走进化妆室，就应该像脱掉自己的大衣一样，把个人的所有情仇烦恼全都抛在一边。"民航乘务人员在进入自己的角色时，也应当具备同样的素养。

（2）调节个人情绪。良好的情绪反应是民航乘务员服务质量的重要标志，只有自己快乐才能提供热情的服务，因为情绪是可以传染的。所以，首先，应调节好个人的情绪，学会正视自己的情绪，保持冷静。其次，为自己的工作赋予更深层次的意义，转移自己的情绪，学会倾诉和自嘲，甚至可以用写日记、运动、听音乐等合理的方式转移和宣泄自己的情绪。

（3）掌握旅客的情绪。及时了解旅客的情绪变化，并及时地对这种情绪变化进行分析，不断观察旅客的情绪状态。要及时地察觉到旅客情绪发生变化的原因，考虑这种变化会对周围的人产生怎样的影响，并以态度热情、礼貌周到耐心，保持微笑的服务，应对旅客所产生的情绪变化，细致而合理地与旅客沟通。

（4）了解旅客需求。需求是情绪产生和变化的根本原因，旅客的需求得到满足，就会产生肯定和积极的情绪。有的旅客是出于旅行时间的需要、有的旅客是出于对民航服务的需要、有的旅客是出于身份和地位的需要。服务工作中应当学会把握旅客不同的需求，

让旅客对民航服务产生肯定的情绪。

（5）提供个性化服务。随着人们对民航服务需求的提高，民航服务在硬件和软件上都要体现出个性化，人性化，候机楼、机场提供电话设施、上网设施，生日当天乘坐航班，提供精美的生日礼物等人性化、个性化的服务，都能让旅客产生正面积极的情绪，能有效地促进服务工作品质的提高。

（二）抗压

民航乘务员的工作是高压力、高节奏的工作。在每天的工作中，面对形形色色的人和事，都需要及时应对，合理处理。若没有处理好问题，会对民航乘务员的心理产生巨大的压力，称为精神压力。

精神压力是个体在面临难以适应的外界环境要求或受到威胁时所产生的心理体验，是人们的需求和满足需求的能力之间存在不平衡所产生的一种生理和心理上的反应。压力有正、负两种性质，过高或者过低的压力对个体都是不利的，应该有效地避免负面压力。

人体在面对重大持续性的压力时会产生一系列反应，包括互相连续的三个阶段：警惕阶段，抵抗阶段，衰竭阶段。这些反映阶段有助于进一步了解民航乘务员的职业压力及其反应过程。

①警觉阶段。警觉反应是利用身体的防御系统来恢复体内平衡的过程。身体自动利用生理资源以保护自身，抵御察觉到的紧张性刺激。压力的积极意义就在于使身体系统做好应对准备。②抵抗阶段。在抵抗阶段，身体资源会被调动起来应对压力。人会通过实际行动去尝试解决问题，这些"实际行动"有积极的，也有消极的，例如"逃避""攻击"等。在抵抗阶段，究竟是积极解决问题还是逃避困难，与个人的性格特点密切相关。③衰竭阶段。如果身体持续处于压力之下，就会进入一般性适应症状的第三阶段——衰竭阶段。身体长期处于抵抗外来压力或威胁的阶段，是一种紧张和消耗体能的过程，时间久了会导致身体构造和功能的损害，如果发展成为病态，则可能导致身体极端衰竭，甚至导致死亡。

1. 压力来源分析

（1）工作环境。飞机客舱虽然经过精心设计，但仍然避免不了较强的宇宙射线侵蚀，同时空气混浊、氧气含量低、噪声大、颠簸剧烈。在这样特殊的环境中工作，民航乘务员所受到的健康危害要比其他场合大得多，这会给民航乘务员的身体带来严重的威胁。当身体健康的需要没法得到满足时，负面的情绪便会滋生，给民航乘务人员带来巨大的心理压力。

（2）工作时长。虽然航空运输业对空勤人员的工作时长有规定，但在经营和竞争日

益激烈的大环境下，很多岗位上的工作人员的工作时间是比较长的。有的是因为工作人员减少，有的是因为工作量日益增加。无论如何，长期的超时工作会给工作者带来越来越大的工作压力和精神压力。比如，由于天气的延误，虽然乘务员的飞行时间没有改变，而实际的工作时间却超时很多。

（3）夜班。民航运输业的工作特点决定了夜班是不可避免的。这直接会影响很多民航工作人员的睡眠质量，有的岗位实施24小时值班制度，轮班人员的睡眠质量无法保证，容易造成起居不规律，个别民航工作人员还会出现生物钟紊乱的问题。民航乘务员执行航班任务，更是要跟着航班的时刻调整自己的生物时间。

（4）工作评价。评价一直就是衡量民航乘务员和其他民航岗位服务人员职业效能的必然尺度。虽然影响的变量是多方面的，但评价往往将全部责任归咎于员工，这就导致民航工作人员工作负荷加重，压力增加。

（5）民航企业和社会。目前，民航企业的竞争越来越激烈，企业的压力也会通过各种方式转移到民航工作人员的身上。随着内部各种竞争机制的构建，如评优、晋级等评比制度，民航乘务员很难做到被肯定认可、正确评价和积极支持。再加上个别领导缺乏领导能力，处事不公，更容易让企业内部的紧张关系加剧，从而使民航乘务员产生强烈的压力感。

（6）安全因素。精神高度紧张、精神负担繁重，会让所有民航相关岗位的人员产生过多负面情绪，从而影响安全。民航乘务员作为安全环节的重要组成部分，也背负着同样重的安全压力，而负面情绪的产生会严重影响民航乘务员的判断能力，从而造成一定的安全隐患，而这种安全隐患本身同样会加剧民航乘务员的精神压力。

（7）其他因素。一个人的个性、认知、家庭的不同会给民航乘务员带来一定程度上的工作压力。性格上，很多敏感型性格的人更容易感到压力；认知上，若认为端茶倒水是低贱的，也会给自己带来额外的压力；家庭方面，由于民航乘务员常年出差，不能与家人共度很多重要的时光，甚至无法照顾家中的老人和孩子，也无法给予配偶足够的陪伴和支持，时间长了就会引起家人的埋怨，也会给民航乘务人员带来更大的工作压力。

2. 压力对民航乘务员的影响

民航乘务员的职业压力，是从事民航工作而被赋予的职责所产生的不仅限于情境的压力，由于工作问题而产生的一种消极而紧张情绪。民航乘务员的压力会波及个人的心理和生理等各个方面，不仅影响个人的工作态度和行为，而且还会影响个人的生活幸福感，从而影响民航乘务员的职业兴趣、职业态度和职业行为，进一步还会影响到民航乘务员的服务质量和品质。

（1）对生理上的影响主要体现在压力过大会使免疫系统紊乱，长期的生理影响甚至会导致人出现疾病症状，比如头晕目眩、心悸胸闷、心律不齐、肌肉和骨骼疼痛、吞咽困难、口干舌燥、胃痛反胃、肠胃绞痛、便秘腹泻等症状。若放任不理，久而久之可能转变成慢性甚至恶性疾病。

（2）对心理上的影响同样严重，压力往往会让人多虑、易怒、烦躁、悲观、难以控制自己的情绪、注意力无法集中、甚至记忆力减弱。在各种心理行为反应中，在压力过大的情况下会出现焦虑不安，情绪失控，愤怒或激动等行为反应。比如：焦虑是一种最普遍的心理反应，是一种预期会出现不良后果的复杂情绪状态，焦虑的不利影响主要是会让人感到绝望、心灰意冷、思考能力下降、目光短浅、决定草率等；恐惧也是比较普遍存在的心理反应，是一种预期将受到伤害或威胁的情绪反应，强烈而持久的恐惧会使人脸色苍白、浑身无力；愤怒则是自尊心受到打击而引发的情绪反应，愤怒的心理过程会由不满逐渐过渡到勃然大怒，体内发生剧烈的变化，容易伴随攻击性行为，怒火中烧的人容易丧失理智而造成严重的后果。

3. 民航乘务员应对压力的方式

（1）压力应对原理。

良性压力会给人带来促进活力的有利刺激，而消极压力则会给人的机体健康带来不利的影响。判断压力是积极的还是消极的，从客观角度分析，一是看这种压力是否影响了乘务员的活力；二是看压力对乘务员的事业成就是促进还是阻碍；三是压力是否影响了乘务员的身心健康。

如果压力激发了乘务员的活力，促进了乘务员的事业发展和身心健康，那么这种压力是积极的，否则就应当是消极的。可见，压力是一个受多种因素影响的复杂过程，关键在于民航乘务员应该如何应对和处理压力。

（2）压力应对方法。

压力作为与人类社会演变进化共同存在的一种变量，时刻存在于我们周围，而民航乘务员的职业压力是不可避免的。只有通过正确的压力管理与应对，才能有效地发挥压力的积极作用，化解消极影响。适当的压力并非坏事，关键是乘务员需要通过适当的专业发展途径，获得足够的知识和能力储备，有效地应对压力的挑战。应对压力的方法主要有正确认识压力、身心控制减压、身心放松、进行心理咨询、调控期望值等。

① 正确认识压力。压力并无好坏之分。积极的、正面的压力，是生命中的生长素，可以促进个人成长；消极的、负面的压力，是个人的累赘甚至毒药，伤害人的身心健康。

对待压力要学会区分是情绪指向型的应对方式，还是问题指向型的应对方式，尽量选择问题指向型的应对方式，学会将压力转化为问题，解决问题，从而解除压力。

② 进行心理咨询。当人在烦恼、忧郁、苦闷时，尤其需要他人的理解和开导。因此，应寻求心理咨询师的帮助，把压抑、挫折的情绪排解出来。求得他人的疏导，是调节情绪的有效措施。应当正视挫折情绪，主动打开心扉，积极寻求安慰、理解和指导，以便有效排除不良情绪的束缚和影响，使自己心情变得开朗，行为更加富有朝气。

③ 调控期望值。对人对事不必过分苛求，期望值也不要太高。对自己、对他人、对事物所抱有的期望值过高，势必在难以得到满足时产生负面的情绪。因此，保持平常心，学会知足，对自身的目标不要定得太高，更不要脱离实际。学会拆分目标，用更小的目标取代大目标，用短期的目标替换长期的目标，能有效地提高满足感。对他人、对事物不要苛求完美，避免因为不满而产生烦恼。

三、培养良好的责任情商

情商主要依靠后天的培养和提高而获得。人人都是在学习、工作、生活与社会实践中磨炼与成长的。人们通过与人共事，不断总结经验、吸取教训，逐渐善于控制自己的情绪和冲动，善于自我激励、与人相处，能够体察和关心他人，由此逐渐"成熟"起来，情商也就随之提高了。作为民航乘务员，良好的责任情商也是在工作中逐渐总结并磨砺出来的。

（一）做好个人情绪的自我认知

只有真实地了解个人的情绪，才有可能利用它，驾驭它。

（1）情绪记录法：在一段时间内用心记录个人情绪变化过程，包括时间、环境、类型、任务、过程、原因、影响等，列出情绪记录表，留待分析认识。

（2）情绪反思法：根据情绪记录表反思个人情绪、反应、原因、影响，并思考如何控制。

（3）情绪恳谈法：通过与专家、家人、同事、亲友的恳谈，征求他们对自己情绪的看法。

（4）情绪测试法：咨询专家，或者利用专业情绪测试软件，获得个人自我认知。

（二）有意识地加强自我情绪管理

在社会生活中，虽然很难把握自己的情绪，但决不可随意放纵自己的情绪，应当及时调节和理性地引导自己的情绪，保持身心健康。在人际关系中，当他人作出生气反应之前，自己首先要设法控制个人情绪。比如，当旅客恼怒、沮丧并向乘务员发难时，乘务员应当准备好适当的应对心理。

（三）自我激励识别

最可靠、最便捷的激励来源于自己。身处困境或逆境时，利用一些至理名言或高尚思想来安慰和激励自己，可以振作精神，走出困境。在日常生活中，经常进行自我激励，能够使自己保持青春活力，积极乐观，奋发向上。一个善于自我激励的人往往是乐观的人，能以宽容、愉悦、积极的心态看待周围的事物，人际关系和谐，热爱生活。

进行自我激励，有很多方法，比如"一日三省吾身"，找出自身的不足，设法改正，找出自己的优点，继续发扬；如民航乘务员可以在化妆包或钱包里放上座右铭、照片、进度表等，用来提醒和鞭策自己；遇到有问题或烦恼时，不要过分不悦或自责而陷入负面情绪之中难以自拔，要集中精力设法解决问题，摆脱困境。

（四）旅客情绪

能否识别旅客情绪，察觉出旅客的想法、感受和态度，关系到民航乘务员与旅客之间能否和谐相处、建立良好的人际关系。要准确地识别旅客情绪，需要做到以下4点。

（1）接纳。在看到旅客不愉快时，不要回避，应当用认同的口吻询问对方，主动地接纳旅客的情绪。要让旅客感受到诚意和关怀，愿意进一步交流。

（2）分享。当需要解决一些争端时，在旅客倾诉内心感受之后，可以有意识地引导对方表达感受，分享对方的感受，从而安抚旅客情绪。

（3）区分。帮助旅客分析情绪问题，区分哪些是自己的过错，哪些是外在的客观属性，认清应该和不该的界限，正确地把握和控制旅客以及自己的情绪和行为。

（4）回应。回应旅客的情绪反应，切莫置之不理。

（五）掌握必要的人际沟通技巧

（1）树立开放心态。人与人的交往是一个互动过程。如果抱着"祸从口出""逢人只说三分话，未可全抛一片心"的观点，互相不信任，必然无法建立良好的人际关系。为了使交往顺利进行和发展，应当开放自我，切莫寡言少语。

（2）积极主动交往。要尊重旅客，主动地在工作、生活上关心旅客。

（3）学会幽默健谈。幽默是智慧的较高境界。一个幽默的人往往更受人们欢迎。要通过平时的语言艺术积累、广泛的兴趣培养、知识的持续充电来提升幽默能力。这有利于融洽人际关系。

（4）善于说好话。"良言一句三冬暖"，不同的语言具有极其不同的效果。想要关心旅客、帮助旅客，就要善于说好话，让旅客感到温暖。一句发自内心的赞美之词可以带来很

好的反馈效果，不过，赞美一定要适度和自然，否则过犹不及。

（5）善于控制情绪。在工作、生活中常常会遇到各种误解、委屈和挫折，这时就需要控制个人情绪，不可为了细小的人际摩擦而闹情绪，甚至影响工作。要运用自我暗示等方法来疏导情绪，避免其负面影响。

（6）学会换位思考。这要求乘务员站在旅客的立场上，用旅客的观念来观察、理解事物，体验旅客的思想感情。

（7）倾听与反馈。在与旅客交谈时，要集中注意力，倾听旅客的需求，对于旅客讲述的有理之处，要给予肯定和赞许，对于旅客的微笑或气愤，要报以微笑或理解，一定要耐心地倾听，适时地有所反馈，便于沟通。

第三节　民航乘务员的客我人际关系

一、客我人际关系的含义

客我人际关系是在民航运输服务的人际关系中一种特殊的人际关系形式。民航服务的人际关系，主要是指民航企业的全体从业人员，尤其是民航乘务员与旅客之间的关系。民航服务人际关系的主体是民航服务人员，客体是旅客。民航服务品质主要取决于服务中人际关系的主体对客体的处理问题能力，这是所有民航企业成败兴衰的根本问题。

在民航服务中，民航服务人员与旅客之间的关系本应该是对等的，但由于民航服务人员所处的特定角色和旅客所处的特定地位，致使客我双方的关系与其他行业迥然不同。

二、客我人际关系的特点

（一）客我人际关系的短暂性

民航服务，通常包括旅客购票、候机、途中飞行直到飞抵目的地几个环节，一般时间都不会太长，这形成了民航服务交往频率高、时间短的特点。尽管空中飞行时间有可能较长（国际航线），但客我交往接触时间仍然很短暂，相互沟通熟悉的机会极少。但由于机舱区域狭小，服务密度较大，所以在短时间内形成高密度的人际关系。

（二）客我人际关系的不对等性

日常生活中的人际关系基本是自愿的、出于兴趣而建立的关系，交往双方的主体地位往往是对等的。而在民航服务交往过程中，对旅客来说，交往仍然可以是自愿的，有兴趣

的交往，但对民航乘务员而言，交往无法凭自愿或兴趣。旅客与乘务员之间具有一种不对等的特性。如果乘务员由于不能正确处理这种不对等关系而陷入自卑或逆反的心理状态，就会对服务质量产生消极的影响。

（三）客我人际关系的公务性

民航乘务员与旅客的接触只限于旅客需要服务的地点和时间内，否则就是对旅客的一种打扰。也就是说，民航服务中的客我交往是基于公务上的需要，而不是一种个人情感、兴趣、爱好方面的需要。

（四）客我人际关系的局限性

由于民航服务交往的短暂性、不对等性和公务性，所以乘务员与旅客之间的接触和交往只限于具体的服务项目，而不能涉及个人关系，更无法进行个人历史、家境、性格方面的深入了解。

（五）客我人际关系的不稳定性

民航服务是一种人与人之间的面对面交往活动。由于乘务员的个人素质、能力性格、文化修养有差异，以及旅客的社会地位、经济实力、文化背景、情绪变化有区别，同一乘务员为不同旅客提供同一服务项目，或者不同乘务员为同一旅客提供同一服务项目时，也会产生截然不同的服务效果。

三、客我人际关系的重要性

首先，良好的客我人际关系对于民航乘务员来说意义重大。它能够愉悦旅客，帮助乘务员顺利地开展客舱工作，出色地完成工作任务。其次，这种出色的表现也能够使乘务员得到精神安慰和满足，受到鼓舞建立自信心。而为旅客提供满意的服务不仅宣传了公司，也宣传了乘务员本身，这会极大地帮助乘务员在团队和公司中树立自己良好的职业形象，从而得到团队和航空公司的肯定与认可，为自己的职业生涯发展提供更多机会，营造更好的环境。

其次，良好的客我人际关系对于民航业更加至关重要。在民航服务中，旅客与民航服务人员的人际关系，决定了航空公司的社会形象和社会声誉，甚至决定了航空公司的经济效益和生死存亡。民航服务的过程实际上就是航空公司向社会出售自我产品的过程。在民航服务中，良好的客我人际关系，可以提高旅客的满意度，增加旅客对航空公司的忠诚度，既提高了航空公司的收益，又对航空公司是一种宣传。尤其是竞争激烈的当今社会，公司

的形象和声誉决定了公司的效益。而优质的服务就是对航空公司社会形象与声誉最有力的保证。

四、客我人际关系的心理障碍

在民航乘务员与旅客交往中，有些乘务员由于对客我交往的本质缺乏正确的认识，对待服务工作缺乏正确的态度，常常表现出一些心理障碍，妨碍乘务工作的顺利进行。

（1）自我中心。有些乘务员在工作中完全从自己的角度考虑，只关心自己的利益和兴趣，忽视旅客的利益和处境。在客我交往中表现为目中无人、装腔作势、盛气凌人、自私自利。高兴时大声喧哗、手舞足蹈；不高兴时乱发脾气、不知收敛，全然不顾旅客的情绪和态度，这样的客我交往必然会出现问题。

（2）羞怯。羞怯心理是绝大多数人都会有的一种心理。具有这种心理的人，往往在工作中羞于启齿或害怕见人。由于过分焦虑和不必要的担心，在言语上支支吾吾，行动上手足无措，这不利于跟旅客之间的正常交往。

（3）孤僻。孤僻的人不喜欢与人交往，孤芳自赏、自命清高。克服孤僻心理的关键在于打破自己设置的心理障碍，敞开心扉，用坦荡真诚的情感去赢得旅客的理解。

（4）干涉。有的乘务员在与旅客交往中，喜欢询问、打听、传播旅客的私人问题，这种热衷于打听旅客隐私的行为，并不一定有什么实际目的，不过是刺探他人隐私而沾沾自喜的低层次心理满足而已。

（5）讨好。个别乘务员会出于功利性目的，讨好旅客，阿谀奉承。这种行为很多时候会引起旅客的反感，使正常的交往难以进行。

五、客我人际关系的心理状态

在民航服务的人际交往和人际关系中，民航乘务员与旅客的心理状态主要呈现三种形态，即家长型，幼儿型，成人型。

（1）家长型，以权威为特点。通常表现出两种行为模式。一种是命令式行为模式，表现出统治、责骂和其他专制行为。另一种是慈爱式行为模式，表现为关怀和怜悯行为。

（2）幼儿型，以情感为特征。具体表现为两种行为模式。一是服从式行为模式，具体表现为顺从某种意愿的行为。二是自然式行为模式，具体表现为冲动、任性。

（3）成人型，以思考为特征。行为大多都经过深思熟虑。行为模式的表现如图5-9所示。

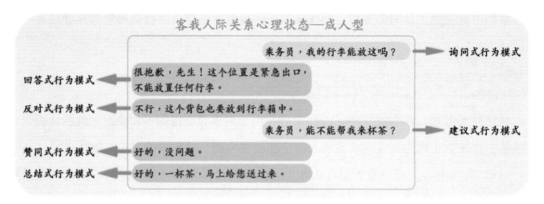

图 5-9　成人型行为模式

六、客我人际关系交往的形式

民航乘务员和旅客之间的客我交往，主要有平行式交往和交叉式交往两种形式。

（一）平行式交往

平行式交往是一种融洽的、顺从的交往。比如，当旅客发出信息后，民航乘务员的反应符合旅客的期待，顺从旅客的意愿。这样的交往可使客我双方情绪愉快，关系融洽。平行式交往有三种形式，即成人型对成人型交往、家长型对幼儿型交往、幼儿型对家长型交往。

（1）成人型对成人型交往。这是平行式交往中最常见的一种交往形式。例如："乘务员，请帮我拿条毛毯""好的，马上给您拿"。这种交往属于成人型对成人型的平行性交往。

（2）家长型对幼儿型交往。例如："乘务员，让你给我拿条毛毯，拿到哪去了？""来了，给您"，这种交往即属于家长型对幼儿型的顺从性交往。

（3）幼儿型对家长型交往。这种形式的平行式交往，一般以女性旅客为主，例如，一位女性旅客因为行李没地方放，而来回胡乱开启行李架，乘务员道："女士，您的行李给我吧，我帮您拿到后面存放"，这种交往属于幼儿型对家长型的融洽性交往。

（二）交叉式交往

交叉式交往是民航乘务员的行为不符合旅客需求的一种交往。这种形式的交往会导致双方关系紧张，甚至中断交往。包含四种类型，即成人型对家长型的交叉式交往、家长型对家长型的交叉式交往、成人型对幼儿型的交叉式交往、幼儿型对幼儿型的交叉式交往。

（1）成人型对家长型的交叉式交往。比如旅客请求说"请帮我倒杯开水"，乘务员不耐烦地回应"现在起飞检查，等会儿有空再说"，这是典型的成人型对家长型的交叉式交往。

（2）家长型对家长型的交叉式交往。比如旅客大声道"我就现在要杯水"，而乘务

员怒气回应道"那您自己去倒吧",这是典型的家长型对家长型的交叉性交往。

（3）成人型对幼儿型的交叉式交往。比如旅客对乘务员说"乘务员，帮我个忙"，乘务员则爱答不理地回应道"正忙着，哪能有时间帮您啊"。这是典型成人型对幼儿型的交叉性交往。

（4）幼儿型对幼儿型的交叉式交往。比如旅客因为行李没地方放到处乱翻行李架，乘务员则说"您再翻也找不到地方放了"，这是典型的幼儿型对幼儿型的交叉式交往。

七、客我人际关系的交往原则

民航服务是一种不对等的交往，是民航乘务员为旅客提供服务，并努力使旅客感到满意的一种交往。所以，要求民航乘务员在与旅客交往过程中，应遵循以下两条原则。

（一）努力保持平行式交往

在民航服务交往中，乘务员应当时刻牢记自己的职责，不管旅客采取什么样的交往方式，有什么样的心理需求，都必须采用平行式交往方式，以成人型行为模式应对成人型旅客，以幼儿型行为模式应对家长型旅客，以家长型行为模式应对幼儿型旅客，尽量避免任何交叉式交往的行为发生，这样才容易让旅客感到满意。

（二）注意引导旅客进行成人型对成人型交往

在家长型、成人型和幼儿型三类心理状态中，如果旅客抱有家长型心理状态，采取命令式的固执行为，乘务员的应对往往非常难受。如果旅客抱有幼儿型心理状态，一切都是想当然，凭感情和兴趣用事，乘务员的应对也会因为旅客没有原则性而转向交叉式交往。因此，只有以思考为特征的成人型心理状态才能理智地处事待人，为了避免交叉式交往的出现，乘务员应当注意引导旅客进行成人型交往。

八、客我人际关系的注意事项

（一）不卑不亢，心态平和

不卑，就是不显得低贱，不亢，就是不显得高傲。就是说，在旅客面前，民航乘务员永远要保持平和的心态。作为民航乘务员必须有正确、平和的心态，既不要在为旅客服务时感觉低人一等，也不要在为旅客服务时傲慢无礼。

（二）不与旅客过分亲密

民航乘务员在进行服务时，要注意公私有别。在服务工作中，出于礼貌或者营造和谐

气氛的需要，乘务员可以和旅客进行一些简单的交谈，但这种交谈应当首先不影响正常工作，其次不能涉及政治或公司形象等敏感话题。

（三）不过分烦琐，不过分殷勤

对于旅客提出的要求，民航乘务员只要轻声表达明白即可，不必喋喋不休地重复旅客的要求，以免旅客感到厌烦。另外过分殷勤，不断询问旅客的是否还需要帮助，会打扰旅客的正常休息，这也会让旅客感到局促和紧张，同样不利于服务工作的开展。

（四）一视同仁，不区别待遇

虽然乘坐飞机的旅客身份、地位、年龄、健康状况都不尽相同，但都应当一视同仁地对待。千万不要以貌取人，以服饰取人，以贵贱分人。每一名踏上飞机的旅客，都应当得到应有的尊重和服务。千万不能对有身份、衣着华丽的人恭敬；而对身份低、衣着普通的人就傲慢。这不光是对旅客的不尊重，还是对自己人格的不尊重。

另外，不要因为熟悉某些旅客就刻意地区别待遇，务必遵循公司规定的服务原则，保持同等的服务标准。

（五）表情适度，举止得体

在服务过程中应当注意使用适度的表情。表情被视为一种信息传播交流的载体，民航乘务员在为旅客进行服务时，有必要对自己的表情自觉地进行适当调控，以便更为准确、适度地向旅客表现自己的热情友好之意。在服务过程中，应当注意运用好眼神，把握好自己的微笑，注意举止。切记对自己的举止有所克制，对于不卫生、不文明、不敬人的举止应当尽量避免，防止旅客由于此类行为产生反感情绪。

九、建立良好客我人际关系的原则

（一）平等原则

平等原则，是人际交往的基础。没有平等就没有尊重，没有尊重就无法维系正常的交往关系。民航乘务员在与旅客交往的过程中，彼此在人格上是平等的，交往的双方都是受益者，一定要平等待人，不可盛气凌人或阿谀奉承。尽管由于主客观因素的影响，人在气质、性格、能力、知识等方面存在差异，但在人格上都是平等的。每个人都需要得到别人的尊重，都需要通过交往寻找自己的社会位置，获得他人的肯定，证明自己的价值，而平等原则正是满足客我交往需求的基本原则。

（二）诚信原则

诚是真诚，信为守信。诚信，是客我交往的根本，也是人与人之间建立友谊的基础。在客我交往中，只有双方都心存诚意，才能互相理解、接纳、信任，感情上才能产生共鸣，交往关系才能得以发展。在现实生活中，人们都愿意与表里如一、言行一致、诚实正派的人交往，而不愿意与口是心非、老奸巨猾、口蜜腹剑的人交往。所以民航乘务员一旦给旅客造成虚假、不靠谱的印象，就会失去旅客的信任，无法进一步跟旅客的交往。

（三）宽容原则

宽容，是一种美德，也是对健康交往关系的一种呵护。正所谓"金无足赤，人无完人"，这就要求民航乘务员在与旅客交往的过程中，学会用辩证的观点看问题，对非原则性的问题不必斤斤计较，不过分挑剔旅客。在与旅客产生矛盾时，要有宽阔的胸襟、豁达的气量，允许旅客有不同的意见。以宽容和开阔的心理容纳旅客的缺点，并严于律己，不放纵自己，这样才能赢得旅客的尊重。

（四）赞扬原则

在客我交往中，要善于发现并鼓励赞扬旅客的优点与长处，礼貌相待，才能互相促进与提高。赞扬旅客会给旅客带来愉悦和良好的情绪，反过来旅客也会产生积极正面的评价。赞扬的作用永远都胜过批评。要建立良好的客我关系，恰当的赞美是必不可少的。如果民航乘务员能以诚挚的敬意和真诚的赞扬满足旅客对于社会认可的需求，那么任何一个旅客都会更加高兴，更加通情达理、更乐于协作。

十、构建良好客我人际关系的技巧

民航乘务员要想与旅客保持良好的客我人际关系，既要具备健全的人格，正确的认知方式和正常的情绪反应，同时也需要相应的交往技能与技巧。

（一）影响客我人际关系的因素

在民航服务中，影响民航乘务员与旅客交往的因素很多，既有主观的，也有客观的，了解这些因素，对于做好民航服务工作，处理好与旅客之间的关系是十分必要的。人际吸引是指客我交往中彼此相互欣赏、接纳的亲密倾向。它是人类的基本心理因素之一，是形成良好人际关系的重要基础。美国心理学家奥尔波特通过研究发现：人际吸引是受很多因素影响而形成的一种动力，如个体内在的涵养、礼貌，身体的高矮、外表、服饰、行为动作的协调性、地位角色等因素。归纳起来，影响人际吸引的因素主要有以下几个方面。

1.接近且接纳

人与人之间在活动空间内彼此接近，因而有助于人际关系的建立，这是一种最自然的现象。由空间上的接近而影响人际吸引的现象称为接近性。美国心理学家费斯汀格等人曾经以麻省理工学院已婚学生家属宿舍的居民为对象，研究他们之间邻里友谊与空间远近的关系。该家属宿舍区共17栋两层小楼，每栋上下两层，每层5户，共计170户。在新学年开始搬入宿舍时，彼此各不相识。过一段时间之后，研究者调查，让每户举出在宿舍区中新交的三位朋友，结果发现，他们所新交的朋友，几乎离不开四个接近性特征：是他们的近邻；是他们同楼层的人；是他们信箱靠近的人；是走同一个楼梯的人。由此看来，"接近"是友谊形成的一个重要因素。

当然，人与人空间上彼此接近未必一定彼此吸引，在接近的条件下，乘务员要想进一步与旅客建立良好的人际关系，彼此互相接纳，无疑是另一个重要的因素。所谓接纳，是指接纳旅客的态度与意见、观念与思想。只有在接近的基础之上彼此接纳，才有助于彼此之间的交往。

2.相似因素

交往双方相似之处越多，越容易建立交往关系。共同的态度、兴趣爱好，共同的语言、种族、国籍；共同的文化、信仰、宗教，共同的教育水平、年龄，共同的职业、社会阶层，都会在不同的程度上增加人们的相互吸引力。越是相似就越是吸引，越感觉亲密，尤其是认知态度相似、价值观一致的人与人之间最有吸引力。日本心理学家古畑和孝认为：人们喜欢与自己相似的人亲近的原因主要有三个：第一，在一般情况下，人们都希望自己在态度上与大多数人保持一致，从而使内心获得一种稳定的感觉；第二，交往的相似性是使我们的预期目标得以实现的关键。因为在一个与自己相似或者类似的团体中活动，阻力比较小，活动容易进行；第三，类似的东西常被作为一个统一体而感知，人们试图使自己与其他类似的人组成团体，从而增强对外界的反应能力，保证反应的正确性。因此在交往过程中，民航乘务员要善于发现自己与旅客之间的相似之处，运用相似之处增进交往关系。

3.互惠互利

根据人际交互论的说法，人与人之间的交往是以增加筹赏和减弱代价为发展方向的。这种互惠行为既有功利和经济方面的现实作用，也有精神和心理方面的超现实意义。人际交往中，每个人都难免会有筹赏和代价的比较。一般来说，功利的互惠较为现实但不能长久；而心理的互惠能满足人的基本需求，维持更长久。因此，把感恩之心准确地传达给对方，对方也将会为自己做更多的事、提供更多的帮助。作为民航乘务员，也应当在服务

过程中需要适当的互惠互利模式，惠及旅客，同时在受到旅客尊重和帮助时，向旅客表达感激之情。

4. 个人特质的吸引

一个具有与众不同的优秀特质的人，往往能吸引别人和他交往。在一个有四万人参与的调查研究中发现：人们在交友时具有优良品质是最受重视的，其顺序为自信、忠诚、热情、乐于助人、直率、幽默、愿意抽时间、独立、善于交流、聪明。显然，在民航服务人际交往中，具有热情、开朗、真诚、自信等性格特征的乘务员更容易被旅客所接受，而冷漠、封闭、虚伪、自卑的人则容易被旅客疏远。民航乘务员的性格、气质、能力等人格品质，对客我交往的建立与维持会产生持久的影响。乘务员想要赢得旅客的赞许，与旅客保持良好的交往，真诚是必须具备的品质。因此，建立良好的客我人际关系必须以真诚为基础。开朗与热情是打开良好客我人际关系大门的钥匙，民航乘务员在客我交往中，要与各种各样的旅客打交道，一个性格内向、沉默寡言的乘务员是很难与旅客建立起亲密关系的。同样地，客我交往也需要宽容的品质，能够虚怀若谷，海纳百川，接受不同旅客的不同意见。对旅客谦恭有礼，才容易受到旅客欢迎。总之，增强自己的人格魅力是进行良好客我交往的重要因素。

5. 仪表吸引

除了品质和人格外，仪表形象也是影响人际交往的一个比较重要的因素。外表有魅力的人在人际交往中更受欢迎，并且人们在理解他们的行为时往往作出更有利于行为者的正面解释。社会心理学家卡伦·戴安娜曾向成年人描述了一个 7 岁女孩的轻度或严重的不良行为，在描述中还呈现一张有魅力或无魅力的女孩的照片，要求他们对这个女孩的行为作出判断。结果发现，当不良行为是轻度时，没有察觉出女孩外表所引起的作用；而不良行为表现严重时，女孩外表的魅力决定了成年人对其行为所作的解释。人们认为，有魅力的女孩的行为应该是短暂的非典型性事件，不可能重复。这就是人的仪表形象可以引起的"晕轮效应"，尤其是初次交往更是如此。民航乘务员要想增进与旅客之间的人际吸引，应当从自己的服饰、举止、面部表情、精神状态等作出适合于自身角色、符合情境需求的行为来，产生令人愿意接近、愿意接纳的吸引力。

（二）客我人际关系中的心理效应

每一名民航乘务员都希望能在与旅客的交往过程中展示出自己最好的一面，给旅客留下良好的印象。为此，民航乘务员有必要了解客我交往过程中的各种心理效应，把握好自己的言行、态度、情绪，与旅客和谐相处。这些心理效应影响着人们的认识和评价，使人

们在交往中不自觉地受其暗示与支配。

1. 第一印象

英国有句谚语，"you never have a second chance to make a first impression"，意思是"你永远没有第二次机会给人留下第一印象"。民航乘务员在与旅客的初次交往中留下的第一印象，往往会对乘务员的整体评价与看法起到决定性的作用。第一印象一旦形成，不容易改变，更不可能在短时间内改变。这种印象一直影响着以后的交往过程，即便后来的印象与第一印象之间有差距，旅客仍然倾向于服从最初的印象。第一印象的存在提醒乘务员，若要让旅客形成对乘务员及航空公司的良好印象，那就一定要注意与旅客的初次交往过程中的表现，乘务员的仪态、姿态、神态、服装、谈吐、态度、航空公司的设施等，都会对旅客最初印象与评价的形成造成影响。

2. 晕轮效应

晕轮效应是一把双刃剑。如果民航乘务员好的品质先被旅客认知，所形成的晕轮效应会遮掩乘务员的某些失误，也使乘务员有机会对自己的失误加以弥补；如果是不良品质先被旅客认知，所形成的晕轮效应则会遮掩乘务员的优点，而放大乘务员的微小失误。

3. 否定后肯定效应

在客我交往中，有一种"否定后肯定效应"，如果人们先对某人作出否定的评价，而后来的事实证明这种评价是错误的，那么，人们会对此人作出更高的评价。产生"否定后肯定效应"的条件首先是有一件事使人们对某人作出了否定评价，后来又发生的事使人们认为应该改变对此人的评价。所以，当民航乘务员由于某种原因而出现失误，使旅客对乘务员作出较低的评价时，乘务员绝不能灰心丧气，要想方法弥补过失，挽回影响，重新赢得旅客的尊重。

4. 角色扮演

在民航服务中，旅客与乘务员之间的交往主要是一种特定社会角色的人际关系和交往。角色在心理学上的解释是一种职能，一种对每个处在这个地位上的个人所期待的符合规范的行为模式。角色有四个要点：第一，充当某种角色。即意味着在社会生活中处于某种地位。例如民航乘务员担任空中服务人员的职责，那就意味着在民航服务交往中，民航乘务员处于服务者的地位，而乘务员自己乘坐飞机，那就意味着转换到民航服务交往中旅客的地位了。第二，角色既是一种职能也是一种权力。民航乘务员有服务人员的职能，同时也具有服务人员的权力。第三，每一种角色都有其符合规范的行为模式，即人们通常所说的，领导要有领导的样子，员工要有员工的样子。这里所说的"样子"，就是角色所要求的符合规范的行为模式。第四，一旦充当了某种角色，人们就会按照该角色的标准和要求对其寄予相应的希望值。人与人应该是平等的，但这并不意味着人们扮演的不同社会角色之间的人际交往也是绝对平等的。从心理学角度来看，人与人之间的平等，是由人与人之间的相互尊重来体现的，而不是以不分地点场合的平起平坐来体现的。现实中，民航乘务员和旅客这两种不同的社会角色是不可能平等的。值得注意的是，扮演这两种角色的人没有高低贵贱之分，仅仅只是社会角色的不平等。

（三）构建良好客我人际关系的技巧

1. 塑造良好的自身形象

良好的自身形象和大方的仪表是客我交往的基础。在民航服务的客我交往中，人们比以往更注重服务人员的外表和风度。可以说，服务人员的形象如何，将直接影响与旅客的关系质量。与旅客交往的时候应注意下述几点。

（1）以诚为本，坦诚相待。

（2）妆容大方，符合自己的身份和气质。

（3）举止得体，谈吐文雅，不言过其实，不言不由衷，不吞吞吐吐。

（4）态度谦和、热情大方。切忌傲慢自大、蛮横无理、目中无人。

（5）当旅客需要帮助时，乐于助人，给予全力帮助。

（6）文明礼貌，谦虚谨慎，实事求是。

2. 学会赞美

与旅客交流要学会使用赞美型的言语。赞美的实质是对他人的赏识、激励。一个笑容可掬、善于发掘他人优点并给予赞美的人，肯定会受人尊敬和喜爱。在生活中，每个人都希望得到尊重，他人的赞美正是对这种需要的满足。恰到好处的赞美能协调人际关系，给旅客带来美好的心情。但是赞美不能乱用，赞美是一种诚恳的、自然的情感流露，要真实诚挚，不可虚情假意，不符合事实的赞扬会让人心生反感。因人、因时、因场合、适当地赞美，不管是直率、朴实，还是含蓄、高雅，都会收到很好的效果。

3. 学会倾听

倾听，是尊重旅客的表现，是交谈成功的要诀。善于倾听的人也会善于沟通。民航乘务员要养成良好的倾听习惯，这有助于做好客舱服务工作。

倾听的要领是：首先，要发自内心听取旅客讲话，态度谦虚，目光注视旅客；其次，要善于通过肢体语言给予必要的反馈，做一个积极的倾听者；最后，不要随意打断旅客的讲话，更不要中间插话。在旅客讲话时，可以适当提出一些问题，向旅客传递一个信息，

表达自己正在仔细听他说话的意愿。同时，倾听时要能听出旅客的言外之意，一个聪明的倾听者，不仅能满足于表层的倾听，还应当从说话者的言语中听出话外的含义，从而把握说话者的真实意图。

4.学会尊重

尊重，包括自尊和尊重他人。自尊是在不同场合对自己的自重自爱，维护自己的人格尊严。尊重他人，则是尊重他人的人格、习惯和价值。考虑到客我交往的平等性，在客我交往中，要首先尊重旅客，才能获得旅客的尊重。尊重他人可以体现在许多方面。

5.真诚待客

在客舱服务中，乘务员对待旅客应当真诚，不要过于世故。"诚"是客我交往的根本，交往能做到真诚，必然能够赢得真诚的回报，世故圆滑是无法让旅客对乘务员以诚相待的。

6.热情有度

所谓热情有度，主要是指民航乘务员在为旅客热情服务时，务必把握好热情的具体分寸。热情总比冷漠好，主动服务总比被动服务好，然而，过于热情的服务反而会让旅客觉得拘谨，进而抵触这种服务。积极主动的同时，切忌干扰旅客的正常休息。

思考题

1.什么是情绪？

2.什么是情商？

3.什么是民航乘务员的责任情商？

4.简述情绪管理的方法。

5.戈尔曼情商混合模型的主要内容是什么？

6.民航乘务员如何管理情绪？

7.民航乘务员如何应对压力？

8.请简要回答民航乘务员如何培养良好的责任情商。

9.什么是客我人际关系？

10.客我人际关系的心理状态有哪些？

11.客我人际关系交往原则是什么？

12.如何维持良好的客我人际关系？

13.请说出你对"晕轮效应"的理解。

14.请说出你对"否定后肯定效应"的理解。

第六章
民航乘务员职业素质与意识

　　社会的进步，时代的发展，社会分工的不断整合与分化，职业在人们社会生活中的地位逐渐变得更加重要。职业综合地反映人们的生活方式、经济状况、文化水平和思想情操。职业素质与意识对一个人的职业发展起着调节作用，决定一个人的职场生涯能否一帆风顺。职业意识是职业活动的基础，也是职业素质的根源。

　　民航乘务员的职业素质是航空公司的重点工作项目，直接体现出航空公司的整体服务质量水平。人们对空姐的印象是端庄美丽和优雅大方，但乘务员的工作不仅仅是端茶倒水和点头问好，还要将外在美与良好的职业素质相结合，树立良好的职业素质与意识。只有了解职业素质与意识的含义，培养良好的职业素质，才能在工作中创造卓越的成绩，成为一名合格的乘务员，铸造绚丽的职业人生。

职业素质与意识

第一节　职业素质概述

一、职业概述

提到职业素质，首先要从"职业"一词说起。职业是人类社会最重要的活动，每个社会成员都要依赖职业而生存。在现代社会里，无论是走完职业生涯的老年人还是未踏入职场的青少年，都与各种各样的职业活动产品和服务息息相关。就个体成员而言，能够承担职业岗位的工作是生存和发展的前提；就整体社会来讲，让合适的成员在合适的岗位上发挥作用是社会发展的必然。

（一）职业的含义

《国语·鲁语下》中记载："昔武王克商，通道于九夷百蛮，使各以其方贿来贡，而无忘职业。"《荀子·富国》中也提到："事业所恶也，功利所好也，职业无分，如是则人有树事之患，而有争功之祸矣。"

可见，"职业"一词自古有之。既指谋生计，又指分内之事。

现代社会对"职业"的理解，因研究角度不同，得出的结论各有千秋。

从社会学角度分析，职业是社会分工的产物，作为整体社会与个体成员之间连接的节点，形成人类社会生活的基本结构，社会通过个体成员的职业活动得以发展，个体成员通过职业活动对整体社会的发展作出贡献，这种模式促进了职业结构的发展和职业意识形态的形成。

从经济学角度分析，职业是劳动者为了获取经常性收入而从事的连续性社会活动。也就是说，人们从事某项社会性的连续稳定劳动，必须能够获得报酬，若没有经济收入，即使是稳定的劳动，也不属于职业性工作。

还有一些学者从词义的角度分析，认为职业是职责和业务，其中"职"代表职责、职位，"业"代表行业、事业。

综合来讲，职业是个体成员为了生存和发展而从事的具有经济报酬的相对稳定的特定社会活动。这种社会活动反映了个体成员的道德素质、思想情操、文化程度、经济状况和生活行为，也是个体成员权利和义务的展现。换言之，职业给个体成员提供了一个展现个人价值的劳动平台，并使个体成员取得一定的经济报酬，能够满足个人的精神追求和物质需求。

职业具有三个方面的含义：第一，职业是人们谋生的手段和方式。第二，通过职业劳动使自己的体力、智力和技能水平不断得到发展和完善。第三，通过自己的职业劳动，履行对社会和他人的责任。承担特定社会责任是职业的本质。

（二）职业特征

1. 社会性

职业的社会分工是每个劳动者与其他社会成员之间相互关联与服务的关系，也是劳动者与职业活动之间的关系，他们之间的劳动交换反映不同职业之间的社会依赖性。

2. 专业技术性

专业技术指从事不同的社会劳动，需要具备不同知识、能力和技能技巧。社会的发展与科技的进步，要求劳动者的专业性越来越强，这需要长期的学习和训练。在一个人的职业生涯中，可能会改变工作单位或者工作岗位，但是要改变一个人的职业却不那么容易。

3. 规范性

不同的职业活动既要遵守不同行业的道德行为规范准则，又要符合社会伦理和国家法律法规，同时还要遵守职业内部的规范要求。

4. 稳定性

职业活动的形成和发展均在特定的历史背景下形成，具有稳定的社会经济结构和生产力发展水平，所以具有较长的生命期限。

5. 目的性

与其他社会活动不同，职业具有明显的功利目的，劳动者是以谋取报酬为目的。

6. 时代性

社会时期不同，生产力和社会行业不同，职业也会随之改变。随着社会发展和时代进步，社会中的职业也会推陈出新，新的职业产生也会给原有职业注入新的活力，连带着整个产业都会结构重组，彻底改头换面，给职业打上时代的烙印。

（三）职业分类

在选择职业的过程中，除了对自身进行理性客观的了解，还要对职业做充分的了解。职业的分类是按照一定的规则、采用特定的标准和方法，通过对从业人员从事的各类社会职业进行全面系统的分析和研究，进而划分和归类，是国家进行产业结构、产业组织及产业政策研究的前提。

《中华人民共和国职业分类大典》把我国职业划分为由大到小、由粗到细的四个层次，即大类（8个）、中类（75个）、小类（434个）、细类（1481个），细类为最小类别，亦即职业。

根据不同的国民经济部门的劳动性质、作用和内容的不同，进行产业分工：第一产业——农业。主要是种植业、林业、畜牧业、渔业等；第二产业——工业、建筑业。主要是

冶金、煤炭、石油、机械、电子、纺织、化工、食品等；第三产业——广义的社会服务业。主要是金融、保险、物流、通信、公共事业、居民服务、旅游、咨询服务、教育、文化、广播电视、卫生、体育、社会福利、国家机关、社会团体、军队、警察等。

根据脑力和体力的劳动性质与层次，可把工作人员分为白领和蓝领两大类。其中白领主要是从事脑力工作的劳动者，如技术性行业；蓝领主要是从事体力工作的劳动者，如手工业、服务性行业等。

【扩展小知识】

中国古时的职业种类和等级

《春秋·谷梁传》记载："古者立国家，百官具，农工皆有职以事上。古者，有四民，有士民，有商民，有农民，有工民。"

齐国的管仲不仅提出按职业划分士农工商四大社会集团，还提出按职业集中聚居在固定地区的主张，即著名的"四民分业定居论"，明确了各自的职责和行为规范。这种分类方式对中国的社会发展影响非常深远。

中国古代职业种类及等级划分如下述所。

▲ 上九流：一流佛祖（释迦牟尼）、二流仙（元始天尊、太上老君、八仙等）三流皇帝（真龙天子、封建帝王）、四流官（大小官吏）、五流烧锅（酒厂，封建时代曾是最大厂家）、六流当（当铺）、七商（商贾）、八客（庄园主）、九庄田（农夫）。

▲ 中九流：一流举子（举人）、二流医（医生、郎中、大夫、药房先生）、三流风水（风水先生、阴阳先生）、四流批（批八字、算命先生）、五流丹青（书画）、六流相（相士、看相的）、七僧（和尚）、八道（道士）、九琴棋（古琴和围棋，标志文人）。

▲ 下九流：一流巫（画符念咒招神驱鬼的巫师）、二流娼（明娼暗娼歌妓）、三流大神（以跳唱形式治病的神仙附体的神巫）、四流梆（更夫）、五剃头（挑担走四方的理发师）、六吹手（吹鼓手、喇叭匠）、七戏子（各类演员）、八叫街（乞丐）、九卖糖（吹糖人）。

二、职业素质的含义

何为素质？素质原本是生理学上的概念，是以人的生理和心理发展为基础的，包括先天素质和后天素质。从狭义的角度来说，主要是指个体的神经系统、感觉器官、运动器官和身体其他方面的机能特点，也称为遗传素质，对人的心理形成与发展有着重大的制约和影响。扩展到广义角度，是一个人受到后天的社会环境影响与教育培训，通过自身的认知与社会磨炼而形成的内在稳定的基本品质，是人在社会生活中思想与行为的具体体现。通常人们提到的素质，指的就是广义的后天素质，也就是指人在先天禀赋的基础上，通过环境和教育的影响而形成和发展起来的相对稳定的内在品质结构，包括能力、思想、性格、体格、气质等特质，如图 6-1 所示。

素质分类	构成
心理素质	人格、观念、自我意识
品德素质	政治品质、思想品质、道德品质
能力素质	智力、技能、才能
文化素质	知识素质、经验素质、自学能力
身体素质	体质、体力、精力

图 6-1 素质的构成

职业素质，概括地讲是一个人在职业生涯中需要具备的特定素质。确切地说是一个人在一定的生理和心理条件基础上，通过教育培训、职业实践、自我修炼等途径形成和发展起来的，在职业活动中起决定性作用的、内在的、相对稳定的基本品质。职业生涯是人生的重要组成部分，而人生的意义和价值又在职业中得到展现，所以职业素质是素质的核心元素，囊括了素质的各个类型。一个人职业素质的高低决定其成就的大小。

职业素质是一个人对职业了解与适应能力的一种综合体现，是衡量一个人是否具备完成某项工作的基本条件。主要表现为职业兴趣、职业能力、职业个性、职业情况等方面。影响和制约职业素质的因素很多，主要包括受教育程度、实践经验、社会环境、工作经历以及自身的一些基本情况（如身体状况等）。

三、职业素质的构成

（1）思想政治素质，即政治信仰、政治立场、价值观念、思想觉悟等，是职业素质的灵魂，体现一个人理想信念的水平，对其他素质有统帅和方向性的作用。

（2）道德素质，即道德品质、道德行为、职业兴趣、责任感等，是职业素质的保证，体现了一个人的精神状态。

（3）文化素质，即科学知识、文化修养、学习观念等，是职业素质的基础，体现了一个人文化知识结构的掌握程度。

（4）专业素质，即专业知识、专业技能、组织管理能力等，是职业素质的核心，体现一个人从事某项职业时所具备的能力和水平。

（5）身体素质，即体格、精力、健康状况等，是职业素质的本钱，健康的体魄是成就事业的基础，是幸福生活的依托。

（6）心理素质，即情感、意志、性格、感知、情操等，是职业素质的关键，健全的心理有助于个人的全面发展。

（7）能力素质，即学习能力、创新能力、社交能力、适应能力、表达能力等。

（8）人格素质，即审美观、气质风度、仪容仪表等。

四、职业素质的特征

（一）职业性

职业不同，职业素质的要求不同。不仅是专业素质的要求，还体现在职业道德素质等方面。比如服务人员的素质要求与人民教师的不同；医生的素质要求与工程师的不同。

（二）稳定性

一个人的职业素质是在长期的职业生涯中形成和积累起来的，它一旦形成，便有相对的稳定性，是完成工作的基本保证。随着继续教育和环境的变化，这种素质还可以持续提高。比如，作为一名民航乘务员，经过三五年客舱服务工作的积淀，会逐渐形成怎样与旅客沟通、怎样解决问题、怎样与组员合作、怎样保持良好的形象等一系列职业素质，并保持相对的稳定。

（三）内在性

一个人在长期的职业生涯中，通过教育培训与实践磨炼，形成了"做什么"和"怎么做"的内在特质组合。这种内化、沉积和升华的心理品质，就是职业素质的内在性。人们常说："把这件事交给××去做，有把握，放心。"之所以放心有把握，就是因为他的内在素质好。

（四）整体性

当今社会的岗位职责是复杂的，对从业者的要求已呈现多元化的趋势，能否胜任某个岗位不仅仅凭专业技能，还要考量思想政治素质、科学文化素质、身体心理素质等。一个人思想道德素质好，但专业技能素质差，就不能说这个人整体素质好；相反，一个人专业技能素质不错，但思想道德素质比较差，同样也不能说这个人整体素质好。所以，职业素质的一个很重要特征就是整体素质优异。

（五）发展性

随着科技进步和社会发展，人们不断地对岗位职责提出新的要求，为了更好地适应和满足发展的需要，从业者要不断地提高自己的职业素质。

五、职业素质的意义

（一）提高劳动生产率，推动社会发展与科技进步

当今社会发展一日千里，科技创新与人才发展竞争激烈，无论是高精尖的专家还是普通的劳动者，想要在竞争中取得优势必须拥有良好的职业素质。若没有一支高职业素质的劳动大军，先进的科学技术则不能成为现实的社会生产力；若没有高职业素质的技术专家，社会发展则会停滞不前。只有两者配合才能提高劳动生产率，推动社会发展与科技进步，全方位增强我国的综合国力。

（二）促进个人全面发展

职业素质是立足职场的根本，是事业成功的基石，是事业发展的内在支撑。

（1）决定个人职业生涯的成长。职场竞争激烈，要想在职场中生存发展，只有具备良好的职业素质，才能交出完美的职场答卷。

【案例6-1　名记者成长记】

一位名叫泰勒的大学毕业生，进入《纽约时报》社做一名记者，开始了他的职业生涯。有一天，主编派他去采访一位著名女演员的演出，当泰勒赶到剧场后，发现演出已经取消，便一无所获地回家睡觉了。

半夜里，泰勒被电话吵醒，主编气愤地质问泰勒为什么采访毫无所得，而其他报纸都会在第二天清晨报道那位女演员自杀身亡的消息。主编吼道："这样著名的演员，演出突然取消，其新闻价值比演出报道要大得多。"年轻的泰勒追悔莫及，他意识到作为一名记者，反应敏捷是不可缺少的职业素质。

此后，泰勒时时刻刻提醒自己作为一名记者的职业身份，不断提高自己的职业素质，捕捉新闻热点，撰写独特视角的新闻分析，几年后，泰勒成为《纽约时报》的名记者。

（2）决定个人职业岗位的获得。孟子曰："天将降大任于斯人也，必先苦其心志，劳其筋骨，饿其体肤，空乏其身，行拂乱其所为，所以动心忍性，增益其所不能。"一个人在职场中的成就，是心理素质的磨炼，意志与毅力的坚持。

【案例6-2　"每桶4美元"先生】

阿基勃特曾是美国标准石油公司的一名小职员，为人诚恳，工作努力。但他留给人们最深的印象却是他奇怪的举止。

每次阿基勃特出差住宿时，他总在自己的签名下方认真地写上"标准石油每桶4美元"

的字样，在往来书信和各种收据上，只要是他的签名，他也一定写上这句话。

久而久之，人们不再叫他的名字阿基勃特，而是称他为"每桶4美元"先生。对此，阿基勃特毫不在意，依旧签名如故。

公司董事长洛克菲勒听说了这个趣事之后，非常惊讶地说："本公司竟有这样的职员，无时无刻不在宣传公司的产品。我一定要见见他。"

后来，洛克菲勒卸任，阿基勃特成为标准石油公司的另一任董事长。

（3）决定个人成功的主要因素。获得成功的因素多种多样，但哈佛大学的研究表明，积极、努力、乐观、自信、爱心、责任心等因素是决定成功的主导。一个人无论从事何种工作，对待职业的态度和职业素质决定了他在职业上的成就。

【案例 6-3　一切工作都是光荣的】

20世纪50年代，一位叫柯林的年轻人，每天都会很早就到卡车司机联合会大楼找零工做。一天，百事可乐工厂需要工人去擦洗工厂车间的地板，其他人没有应征，但柯林去了。因为他心里清楚，无论做什么，总会有人注意到。所以他决定要做最好的擦地工人。

有一次，有人打碎了50箱汽水，弄得车间地板都是黏糊糊的泡沫，柯林虽然很生气，但还是耐着性子擦干净地板。第二年，他被调往装瓶部；第三年，他被升为副工头。

在这些工作经历中，柯林懂得了一个重要的道理：一切工作都是光荣的。他在回忆录中写道：永远尽自己最大的努力，因为总有眼睛在注视着你。

多年后，全世界的目光都凝聚在他的身上，他就是美国前国务卿——柯林·卢瑟·鲍威尔 (Colin Luther Powell)。

第二节　职业意识概述

一、职业意识解析

（一）职业意识的含义

人的意识是人脑对客观世界的能动反映，是一个复杂的结构系统。包括对世界的认识、对客观事物的感受和评价、对追求理想时表现出的毅力、信心和自我克制的精神状态。

通常，意识可分为显意识和潜意识。显意识是人们自觉认识到并有一定目的地控制自己的意识和心理活动的过程，具有自觉性、普遍性和常规性的特点；潜意识是主体不能控制并参与思维活动的意识。两种意识都是人脑的机能和属性，可以相互影响、相互作用，并在一定条件下相互转化。意识是主观形式与客观内容的统一，既依赖于物质，又需要主观能动性。不仅能够反映客观世界，还能够实践改造客观世界。意识是人的精神生活的重

要特征，人的工作和生活都是在意识的支配下进行的。

什么是职业意识？研究学者认为职业意识是在职业活动中基于对职业活动的本质、规律、形式、意义的了解而形成的对职业劳动的认识、评价、情感、态度等心理成分的综合反映，是支配和调控全部职业行为和职业活动的调节器，包括职业道德、职业操守、职业行为等职业要素，以职业知识为基础、职业价值为核心，对职业道路、职业目标、职业信念的思考。培养良好的职业意识，可以形成健全的职业人格。

（二）职业意识的形成过程

人在职业活动过程中表现出一种职业角色行为。职业意识是把外在的职业角色行为转化成内在的职业意识和内在的职业意识外显为职业角色行为的过程。

这个过程包含三个层次：对职业角色的名义归属、对职业角色的事实归属和对职业角色的价值归属。三个层次由低向高逐渐转变。对职业角色的名义归属仅仅是一个人对职业角色的名分接受，对职业角色的内涵没有认识，甚至有可能是错误认识。其角色行为仅为被动地接受工作任务，毫无主动性和创造性可言，这是职业意识的最低层次。对职业角色的事实归属，是人对职业角色内在含义的接受。能够正确地行使职业角色行为的权利并履行义务。对职业角色的价值归属是人对职业角色价值的正确认知，能够了解职业角色存在的意义，并将个人与职业角色融合，这是职业意识的最高层次。

（三）职业意识的影响因素

职业意识随着人在职场中的成长而逐渐形成并成熟。这其中受到多方面因素的影响，包括心理与生理、文化程度、社会环境和家庭环境等因素。

1. 心理与生理因素

人的思想修养、心理状态、兴趣爱好以及脾气秉性都在职业意识中起着导向作用，不同的人，体现出不同的职业意识。

2. 文化程度因素

文化对人的社会生活影响很大。受教育程度的高低会直接导致受教育者思维方式和意识形态的养成，良好的教育能提高个人才能、形成健全人格，使人获得全面的发展。

3. 社会环境因素

社会是一个复杂的多元化环境，经济、政治、文化、习俗以及百家思想等交织在一起，对各行各业的岗位评价起着影响作用。职业地位、劳动报酬、职业与个人的匹配度等间接地影响着人的职业意识。

4. 家庭环境因素

一个人从出生就开始受到家庭环境的影响和熏陶，可以说原生家庭对一个人的成长至关重要。家庭成员对职业的看法会潜移默化地影响着一个人的价值观和行为模式，从而影响一个人的职业意识。

（四）职业意识的特征

1. 职业意识的作用具有社会意志性

在现代社会里，人们既把职业作为谋生的手段，也把职业看作是获得社会地位与声望，实现自我价值的重要途径。人们在职场中要遵循一定的职场守则，这些规章制度带有一定的强制性，不可以违反。人们的从业过程就是一个人职业化的过程，这个过程促使人们对职业的认识形成职业意志，从而主导人的职业行为。职业活动的各种规定，决定了职业意识具有社会意志性的特征。

2. 职业意识的发展具有趋同性

职业意识受到个体成员欲望对职业的期待和职业对个体成员的满足两个方面因素的影响。这两个方面都是多元化的，使个体成员的职业意识具有多样性特征。但随着职业活动的深入，人的类本质性与群体职业意识的作用对个体职业意识的影响范围越来越大、程度越来越深，使多元化的个体职业意识形成并呈现出统一于群体职业意识的趋势。

3. 职业意识的内容具有时代性

职业意识的形成基础是生产方式，职业意识的内容反映着生产方式，而人与职业技能之间的关系，体现为职业意识与生产力的关系。在古代，一切都是手工制作，人与技术融合在一起，职业意识体现为对身体机能的重视。随着工业革命的发展，机器的使用开始普及，人的技术与机器开始分离，职业意识体现为对机器的依赖。现代社会高科技成为主导思想，人与高科技技术通过智能方式结合，职业意识体现为对知识的追求。所以，生产力水平的发展与时代性决定了职业技能意识的时代性。

同时，职业意识的时代性还体现在人与人、人与社会的关系方面。在原始社会，职业意识是在以劳动对象为依据的自然分工基础上的平等交换关系；在私有制社会，职业意识是在以生产资料私有化为依据的社会分工基础上的等级关系和依附关系；在社会主义社会，职业意识是在以共同劳动为依据的科学分工基础上的平等和谐关系。因此，生产关系的性质决定了职业意识的时代性。

此外，社会意识对职业意识的影响具有主导作用。对于有些个体成员的职业意识受到

落后的社会意识或超前的社会意识的影响，表现为行业的败类或行业的先进代表。但对于群体职业意识和大多数个体成员职业意识而言，还是体现着时代性。

4. 职业意识的价值具有功利性

职业是社会分工的产物。从生产的角度而言，分工的实质是提高效率；从社会的角度而言，分工的实质是利益分配。所以，效率与利益成为职业意识的价值取向。但事物都有双面性，在提高主体的职业能力和社会地位的同时又会造成自然环境的破坏和社会的不公平。因此，职业意识的价值具有功利性。人们应该在科学发展观指导下正确引导职业意识的功利性，处理好效率与公平的关系。

（五）职业意识的意义

1. 提升职业素质

职业素质的高低能体现一个人职业成就的大小，良好的职业意识能够极大地推动职业发展，促使职业素质提高。也有利于社会的发展和时代的进步。

2. 导航职业生涯

人的一生中，职业生涯是最漫长也是最辉煌的，能展现一个人的自我价值和社会价值。职业的发展也是人生发展的重要组成部分，是人在成长过程中不断修正自己的过程。影响职业发展的因素很多，职业意识在其中有导向和调节功能，对人的影响很大。正确的职业认知态度、积极的职业行为、坚韧的职业意志、饱满的职业情感，都会让职业生涯百尺竿头，更进一步。

3. 实现人生价值

爱因斯坦说："人只有献身于社会，才能找出那实际上是短暂而有风险的生命的意义，人生的价值，应当看他贡献什么，而不应当看他取得什么。"人生价值的体现就是对自我需要和社会需要的满足程度。评价人生价值的关键是如何处理社会价值与个人价值之间的关系。职业是实现人生价值的大舞台，怎样才能收获鲜花与掌声，与人的能力、兴趣、志向等密不可分，良好的职业态度，能够创造无限的热情和活力，铸就闪亮的人生。

二、职业意识要素

广义范围的职业意识核心要素是爱岗敬业意识。除此之外，还包括规范意识、团队意识、责任意识、质量意识、诚信意识、服务意识和创新意识。

（一）敬业意识

敬业是最卓越的工作态度。"敬"就是尊重，敬仰，谨慎，不怠慢，自始至终都谨慎不懈；"业"是指职业、学业、工作等。所谓"敬业"，就是以一种恭敬的态度专心致力于自己的职业和学业，做到心无旁骛、严肃认真、精益求精、尽职尽责。敬畏所从事的职业是敬业的心理基础。有了敬畏之心，才能强化职业责任，端正职业态度，不断提高自己的业务水平；人一旦没有敬畏之心，往往就会肆无忌惮、为所欲为，甚至无法无天。

（二）规范意识

规范意识，是自觉自发的、以职业活动的规则制度为行动准绳的意识，自觉地履行岗位职责，规范自身行为。现代社会的职业分工越来越细致，职业要求越来越明确，如果没有严格的约束力，很难协调社会生产的运行，以至于影响整体工作的进展。所以，规范意识是职场必备的职业素质，也是一种重要的职业意识。

（三）团队意识

团队意识是整体配合意识，团队组员之间为了统一的团队目标自觉地担负责任并愿意为此共同奉献。团队意识是具有集体意识和协调合作能力的一种综合表现，包含集体意识和合作能力两个方面的内容。

【案例6-4　小故事大道理】

如图6-2所示，描绘了和尚挑水的故事：一个和尚挑水喝，两个和尚抬水喝，三个和尚没水喝。如图6-3所示，描绘了蚂蚁搬豆的故事：一只蚂蚁搬豆豆，搬来搬去搬不起；两只蚂蚁搬豆豆，身体晃来又晃去；大家一起搬豆豆，轻轻抬着进洞里。两个浅显的例子，都说明了团队意识的重要性。三个和尚之所以没水喝，是因为互相推诿、不讲协作；蚂蚁们之所以能轻轻抬着豆子进洞里，正是团结意识下的协作结果。团队意识能把个人的愿望和团队的目标结合起来，超越个体的局限，发挥集体的协作作用，产生 1+1>2 的效果。

图6-2　和尚挑水

图 6-3　蚂蚁搬豆

（四）责任意识

责任是使命的召唤、是能力的体现、是制度的执行。只有能够承担责任、善于承担责任、勇于承担责任的人才是可以信赖的人。顾炎武的"天下兴亡，匹夫有责"是一种责任；孟母的"择邻而居"是一种责任；晋代王祥"卧冰求鱼"是一种责任。责任既是一种自觉意识又是一种传统美德。责任意识是指自觉地履行岗位职责，按照岗位要求认真完成各项任务的一种意识，涉及的内容非常广泛，并且与其他职业意识紧密联系在一起。

首先，责任意识是成就事业的基础保障，也是其造福社会的基本前提。一个人想要立足社会、创造辉煌人生、成就一番伟大事业必须具有坚定的责任心。没有责任心，再安全的岗位也会出现险情；没有责任心，很小的问题也可能酿成大祸；没有责任心，蝇头小利也会滋生贪婪腐败；没有责任心，小小诱惑也会变成大大的邪恶。

【案例 6-5　刷马桶的邮政大臣】

在东京有这么一个女孩，大学毕业后进入东京帝国饭店工作，这是她初涉职场的第一份工作。但万万没有想到的是，上司安排给她的工作是——洗厕所！上司对工作质量的要求特别高，马桶必须清洁得光洁如新。怎么办？是接受这个工作？还是另谋职业？洗厕所的工作着实让她觉得很难接受，心理作用使她几乎作呕，她原本想立即辞掉这份工作，但是她又不甘心自己刚刚走上社会第一份工作就败下阵来。一位前辈看到她犹豫的态度，不声不响地为她做了示范：拿起清洁工具一遍又一遍地清洁马桶，当把马桶洗得光洁如新时，从马桶中舀了一碗水，连眉头都没有皱一下便喝了下去！整个过程那么自然，没有一点不适。前辈对工作的态度，使她明白了什么是工作，什么是责任心。从此她迈出了职业生涯的第一步，并踏上成功之路。多年之后，她成为日本的内阁邮政大臣，是当时日本最年轻的阁员，她就是野田圣子。

感悟：在工作中追求完美，也是一种重要的工作责任意识。

其次，责任还是一种承诺。勇于作出这样的承诺，才是真正走向成熟的表现，能够为自己的生活、工作、思想和目标负责的人才会让人信赖。很多时候，年轻人选择的第一份工作不是由自己的意志决定的，但怎样看待第一份工作，赢在人生奋斗的起跑线上，却要靠个人的努力。即便你真的不喜欢这份工作，既然已经选择了它，就要学会负起责任。当你尽最大的努力做好这份工作的时候，收获到的赏识、认可和报酬，会让你发现这份工作也许没有你想象中的那么差。你会发现自己的责任心在帮助自己开启新的命运，一条走向成功的路。

（五）质量意识

质量意识就是以质量为核心，自觉地保证工作质量的一种职业意识。质量含有两层含义：既指优质地完成工作任务，又指在数量上有保障。只有质的保证和量的飞跃，才能使个人和公司在社会中更有竞争力。

质量意识与规范意识和责任意识既不相同，又相辅相成，具有规范意识和责任意识是拥有质量意识的保证。同仁堂、六必居、海尔集团，因为规范了制作过程，坚持对用户和顾客负责，才有了长久的质量保证，成为中国市场的著名品牌。同时，质量意识是个人追求与企业需求的结晶。企业竞争力源自员工的素质，贯穿企业质量意识的是人的素质的提高过程。质量意识包含负责的生活态度、工作态度，以及知识水平、业务水平。我们要不断强化个人质量意识，提高自我综合素质，做好自己的本职工作，为明天的辉煌而奋斗。此外，质量意识要从小事做起。沃尔玛提出的口号是："做生意当然要实现利润最大化，而最大化的目标要从最小的具体行动开始"，事物的发展总是会由量变到质变，从小事物中方能体现一个人的质量意识。

（六）诚信意识

诚信是中华民族的传统美德，是中华民族共同的心理归宿。社会主义核心价值观的培育和践行离不开诚信这一道德基石，只有在社会中普遍培育诚信意识，社会主义核心价值观才能内化为人们的自觉追求并转化为实际行动。

首先，诚信是安身立命之根本，具有本体论和道德论的意义。孟子说："诚者，天之道也；思诚者，人之道也"，指明了诚信既是自然万物的本质和规律，又是个人安身立命的根本和为人处世的基本道德原则。孔子说："人而无信，不知其可也"，同样道理，一个人只有以诚信为本，才能立身于社会，才会事业有成。

其次，诚信是社会存续发展的基础。诚信是一种社会道德资源，在社会生活中扮演着极其重要的角色。对于一个社会而言，诚信是健康良性的社会运行必须具备的基础性原则，

是社会存续发展的基础生活秩序。可以说，人类社会得以存在和延续的一个重要基石就是诚信；一旦诚信缺失，社会便会道德沦丧，市场混乱，人心惶惶。

最后，诚信是为政治国的基本原则。"诚信"概念一开始就是在行政语境下使用的。孔子提出"为政以德"的主张，把诚信道德上升为治国的基本方略。为政者如果损信于民则国必乱，失信于民则国必危。因此，为政者要想长治久安，必须率先垂范，为政以德，讲求诚信，取信于民。

在职场中，诚信意识是基本的职业准入要求，也是重要的人品表现形式。《人民日报》的一篇报道指出，面对当今竞争激烈的求职市场，大学生在向用人单位递交简历时，存在不诚信的行为。某用人单位透露，在一次招聘中收到的 84 份大学生自荐表中，有 5 人同时为同一学校的学生会主席，6 人同时为同校同班的"品学兼优"班长。记者走访调查发现，在高校周边的复印店里，有人把别人的英语等级证书、计算机等级考试证书、奖学金证书、优秀学生干部奖状以及发表过的文章，改头换面，变成了自己的"辉煌经历"，堂而皇之地交给用人单位。这也造成了许多用人单位不得不索要材料看原件的尴尬。

无论从事什么职业，诚信意识是做人的底线，缺少了诚信，纵使偷奸耍滑取得了一定的成绩，职业道路也必将越走越窄，只有诚实守信，正直坦荡，才能在职场的康庄大道上一帆风顺。

（七）服务意识

服务意识是敬业精神的延伸，是指在工作中为他人提供热情、周到、主动服务的欲望和意识，是自觉主动做好服务工作的一种观念和愿望，它发自服务人员的内心。一位美国企业家说："经营企业最经济的方式就是为顾客提供优质的服务，而顾客的推荐会给企业带来更多的顾客，在这一点上企业根本不用花一分钱。"

经济学家指出，21 世纪是服务的世纪，我们生活在"服务经济"时代，每个人都在享受他人的服务，并且为他人服务。每一位社会成员都必须树立自己的服务意识。重视服务、自觉地改善服务品质，以得到管理者和社会的更多青睐。

服务意识的培养，首先要热爱自己的工作。那些精力充沛、积极热情的员工，总是乐于服务他人，具有乐观的工作态度。其次要注意服务的技巧。以尊重为基础，温良谦恭、彬彬有礼、真诚质朴。最后要掌握娴熟的业务技能，严格按照工作程序完成任务。

【案例 6-6　希尔顿的服务意识】

在一个礼拜天的黄昏时分，希尔顿酒店的大堂迎来了一对老年夫妇，老先生手中还拎了一只皮箱。老先生问："有没有房间啊？"柜台服务员答复："啊呀，真抱歉，没有房间，

今天是周末，如果您早点预订就好了。不过，附近还有些不错的酒店，要不要我都您问问有没有房间？"老先生说："那好。"柜台服务员先是掏出一张卡片，签了个字，说："给您。这个是免费的咖啡券，到大堂吧坐一下，免费两杯咖啡，我现在都您查附近的酒店。"

那对老年夫妇就在大堂吧喝咖啡的时候，旁边的客人就问他："先生，刚才你们讲的话我都听到了，您为什么不事先预订房间呢？希尔顿是有名的酒店，很快就没有房间了，今天又周末。"老先生说："我儿子昨天打电话给我，叫我马上过来，所以没有来得及订房间。"就在这时，柜台服务员来了："好消息，后面那条街的喜来登还有一个房间，等级跟我们的酒店是一样的，并且便宜20美元，请问您需要吗？"老先生坐在那里说："好的。要！""行，那您先慢慢喝！我去都您确认。"一小会儿，服务员又来了："喜来登酒店接您的车快到了，不过您可以慢慢喝，我会叫他们等您。"结果那对老年夫妇马上一口喝完了，站起来拎着箱子跟着服务生出去了。喜来登的车子到了，老太太先上了车，行李也送到了车子上。"下次来，我一定要住希尔顿。"老先生讲完话，满意地离开了酒店。

（八）创新意识

创新意识是人们根据社会和个体生活发展的需要，产生创造新事物或者新观念的动机，并在创造活动中表现出的意向、愿望和设想。它是人类意识活动中一种积极的、富有成果性的表现形式；是人们进行创造活动的出发点和内在动力；是创造性思维和创造力的前提。创新意识是以深厚的文化底蕴、广泛的专业知识、独特的个性思想、崇高的精神境界为基础，具有新颖性、社会历史性和个体差异性的特征。创新意识能巩固和丰富人的综合素质，是素质构成中的核心成分。一项社会问卷调查显示，多数企业经营者把创新视为企业家精神的核心，并且学历越高的人越重视创新。

对于参与职业活动的个体成员而言，创新意识是一项工作职责，只有履行职责才能督促自己时刻不忘开拓创新。提高创新意识需要不断学习和更新自己的专业技术技能，知识是创新的基础，没有先进的知识做基础，创新就只能是空中楼阁。同时，时刻关注工作领域的最新信息，保持信息畅通，才能保证自己的创新是真正的创新，符合市场需求。

三、职业意识培养

（一）认清自我，规划职业

英国哲学家伯特兰·罗素说过："选择职业是人生大事，因为职业决定了一个人的未来。"铁匠锤打铁砧，铁砧也锤打铁匠；海蛤的壳在棕黑深邃的海洋里变成，人的心灵也受到生命历程的染色，只是所受的影响奥妙复杂，不易为人觉察而已。所以说，选择职业，就是选择将来的自己。"你今天站在哪里并不重要，但是你下一步迈向哪里却很重要！凡事预则立，不预则废。人生成功的秘密在于机会来临时，你已经准备好了。迈入社会，走向职场的第一课是充分认识自我，做好人生的职业规划。"自知者智，知人者明"，认清现在的自我和潜在的自我，才能科学地规划自己的职业生涯。

（二）倾注热情，培养责任感

责任感是一种自觉主动地做好分内分外一切有益事情的精神状态，是一个人成功的关键。既然从事一份岗位工作，就要有一份责任意识，认真踏实，忠于职守，不能投机取巧，逃避责任。

（三）积极投入，打造专业精神

积极主动不仅是一种行为美德，也是一个人在工作中应该持有的态度。专业精神是指对工作是否执着于专业的规范、要求、品质化程序等，是在专业技能的基础上发展起来的一种对工作极其热爱和投入的品质，具有专业精神的人对工作有一种近乎疯狂的热爱，他们在工作的时候能够达到一种忘我的境界。比如，营销员的专业精神是能以营销为业，在工作中别无他想、不断训练自己推销的技巧、不断吸收新知识、不管工作如何细小，只要对销售有利都会全力以赴，即使在销售的过程中遇到了各种苦难和挫折，都能咬紧牙关，不断自我激励要坚持到底；研发人员的专业精神是能够一心扑在研发的岗位上，废寝忘食也不在乎，为解决一个技术难题而绞尽脑汁，同时还不断地学习新的知识，主动充电，自觉提高业务能力。

专业精神更表现为一种对工作的态度。以服务业来说，很多人都把服务等价于专业技能，认为服务好的就是专业技能强。比如，售货员能快速整理货架，把产品分门别类放好；乘务员能熟练地倒水送餐，而不使食物洒出，如果他们在服务中没有表情，就算不上是一次服务，仅仅是完成一项任务。服务就是5%的技术和95%的心理和态度，技术无论怎样有影响力，也只是一个工具而已。

钢铁大王安德鲁·卡内基把人们的工作状态分成三类：第一类是连分内的工作也不做；第二类是只做分内的工作；第三类是做比分内的工作再多一点。他说："得胜的就是靠这一点，做你的工作，再加上一点，前途无量。"无论从事什么样的职业，都要全心全意地去做，累积经验，精进知识与技能。你给生活一个微笑，生活会回报你一片阳光。

【案例6-7　布鲁诺与阿诺德】

英格兰的一家餐厅，老板同时雇用了两个同年龄、同学历的年轻人阿诺德和布鲁诺。过了半年，阿诺德得到了老板的嘉奖，加了薪水；而布鲁诺却还在原地踏步。布鲁诺不满意老板的做法，认为这是不公的待遇。终于有一天他到老板那儿发了一通牢骚。老板一边

耐心地听着他的抱怨，一边在心里思量着怎样消除布鲁诺的报怨。

"布鲁诺，你现在到集市上去看一下今天早上有什么卖的？"老板开了口。布鲁诺很快从集市场上回来，向老板汇报说："今天集市上只有一个农民拉了一车土豆在卖。"

"有多少土豆呢？"老板问道。布鲁诺赶紧又跑到集市上，然后回来告诉老板，一共有 40 袋土豆。

"价格是多少呢？"老板又问道。于是，布鲁诺第三次跑到集市上问来了价格。

"好吧，现在你坐到椅子上，不要说话，让我们看看阿诺德是怎么做的。"老板说。

老板把同样的任务交给了阿诺德，他很快也从集市上回来了。向老板汇报说："到现在为止，只有一个农商在卖土豆，一共有 40 袋，价格是 1 英镑每袋，土豆很新鲜，我带回了一个样品，您可以看看；对了，这个农商明天还会弄来三箱西红柿。据我所了解，昨天他拿到集市上的两箱西红柿物美价廉，卖得很快。考虑到我们的库存不多，这样便宜的西红柿，我想老板您或许想进一些作为存货，所以我把这个农商请来了，他现在正在门外等着您的回话，老板。"

老板此时回头笑着对布鲁诺说："现在你肯定知道为何阿诺德的薪水比你高了吧？加油吧小伙子！"

（四）团队协作，树立团队精神

所谓团队精神就是大局意识、协作精神和服务精神的集中体现。在这个世界上，任何一个人的力量都是渺小的，只有融入团队，与团队一起奋斗，才能实现个人价值的最大化。任何一个人撇开了团队来谈职业化精神都是虚空的。现代企业不需要个人英雄主义，所以很多企业都推崇"狼文化"。一滴水只有放到大海里才永远不会干涸，一个人只有把自己和集体融合在一起的时候才最有力量。

【案例 6-8 三个皮匠与三个和尚】

三个皮匠结伴而行，途中遇雨，便走进一间破庙。恰巧小庙也有三个和尚，他们看见这三个皮匠，气不打一处来，质问道："凭什么说三个臭皮匠胜过诸葛亮？凭什么又说三个和尚没水喝？要修改辞典，把谬传千古的偏见颠倒过来！"尽管皮匠们谦让有加，和尚们却非要讨回公道不可，官司一直打到玉皇大帝那里。

玉皇大帝一言不发，把它们分别锁进两间神奇的房子里：房子阔绰舒适，生活用品一应俱全，内有一口装满食物的大锅，每人只发一只长柄的勺子。

三天后，玉皇大帝把三个和尚放出来。只见他们饿得要命，皮包骨头，有气无力。玉皇大帝奇怪地问："大锅里有饭有菜，你们为啥不吃东西？"和尚们哭丧着脸说："我们每个人手里拿的勺子柄太长送不到嘴里，大家都吃不着呵！"玉皇大帝嗟叹着，又把三个

皮匠放出来。只见他们精神焕发，红光满面，乐呵呵地说："感谢玉皇大帝，让我们尝到了世上最珍美的东西！"和尚们不解地问："你们是怎样吃到食物的？"皮匠们异口同声地回答说："我们是互相喂着吃的！"

（五）乐观面对，提高挫折承受力

挫折是指人们在社会活动中，遇到无法克服的阻碍。心理学上指一个人有目的的行为活动受到阻碍，而产生的内心必然的情绪反应。在职业活动中，不是所有的需求都能得到满足，不是所有的行动都能得到结果。当需求不能实现，行动得不到结果时，会产生挫败感，带来消极的情绪，影响后续工作的正常进行。挫折是不可预防的，不要逃避挫折，面对现实，认真冷静地分析出现问题的原因，从挫折中总结经验，吸取教训，把挫折对个人的打击当成磨炼自己的机会，才能变得更加坚强。就像那盛开的栀子花，在暴风雨中承受着风吹雨打，但风雨过后，还有缕缕淡淡的幽香。

第三节　冰　山　模　型

一、冰山理论

1895 年，心理学家弗洛伊德与布罗伊尔合作发表《歇斯底里研究》，弗洛伊德著名的"冰山理论"传布于世。弗洛伊德认为，人的心理包括意识和无意识现象，无意识现象又可分为前意识和潜意识。每个意识领域里对应一个"我"，分别是自我、超我和本我，这是弗洛伊德对人格结构的划分。

若把人的人格结构比作海上的冰山，露出水面的冰山尖角代表人的意识，水面下巨大的冰山底部代表人的无意识。人的言行举止，只有少部分是意识在控制，大部分都是由无意识主宰，即看不见的冰山底部决定的，如图 6-4 所示。

1932 年，海明威在他的纪实性作品《午后之死》中，第一次把文学创作比作漂浮在大洋上的冰山，他说："冰山运动之雄伟壮观，是因为他只有八分之一在水面上。"他在《午后之死》中有一个解释，他写道："如果一位散文家对于他想写的东西心里很有数，那么他可能省略他所知道的东西，读者呢，只要作家写得真实，会强烈地感觉到他所省略的地方，好像作者写出来似的。"这里强调的省略，就是指冰山中水面下那 7/8 的部分，主张留给读者去感受。这就是海明威的"冰山原则"。

弗洛伊德和海明威在各自领域将"冰山理论"提出并应用，使冰山理论广为流传，并应用到心理学、文学、管理学、医学等许多领域。冰山理论告诉人们任何事情不要只看表面现象，不要被冰山一角所迷惑，要有大局观念和整体概念，否则就会一叶障目而不见森林。

图6-4　弗洛伊德冰山理论图

二、冰山模型

"冰山模型"（iceberg model）是美国著名心理学家麦克利兰于1973年提出的著名理论，就是将人员个体素质的不同表现形式分为表面的"冰山以上部分"和深藏的"冰山以下部分"，如图6-5所示。

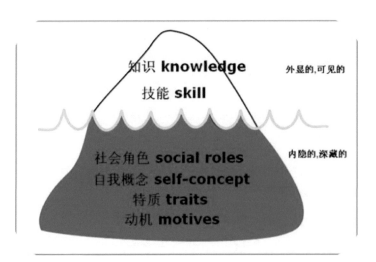

图6-5　素质冰山模型

"冰山以上部分"包括基本知识、基本技能，是外在的，容易了解与测量的部分，相对而言也比较容易通过培训来改变和发展；"冰山以下部分"包括社会角色、自我形象、

特质和动机，是内在的、难以测量的部分，不太容易通过外界的影响而得到改变，但却对人的行为与表现起着关键性的作用。

三、冰山模型层面划分

（1）知识（Knowledge）。指个人在某一特定领域拥有的事实型与经验型信息。

（2）技能（Skill）。指结构化地运用知识完成某项具体工作的能力，即对某一特定领域所需技术与知识的掌握情况。

（3）社会角色（Social Roles）。指一个人基于态度和价值观的行为方式与风格。

（4）自我概念（Self-concept）。指一个人的态度、价值观和自我印象。

（5）特质（Traits）。指个性、身体特征对环境和各种信息所表现出来的持续反应。品质与动机可以预测个人在长期无人监督下的工作状态。

（6）动机（Motives）。指在一个特定领域自然而持续的想法和偏好（如成就、亲和、影响力），它们将驱动，引导和决定一个人的外在行动。

其中，知识与技能可以通过一定的手段进行测量；而社会角色、自我概念、特质和动机却很难度量和准确表达。

四、冰山模型与职业素质

在职业素质的冰山模型中，职业技能、专业知识和行为习惯等是属于露在外面的冰山尖角，这些素质是可以被规范和考量的显性素质；思维方式、价值观念、心理素质、个人态度等是隐藏在冰山底部很难被规范和考量的隐性素质，是真正的主体部分。

一个人专业技能的发挥来源于文化知识的掌握，而文化知识的学习由行为习惯所决定，行为习惯则是以思维方式为主导，思维方式由态度指引，态度取决于心理素质。概括地说，显性素质是隐性素质的表象，隐性素质是显性素质的根基。

五、民航乘务员素质模型

航空公司从乘务员的招聘、培训、考核与激励机制等方面进行深入分析，构建了乘务员素质模型。通过岗位素质要求、岗位层级评估、人员储备培养，实现人岗匹配的目标，最大限度地发挥乘务员的能力，致力于为旅客提供超值的客舱服务，不仅增强了乘务队伍的职业素质和服务质量，还提升了我国民航产业的综合竞争力，如表 6-1 所示。

表 6-1　民航乘务员素质模型

维度	素质项	定义	内部权重	权重
精细化服务	服务意识	主动发现旅客需求，以灵活、快捷、创新性的方式为旅客提供服务，满足或超越旅客的期望	0.35	0.35
	关注他人感受	发自内心地去理解他人，设身处地为旅客着想，关注旅客感受	0.35	
	沟通影响	清晰地表达和沟通，采取多元化的策略说服或者影响旅客，以获取支持	0.3	
执行力	执行力	严格执行客舱的政策和标准，按时保质、高效安全地完成工作任务的能力	0.4	0.25
	团队承诺	主动提供帮助，在团队中能给他人鼓励和指导，构建和谐的工作文化	0.4	
	经营意识	具有一定的经营和品牌敏感性，了解公司的市场竞争策略，有效平衡服务成本的投入与产出，以提升公司的经营效益	0.2	
充满激情	超值服务	不断提升自己的服务标准，坚持不懈地向乘客提供优质服务的能力	0.3	0.4
	阳光心态	态度热情，热爱客舱乘务工作，从积极正面的角度看待周围的问题。主动展现出对乘客的尊重和信任，即使在压力下也能对乘客抱有积极的期望	0.5	
	发展自我	清楚地意识到自己的不足，积极主动地获取更多的知识和信息，丰富自己的内涵、提升自己的技能	0.2	

第四节　民航乘务员职业素质

一、民航乘务员职业素质的核心元素

（一）身体素质

随着我国各地机场的扩建，航空集团的发展，中国民航业对人才的需求量不断增加，航空公司对乘务员身体素质的要求也更加严格，比如身高、体重、外形、体质、健康状况等都有一定之规。五官端正、身体匀称、身体裸露部位无明显疤痕，无罗圈腿、无色盲、无精神病史、无癫痫病史、手臂灵活，动作协调等都是最基本的要求。

（二）心理素质

一名合格的民航乘务员，在复杂的工作环境中，想要圆满出色地完成本职工作，没有良好的心理素质是难以胜任的。心理素质是非智力因素的心理状态，包括情感、信心、意志力、韧性等。随着航空公司服务多样化与细致化的要求越来越高，乘务工作越来越烦琐复杂，同时心理压力也越来越大。良好的心理素质能使乘务员对心理压力产生的原因有更透彻的了解，通过消除自身的负面情绪而以积极的态度对待工作，更自信地解决工作中的问题，并能对他人的表现做到有效的反馈。

民航乘务员要保持良好的心理素质，调节好自己的心态，具有良好的情绪控制能力，包括准确认识和表达自身情绪的能力和有效地调节和管理情绪的能力。比如遇到航班延误时，有的乘务员不急不躁，以平和的心态面对旅客，解答旅客的质问，以良好的沟通赢得旅客的理解，有效保障客舱安全；有的乘务员心理素质弱，容易被周围环境影响情绪，言语行为不得当，引起旅客的不满，从而使后续服务工作难上加难。

（三）专业素质

（1）应变能力。民航乘务员在工作中随时都有可能遇到各种突发事件，比如客舱释压、发动机空中停车、晴空颠簸、旅客疾病、非法干扰等。除了保障正常的客舱服务之外，还要能够妥善处理特情，不因循守旧，有变通性和创造性，能在短时间内建立立体思维。

（2）表达能力。"说话"对于民航乘务员而言是头等大事，良好的表达对客舱服务工作可起到锦上添花的作用。乘务员不仅要能够表达还要善于表达，懂得如何与不同的旅客进行沟通，注意语音语调、音质音色和表达技巧。

（3）协调能力。民航乘务员与飞行机组之间，如果不能有效协调，客舱服务工作就无法开展；旅客与旅客之间有时候会因为座椅的问题发生口角，乘务员如果不能有效协调，客舱就会存在安全隐患；乘务员与旅客之间，会因为航班延误或者旅客的需求没有得到满足而产生争执，如果不能有效协调，会给乘务员的后续工作带来阻碍。

（4）专业知识能力：飞机上的旅客来自天南海北、五湖四海，不同的旅客会提出不同的要求，民航乘务员需要掌握丰富的地理、历史、文化等知识，同时，还要掌握一定的急救知识、宗教知识、餐饮知识等。此外，流利的英语表达能力也是必不可少的。

（四）其他素质：五心

（1）责任心。责任心是对自己行为后果负责的一种踏踏实实的敬业精神。乘务工作既是服务工作也是安全工作，既影响到航空公司服务水平的高低，也关系旅客安全和国家财产安全，所以乘务员需要具备高度的责任心，可以说，责任心是优秀乘务员的最基本条

件。同时，乘务工作是团队工作，团队中的每个成员都要认真履行自己的职责，才能使整个团队出色地完成任务。按照规章程序完成客舱服务工作仅仅是乘务工作的基本步骤，优质的服务工作是灵活的，这也依赖于乘务员的责任心。

（2）爱心。第一，对乘务工作要热爱。看似光鲜亮丽的乘务员，实际在客舱里的工作是非常辛苦和繁复的，若不是对乘务工作有深刻的理解，很难长久地保持对乘务工作的激情和热情。第二，对旅客充满爱心。既能在简单的端茶倒水工作中让乘客感受到温暖，又能在旅客需要帮助的时候，真诚地提供帮助，乐于助人。第三，对同事体贴关爱。乘务组在执行航班任务的时候，乘务员彼此之间应相互配合，及时沟通，多替他人着想，尽量给他人提供方便。

（3）包容心。海纳百川，有容乃大。优秀的民航乘务员在工作中要用宽广的心胸去包容万事，包容心既是职业需要也是自我保护的需要，这不仅是简单的忍受，更是理解、同情、练达和包涵。包容心不仅可以化解乘务员与旅客之间的不悦，还能化解乘务员在工作中和生活中的负面情绪，始终保持阳光心态。

（4）同情心。英国著名哲学家培根说过："同情在一切内在的道德和尊严中为最高的美德。"民航乘务员面对的旅客来自大江南北，有着不同的经历和背景，也有着不同的心理感受。富有同情心的乘务员能够从旅客的行为言语中敏锐地察觉到旅客的困难和需求，提供细心周到的服务，还能避免旅客的尴尬。

（5）耐心。耐心是民航乘务员在工作中化解矛盾的重要素质。在工作中，对待老年旅客要有耐心、对待儿童要有耐心、对待残疾旅客要有耐心、对待航班中的不正常情况更要有耐心。乘务员只有在日常的工作和生活中不断地磨炼自己，坚持不懈地锻炼自己的耐心，才能达到千磨万击还坚劲，任尔东西南北风的至高境界。

二、民航乘务员职业素质的意义

国民经济的持续发展使服务产业在整个经济中的比重越来越大。民航客舱服务是民航运输服务的重要组成部分，是现代民航运输业的窗口，与人们的出行生活紧密相关。在激烈的航空市场竞争中，民航乘务员职业素质的高低直接影响着服务质量的好坏，而乘务员的工作态度和服务质量对航空公司占领市场、赢得更多的回头客起着至关重要的作用，甚至影响航空公司的声誉。

【案例6-9 一份餐食惹的祸】

某航班上，一位持有VIP卡的常旅客，在航班中向3号乘务员要一杯水喝，同时询问本次航班中是否提供正餐，3号乘务员告诉他这个航班只提供点心，他便没说什么。这时，有位旅客向 4 号乘务员提出要吃米饭，4 号乘务员就把上一航段多出来的米饭送了出去，恰好这位 VIP 旅客看到了这一切，他很不高兴地把 3 号乘务员叫了过来质问："你不是说没有米饭吗？为什么别人有，我是 VIP 却没有？"乘务员马上解释道："先生，米饭是上一航段多出来的，刚才我以为您只是询问一下，很抱歉，如果您需要，我拿一份机组餐给您。"VIP 旅客非常生气，他认为乘务员根本没把他当贵宾，虽然后来乘务员又向其道歉，他依旧有些不满。

（一）有利于提高旅客的满意度

旅客满意是航空公司经营和发展的关注点。高品质的飞行感受是降低旅客流失率和赢得更多新旅客的有效途径。从客舱服务的整体来说，只有乘务员具备完善的职业素质，才能主动回应旅客的各种个性化需求，充分利用各项资源，尽可能全方位照顾旅客的乘机感受。在当下民用航空领域竞争日益激烈的情况下，只要旅客满意程度稍稍下降一点，旅客忠诚度就会急剧下降。要培育旅客忠诚度，航空公司必须尽全力使旅客完全满意。通过提高乘务员的职业素质，优秀的服务质量会使旅客对公司品牌的信任度和依赖度大大增加。如果旅客对整体服务的感知水平符合或高于其预期水平，则旅客获得较高的满意度，会认为该航空公司具有较高的服务质量，从而对该企业产生更强的忠诚度。

（二）有利于提高航空公司的竞争力

随着我国民航产业的快速发展，以及选择飞机出行的旅客逐渐增多，各个航空公司对客源的争夺日益加剧。在激烈的市场竞争中，由于航空公司的飞机选型以及内部硬件设施相差不大，航空公司的知名度就只能在软件——客舱服务质量上决出胜负。乘务员迎接旅客登机、与旅客沟通、飞行中餐饮的呈现、旅客个性化需求的满足、紧急事件的处理等，无一不体现着乘务员的职业行为规范和职业素质。只有具备良好的职业素质，才能做好服务工作。可以说，乘务员的一举一动，包括蹲、坐、走、站以及对旅客的服务方式和态度等都直接影响着航空公司的声望。乘务员在各个服务环节的行为都能显示出其职业素质，也决定着服务质量的高低，对航空公司提高知名度、占领市场起着至关重要的作用。

三、民航乘务员职业素质的现状

（一）文化素质参差不齐

航空公司对乘务员的学历要求是普通高等学历教育国家认可大学专科（含）以上在校生和应、往届毕业生，不限专业，英语水平不作强制要求。其中专科生所占比例较大，并且允许大学三年级的学生报名。有的航空公司面试时还会以貌取人，把外表作为一个重点

考核内容，这会误导年轻人，认为航空公司选拔人才是颜值取胜。这种准入门槛导致应聘人员的专业意识与服务技能有下滑的趋势，给整个民航服务的发展带了消极的影响。

（二）缺乏职业坚持性

虽然服务工作内容不复杂，服务技能也可以通过训练得以提升，但事实上民航客舱服务并不简单。服务意识需要在长期的工作中养成，服务技能也需要长期的培训和锻炼。社会学家认为人的成长分为基础、成熟、发展和收获四个阶段，青年人在 25 岁以后心理开始成熟、应变能力开始增强、人生阅历开始丰富。民航乘务员步入职场多处于 20 岁左右，在经历几年工作的磨炼后，迈入人生成熟期时，却由于健康因素或者工作辛苦的原因选择离开这个行业。还有一些年轻人对民航服务工作的定位不够准确，觉得空姐吃的是青春饭，一旦青春消逝，进入而立之年，则在心理上认为不再适合从事该职业。这些因素都会导致民航乘务员的职业素质良莠不齐，航空公司客舱部的整体质量难以保障。

（三）缺乏职业亲和力

亲和力源于对人的尊重和认同，是人与人之间友好的表示，是情感交流的一种能力，也是发自内心的禀赋和素养。真正的亲和力拥有善良的情怀和博爱的心胸。所谓力在则聚，力亡则散。乘务员与旅客之间既有言语的沟通也有心理的互动，旅客的旅途感受最重要，良好的言语表达和行为举止会提高旅客的满意度，信任和配合乘务员完成航班工作，从而增加整个航程的满意度。由于航空公司对服务的亲和力的重视还不够，一些年轻的民航乘务员对于服务观念不够强，对亲和力的认知还有待提高。

（四）心理亚健康

当今社会处于信息多元化的时代，凭借着各类大众传媒的力量，年轻人获取知识和信息的途径越来越多，对社会的认知也越来越深刻，但信息风暴除了带给人们丰富的精神生活之外，鱼龙混杂的思想也容易对年轻人造成不良的影响，价值取向扭曲必然导致个人至上、金钱至上、享乐至上等思想的滋生，从而影响年轻人的心理健康。心理素质对于民航乘务员而言至关重要。如果缺乏自控力和心理承受能力，在工作中遇到挫折时会经不起打击，灰心丧气、悲观失望甚至自暴自弃。

四、民航乘务员职业素质培养

（一）心理素质训练

心理素质的提升可以从强化身体素质开始，健康的体魄是健康心理的前提，身体强健

可以有效缓解压力、调节心情、放松思想、培养积极的人生态度。

健康的心理有助于发挥个人的潜能、提高工作效率、适应现代社会环境、享受生活乐趣。民航乘务员在工作中经常会遇到突发事件，良好的心理素质可以帮助乘务员游刃有余地解决棘手的问题。首先，经常给自己快乐幸福的心理暗示，可以运用多种形式的暗示（行为暗示、环境暗示、言语暗示、自我暗示等）对心理与行为施加影响，促使自己朝着既定的目标前行；其次，别让烦恼成为习惯性的心理状态；最后，拥有良好的人际关系，不让消极的事情干扰自己的情绪。

【扩展小知识】

增强自信心的小方法

➤ 无论在教室还是在会议室，后排的座位总是先被坐满，因为占据后排座位可以使自己不那么显眼，而怕受关注的原因是缺乏自信心。把它当作一个尝试，从现在开始尽量往前排就座，虽然那会比较显眼，但要记住，成功的一切都是显眼的。

➤ 许多心理学家把一个人懒散的姿态和缓慢的步伐与对工作或者他人不愉悦的感受联系到一起。同时心理学家也认为，借着改变姿态与步速可以改变一个人的心理状态。所以，请把走路的速度增加 25%，就会发现身体的动作是心灵活动的结果。

➤ "大笑"能给人带来一种推动力，它是医治信心不足的一味妙药。真正的笑不仅能治愈自己的不良情绪，还能化解他人的敌意。一个人是无法对笑颜满面的人发怒的。

（二）构建合理的专业技能结构

增强专业技能是民航乘务员职业素质提升的必由之路。美国著名未来学家阿尔温·托夫勒说："未来的文盲不是目不识丁的人，而是哪些没有学会怎样学习的人。"显而易见，学会学习是民航乘务员在职场中生存发展的基本手段。因此，通过学习掌握专业知识、提高专业技能、构建合理知识结构，可以夯实职业素质。作为一个实操性很强的工作岗位，民航乘务员要想出色地做好客舱服务工作，需要将沟通技能、服务技能、急救技能、应急处置技能等相互交织贯穿，缺一不可。在日常的社会实践与人情世故中应不断汲取各方面知识，只有不断磨炼自己的技能，才能向着知识丰富、能力超群大步前行。

（三）人文素养的提升

人文素养是一个人思想品位、思维方式、道德情感以及价值取向的全面体现，是一个人积累的文化映射在人的精神方面所展现出来的气质和修养。它不是一种能力而是一种以人为本的精神。提高民航乘务员的人文素质修养，首先要明确基本品德的三个核心点，即

知耻、守信、气节；要遵守社会的道德规范；提高审美情趣和艺术精神的培养；拥有应对环境问题的能力；要注意涵养和风度。其次，积极参与社会实践活动和公益活动，学会换位思考，树立正确的人生观和价值观，抵抗金钱和社会不良风气的影响，建立理性消费的思想，杜绝攀比、拜金的风气。

第五节 民航乘务员的职业意识

一、民航乘务员职业意识核心元素

（一）爱岗敬业

孔子在《礼记》中第一次提出了"敬业乐群"的思想。他认为无论做事还是做人，都应该做到"敬事而信""执事敬"。宋代儒家集大成者朱熹对孔子的敬业思想进行了进一步阐释，他说："敬业何？不怠慢、不放荡之谓也。"朱熹认为，敬业就是尊敬自己的职业，不怠慢自己的职业。

在民航工作中，敬业的员工勇于负责、有独立思考能力和行动能力、精益求精、不断进取，不断超越自我、不断刷新纪录。电影《中国机长》中所展现的就是民航人"敬畏生命、敬畏规章、敬畏责任"的敬业表现。不敬业的员工总是三心二意、敷衍了事、不求有功但求无过、怕负责任、一味抱怨、不思进取。

爱岗敬业除了要敬畏职业，还要在工作中严谨认真、专心专注和全力以赴。

严谨认真是敬业的本质要求。无论对人对己，都有一种尺度，如同过马路，"红灯停，绿灯行"，不论路口有没有交警和车辆，都会自觉遵守。严谨认真要求对工作的每个环节步骤都考虑得比较细致。精益求精、不推诿、不敷衍、一丝不苟、业务技能追求精湛，工作结果追求完美。毫无疑问，严谨认真的人做人做事让人放心，小到一个单位大到一个国家，工作的推动、制度的执行往往依赖严谨认真的人。以乘务员来讲，更要有严谨的工作作风。

专心专注是敬业的实现途径，也是职业成功的重要保障。专心的人，做什么事情都非常专注，专注的人做什么事情都非常专业，所以专心＋专注＝专业。

一个专心专注的人，往往能够把自己的时间、精力和智慧凝聚到所要干的事情上，从而最大限度地发挥积极性、主动性和创造性，努力实现自己的目标。特别是在遇到诱惑、遭受挫折的时候，他们能够不为所动、勇往直前，直到最后成功。与此相反，人若心浮气躁、朝三暮四，好高骛远、见异思迁，就不可能集中自己的时间、精力和智慧，干什么事情都只能是虎头蛇尾、半途而废，对学业和事业缺乏一种执着精神，结果一定是一事无成。

因为"欲多则心散，心散则志衰，志衰则思不达也"。"庖丁解牛"典故中梁惠王的厨师在杀牛的时候，刀子所到之处如行云流水，似乐舞跌宕，一气呵成。这则故事告诉我们，不管任何工作，只要钻，就能精，只要精，就能成。

一个人无论做什么事情，要么不做，要做就要全力以赴，尽自己的最大努力，求得不断进步。这不仅是工作的原则，也应该是人生的原则。不管从事什么样的行业、职业、岗位，如果能全身心投入工作，相信在获得财务自由的同时一定能够实现自己的人生价值。

【案例 6-10 民航人风雪中诠释"敬业福"】

2016 年春节长假的最后一天，各地都迎来了返程高峰期。但是大连，一场不期而遇的暴风雪却阻断了人们的返程脚步，三天的时间，机场内造成了大量旅客滞留。然而，当旅客在候机楼里焦躁地听着此起彼伏航班延误的广播时，漫天风雪中，民航人依然认真工作着。

停机坪上，不管天气多么恶劣，机务人员依旧认真地检查飞机，护航着每一个航班平安起落。他们的眼神里没有抱怨，只是担忧，为了保障航班，他们顶风冒雪彻夜未眠。正是因为他们的坚守，旅客才能平安踏上回家的路。

飞机上，乘务员面对分分钟都在变更的航班计划时刻准备着，很多人已经连续飞了几个通宵，眼睛熬得通红，甚至还有的人已经连续几天奋战在航班中没有回过家。她们也想孩子也想家。但是只要穿上这身制服，站在旅客的面前，她们会依然带着最甜美的笑容，用最贴心的服务，竭尽所能在这个大雪纷飞的日子里温暖着每一位旅客。她们最大的满足，就是看着旅客们带着笑容走下飞机，如图 6-6 所示。

图 6-6 乘务员搀扶旅客登机

（二）用心服务

服务意识是一种思想，一种自觉的行动，一种本能和习惯，不能用规则来保持，它必须融化在每位民航乘务员的人生观里，成为一种自觉的思想。在激烈的通航市场竞争中，服务质量的高低决定了航空公司的生存质量，市场竞争的核心实际上是服务的竞争。航空公司的关注点是旅客的认可度，要想在市场竞争中赢得旅客认可，就必须提高服务意识和服务理念。

民航乘务员的服务意识有强烈与淡漠之分，有主动与被动之分。如何提高民航乘务员的服务意识呢？

一是要摆正心态，克服心理障碍。有些乘务员总觉得乘务工作就是端茶倒水伺候人，因此既没有工作热情也没有端正工作态度。实际上任何工作的本质都是服务，只有社会分工不同，没有高低贵贱之分。对于乘务工作而言，热情比经验重要、态度比能力重要。二是服务要发自内心。服务需要发自内心，否则再多的学习和培训都无济于事。只有从心开始，用心服务，才能使旅客感受到旅途的温暖。

【案例 6-11　登机牌里的服务意识】

由新加坡飞往北京的航班上，乘务员带着亲和的微笑，站在机门问候并迎接每一位登机的旅客，并为他们指引座位方向。一对夫妇来到机门口，将登机牌递给乘务员，乘务员看了看登机牌，又看了看这对夫妇，并没有立即为他们做指引。原来，乘务员发现这对夫妇的座位是分开的。随后，乘务员立即飞奔至值机柜台，与地服人员确认当天飞机的座位安排情况，得知后舱后部中间有四个连续的空座位。不多时，乘务员气喘吁吁地跑回飞机上，并将这个好消息告诉这对夫妇。怕他们找不到准确的位置，还亲自引领他们坐到位置上，协助安置行李后，还不忘祝他们旅途愉快。

【案例 6-12　无心的服务】

旅客李女士因为感冒，上飞机时服用了感冒药。起飞后，李女士向乘务员提出需要一条毛毯。由于毛毯配备数量有限，而且已经分发完毕，乘务员简单地回应了一句："毛毯发完了。"在后续的服务过程中，李女士看到乘务员为小朋友提供毛毯。等到餐饮服务时，乘务员在李女士睡着的情况下，粗暴地吵醒了她，询问是否需要用餐。李女士觉得这样的服务太差了，便询问乘务员的名字，而乘务员懒散地走过来，随手拿一个清洁袋写下自己的名字交给李女士，未询问原因也未进行任何沟通。整个航程中，乘务员始终面无笑容，话无敬语。最终李女士向航空公司提出投诉。

（三）团队协作

民航乘务员的团队协作表现为一个乘务组的人员心往一处想，劲往一处使，具有向心力和凝聚力。在工作中，明确工作职责是服务旅客，保证客舱安全，尊重每一位组员，并加强团队的沟通能力。

【案例 6-13　乘务长手记：感谢你们，我们是最默契的团队】

2014 年 8 月 7 日，山东航空 SC1187/8，济南—深圳—济南航班。记录着我们再平常不过的执勤日，却诉说着我们每一名鲁雁精品组乘务员的努力。

一道亮丽的风景线走过候机楼，我们会和安检人员打招呼，会对擦身而过的旅客微笑，会与机车组师傅亲切地说感谢。登上飞机后我们会迅速地整理好自己的物品。五号乘务员李素雅在后厨房区域检查设备，吴岳和赵冰洁两个笑容甜美的姑娘也开始了所属号位设备的检查。设备检查完毕后，客舱乘务员吴岳和赵冰洁会认真地检查放映设备和客舱的卫生。放映设备的检查不仅仅是检查播放出的图像和声音，赵冰洁会细心地抽查飞行小常识和电影的播放声音是否正常，避免航班中出现忽大忽小的声音对旅客的听觉感受造成影响，吴岳会细心地拿着湿毛巾，抽查小桌板是否干净，并擦干净行李架上的黑手印。这种五星级的服务也许大家都知道，但是她们却天天在落实，每次站在前舱看到她们一个个在客舱里忙碌的身影，都会升起一种自豪感和信任感，不需要太多的语言提醒，她们会自己在客舱里找活干，把飞行当作自己的家要迎接客人一样，细心整理和装扮，每一块头垫，每一张纸屑，客舱中的点点滴滴，她们都可以做到很好的控制，大家都希望展现给旅客的是最优质的一面。

11 点 45 分，我们得到机长的通知，由于深圳机场流量控制，飞机要在下午 14:30 从济南机场起飞，SC1187 航班的正点起飞时间为 12:15，旅客会按正常时间登机，根据这个情况，我们全组制定了详细的旅客登机后的服务方案和如何做好解释工作的方案，考虑等待时间较长，同时正当午餐时间，大家商议决定安全演示播放后请机长为我们进行客舱的广播，乘务员则为旅客发餐发水。对于航班延误，我们有充分的心理准备，大家没有过多的焦虑和心理起伏，能够很好地在客舱中为旅客做解释工作，等待的两个多小时的时间里，我在前舱很少能听到后舱呼唤铃响，这不仅仅代表着旅客对我们工作的理解，更重要的是我知道她们一定在后舱不停地巡舱。精品组的乘务员都有自己的应对方式和秘诀，那就是更耐心，更细心，多巡视，多微笑。

航班 17:00 整到达深圳时，签派给予我们回程 SC1188 的起飞时间是 19:30，旅客18:30 登机时，我站在前舱迎客，能感觉到旅客情绪上有很大的不满，回程人数又多，我心里也有了一丝的波动，但是看看客舱中一个个笑容满面的组员，说实话我心里踏实了很多。地面等待期间考虑到客舱温度比较低和等待时间不长，决定用大托盘为旅客提供温水，并关注每一名旅客的需求，有带孩子的旅客，我们会询问是否先吃饭，精品组就是要做到航班延误不怕去客舱，不怕和旅客沟通交流，我们打造的就是心与心的沟通，让旅客在特殊的航班情况下更可以感受到服务的优质。

简单的航后点评，我们都在机组车上打开手机，给家人和朋友报一个平安，在飞机上光鲜亮丽的我们，上了机组车都会一脸的倦容，我们常常是把最美最温柔的一面给了旅客，却把委屈和坏脾气给了最关心我们的人，我们很想说抱歉，我们不是有意的，我们只是太累了，就让我们发发小脾气，就让我们这样静静地睡一会儿。

一个再平常不过的航班，一组越来越默契的团队，一群再单纯不过的我们，每一次飞行都慢慢积攒着我们彼此最无声的默契，带给旅客的一定是最暖心的服务，我们不怕延误，我们更不怕航班旺季的辛苦，因为每一次飞行，我们都可以发现我们团队中的不足，我们团队中的亮点，看到旅客满意地下飞机冲我们说谢谢，辛苦了，我就知道这些姑娘们付出的远远超出我看到的，现在已经是凌晨2:24，连夜写这篇文章就是想最真实地记录我们的故事，她们应该都已经进入了梦乡，谢谢鲁雁精品组的成立，让我们彼此依赖，希望我们四中队的鲁雁精品组可以做最普通又最不平凡的一个团队。

（四）强化责任

民航乘务员的责任意识是一种能力，又远胜于能力；责任是一种精神，更是一种品格。在工作中，认真负责，不马虎怠工，勇于对出现的问题承担责任。

【案例6-14　"这不是我们的责任"】

一位坐在头等舱的旅客在接受了一系列客舱服务后，来到乘务员的面前，严肃地表示要投诉。"你们的餐食里没有辣椒酱，没有就算了，餐食的品质也太差了，鱼肉像鸡肉一样柴，青菜像腌制过的咸菜，餐食品质差也罢了，看看你们的娱乐节目，竟然还是去年的电影……"旅客在气头上毫不客气地说着，乘务员倒是颇为镇定，因为她觉得旅客要投诉的这些事情与她的工作毫无关系，便回应道："先生，这不是我们的责任，这些都是地面工作人员准备的。"这位旅客却不依不饶，最后升级为投诉乘务员的服务态度有问题。

二、民航乘务员职业意识的意义

民航产业正处在高速发展的上升期，产业结构持续完善，企业规模有大有小，这对民航乘务员的工作提出了诸多挑战，在克服由于民航产业大环境所带来的不利因素的同时，保证航班的飞行品质，确保航班的安全飞行，良好的职业意识必不可少。高强度和高空工作环境，加上常年的作息不规律，对民航乘务员的生理和心理都造成了不小的压力，这需要具备良好的责任意识和敬业意识，才能帮助民航乘务员从身心上克服现实工作带来的困难，保持身心的健康。

同时，很多企业还处于亏损或暂未盈利的状态，加上民航乘务工作是一项单次工作时间较短，重复次数较多的工作，这就需要乘务员具备良好的诚信意识和效率意识，不仅为航空公司节省开支、提高效率、创造收益，同时也为自己的工作提高效率，减少工作效率低下时带来的疲劳感。另外，民航乘务工作说到底是服务类岗位，而且是团队服务型的岗位，这就要求民航乘务人员有良好的团队意识，讲求团队协同。在团队成员每天更换的情况下，更加要求民航乘务人员自觉自发地团结合作。与此同时，只有保持良好的服务意识，观察旅客需求，时刻保持服务旅客的心态，才能提升服务品质，才能打造服务品牌，航空公司才能发展。

作为民航乘务员，良好的职业意识也是航空公司对于员工考核与晋升的必备条件。任何一个公司为了公平公正地提高员工的待遇，都有着各种各样的考核机制。作为民航产业的一部分，民航乘务员的考核机制主要是工作质量、服务品质、旅客满意度上的考核。考核的内容也会从例行工作的完成度、服务工作中的表现、服务质量、团队协作状况、同事的评价、旅客的反馈等多个方面收集考核意见，从而作出考核判断。那么民航乘务员的诚信意识、敬业意识、责任意识就能有效地保证从业者饱满地完成例行工作，确保服务工作的表现，而团队意识、服务意识能更好地帮助从业者提升服务品质，提升团队效率，获得良好的评价，同时更获得良好的旅客反馈。这不仅能为一个民航乘务员职业发展创造良好的契机，给民航乘务人员打通晋升的渠道，也能给整个民航乘务员团队带来良好的工作氛围。

总之，民航乘务员的职业意识是从事民航乘务工作的充分条件和必要条件。没有职业意识，不可能把工作干好，更不可能得到任何职业发展机会，企业也很难发展。只有具备了良好的职业意识，才能让民航乘务工作变得井井有条，让旅客感到宾至如归，让企业打开品牌认知的大门，为整个民航业的腾飞添砖加瓦。

思考题

1. 什么是职业素质？
2. 什么是职业意识？
3. 论述职业素质的意义。
4. 论述职业意识的意义。
5. 请简述如何理解"爱岗敬业"。
6. 请简述如何理解"团队意识"。

7. 请简述如何理解"服务意识"。

8. 请简述如何理解"责任意识"。

9. 请画出素质冰山模型，并说明其含义。

10. 论述民航乘务员职业素质的核心元素。

11. 简要论述民航乘务员素质现状及提升方法。

12. 如何成为一名有职业素质与意识的民航乘务员？

第七章
民航乘务员职业道德与修养

    随着人们生活水平的不断提高和我国民航事业的快速发展，整个社会对民航乘务员的职业观念、职业态度、职业技能、职业纪律以及职业作风等要求越来越高，乘务员的职业道德修养已成为影响民用航空事业发展的关键因素。在这种新形势下，如何提高民航乘务员的职业道德修养是当前面临的一项重大课题。民航乘务员的职业道德修养是社会主义价值观在乘务工作中的具体体现，这要求广大民航乘务员在职业活动中必须具备适合于乘务员的道德修养。

职业道德与修养

第一节 职业道德概述

一、职业道德的含义

老子曰："人法地，地法天，天法道，道法自然。""道"是世间万物遵循的法则。所谓道德，指衡量人的行为是否正当的观念标准，由一定的社会经济基础所决定，以善恶为量尺，以法律为保障，依靠社会舆论和人的信念来维系的，调整人与人、人与社会、社会各成员之间关系的行为规范的总和。道是德的内在，德是道的外表。道德的概念具有社会学意义，不同的社会制度和社会阶层具有不同的道德标准。

职业道德是一般道德在职业行为中的具体表现，包括职业品德、职业纪律、职业责任等，是社会分工的产物。它是人们在进行职业活动时，一切符合职业要求的心理意识、行为规范和行为准则的总和。它是一种内在的、非强制性的自我约束机制，可以用来调整社会成员和社会主体之间的关系。

在西方发达国家，凡是大型企业都有强烈的社会责任感，他们在创造利润的同时，也不曾忘记自己的社会责任。随着资本主义制度的发展与成熟，各行各业的职业道德也进一步规范化，诚信、敬业和创新成为企业和员工的共同职业道德要求。在我国，社会主义职业道德是以为人民服务为核心，以集体主义为原则，以社会主义荣辱观为基本行为准则。它在批判和继承旧时已有的职业道德的基础上，发展成了一种内在的、非强制性的行为规范和约束机制。

职业道德的含义包括以下8个方面。

（1）职业道德是一种职业规范，被社会普遍认可。

（2）职业道德是长期以来自然形成的。

（3）职业道德没有确定形式，通常体现为观念、习惯、信念等。

（4）职业道德依靠文化、内心信念和习惯，通过员工的自律得以实现。

（5）职业道德大多没有实质的约束力和强制力。

（6）职业道德的主要内容是对员工义务的要求。

（7）职业道德标准多元化，代表了不同企业可能具有不同的价值观。

（8）职业道德承载着企业文化和凝聚力，影响深远。

二、职业道德的特征

（一）实践性

职业道德与职业行为密切相关，可以对从业者的职业行为进行规范。职业行为即是职业实践，只有在实践中，才能体现道德水平，离开了职业实践就无职业道德可言。

（二）行业性与规范性

不同行业的职业道德标准不同。有多少种职业，就有多少种职业道德。这个道德标准只适用于特定的职业活动领域，具有鲜明的个性特征，体现着社会对特定职业活动的具体要求。每一种职业道德只能规范约束从事本行业从业者在职业活动中所发生的行为，仅在特定的职业范围内发挥作用。比如空勤人员被要求在执行航班任务前 8 小时不得饮酒，虽是规定，也包含着职业道德要求。

（三）历史性与时代性

历史性与时代性是职业道德的一个鲜明特点。职业都有历史连续性。任何职业在不同的历史时期和发展阶段，都有独特的社会风貌。职业道德随着时代的发展而变化，既体现着特定时期职业道德的普遍要求，又会随着经济和科技的进步产生新的职业道德。

（四）稳定性与继承性

职业道德是在特有的传统道德习惯的基础上发展起来的，经过长期实践，作为经验和传统继承下来。即使在社会经济发展不同阶段，同一职业因服务对象、服务手段、职业利益、职业责任和义务相对稳定，职业行为的道德核心内容也被继承和发扬，从而形成了被不同社会发展阶段普遍认同的职业道德规范。

（五）广泛性与实用性

职业道德是职业活动的直接产物，只要有职业活动，就体现一定的职业道德，它体现在职业活动的方方面面，比一般道德更能全面直接地反映一个社会的道德水准和道德风貌。同时，职业道德要与职业岗位匹配。因为职业道德是根据职业活动的具体要求，对从业者在职业活动中的行为以规章条例、制度守则等简明的形式提出要求，这些要求具有很强的针对性和可操作性，便于从业人员理解和遵照执行。

三、职业道德的重要性

首先，道德是为人之根本。先学做人，后学做事。人们常说，一个知识不全的人可以

用道德去弥补，而一个道德不全的人却难以用知识去弥补，这不仅体现为一个人的智慧，也体现为一个人的修养。纵使聪明能干、知识丰富，若不懂得为人，人品低下，那么事业毕必将受其所累。反之，有盛德者方成大业。如何做人呢？圣人言："子欲为事，先为人圣""德才兼备，以德为首""德若水之源，才若水之波"。教育家陶行知曾指出："道德是做人的根本，根本一坏，纵然你有些学问和本领，也不甚用处。"也就是说做人要以德为先。司马光有言："德者，才之帅也。"

其次，职业道德是事业成功的基石。职业道德是社会对从业者的基本要求。卡耐基曾说："一个人事业上的成功，只有 15% 是由于他的专业技术，另外 85% 靠人际关系和处事技能。"世界著名的电器公司——松下集团，凭借独特的选才育人方法，在当今世界上取得了辉煌的成就。同样地，一个人想要在职场生涯中取得成就，离不开道德情感、道德态度、道德良知、道德意志、道德责任、道德理想等道德品质的支撑。

最后，职业道德是从业者在职业活动中应该遵守的基本行为准则。职业无高低贵贱之分，良好的职业道德不仅可以提高服务质量，建立人们之间的和谐关系，还可以纠正行业的不正之风。加强职业道德建设不仅是社会主义市场经济发展的客观要求，更是企业生存发展的内在要求，同时也是新形势下社会主义物质文明和精神文明建设的重要内容。作为一名从业者，在工作岗位上，连基本的职业道德都没有，又怎么做好本职工作呢？

【扩展小知识】

松下幸之助的选材标准

➤ 不忘初衷而虚心好学的人。所谓初衷，即创造出优质的产品以满足社会需求，进而造福于社会。松下幸之助在任何时候都非常强调这种初衷。他说，经常不忘初衷，又能够向别人学习的人，才是企业所需要的第一要件。

➤ 不墨守成规而经常出新的人。松下允许每一个人在坚持基本方针的基础之上，充分发挥自己的聪明才智，使每一个人都能够展现其自身特有的才华。同时，也要求上司能够给予部下一定的自由，使每一个人的才能发挥到极致。

➤ 不自私而能为团体着想的人。不仅具有一定的实力，而且能够把这种实力充分应用到团队工作上，形成合力。这样才能给公司带来朝气蓬勃的景象。

➤ 爱护公司，和公司成为一体的人。在欧美人的意识里，当人们问及一个人所从事的工作时，他的回答总是先说职业，后说公司；而日本人则相反，总是先说公司，后说职业。松下要求自己的员工保持这种观念，要有公司意识，与公司甘苦与共。

➢ 作出正确价值判断的人。松下幸之助认为，价值判断是包括多方面的。大而言之，有对人类的看法，小而言之，有对日常工作的看法。不能作出判断的人，实际上是一群乌合之众。这样的人，永远不会有多大的成就和作为。

➢ 有自主经营能力的人。一个员工只是照着上司交代的去做事，以换取一月的薪水，是不行的。每一个人都必须以预备成为社长的心态去做事。如果这样做了，在工作上肯定会有种种新发现，也会逐渐成长起来。

➢ 随时随地都是一个热忱的人。热忱是做好一切工作的前提，事情成功与否，往往是由做事情的决心和热忱的强弱决定的。碰到问题，如果有非要做成功的决心和热情，困难就会迎刃而解。

➢ 能够得体地支使上司的人。所谓支使上司，也就是对自己所负责的工作提出意见和建议，促使上司首肯；或者对上司的指令等能够提出自己独到的见解和看法，促使上司修正。松下幸之助说："如果公司里连一个支使上司的人也没有，那么这个公司就糟了；如果有 10 个能够支使上司的人，那么公司就会有无穷的发展潜力；如果有100 个人能够支使上司，那就更不得了了。"

➢ 有责任意识的人。松下认为，不论在什么职位和什么岗位上的人，都必须自觉地意识到自己所担负的责任和义务。任何岗位上的员工，只有自觉地意识到自己的责任之后，才会激发出积极的自觉探索精神，产生圆满的工作效果。

➢ 有气概担当公司经营重任的人。有能力、有气概担当公司重任的人，不仅需有足够的经营常识，而且需要具备管理和经营一个公司的品质，这种品质则是以上各种能力的有机结合，不仅需要勇气、自信，而且还需要具备一种仁爱和献身的精神。

四、职业道德的核心与基本原则

社会主义职业道德是以为人民服务为核心；以集体主义为原则；以爱祖国、爱人民、爱劳动、爱科学、爱社会主义为基本要求；以爱岗敬业、诚实守信、办事公道、服务群众、奉献社会为主要规范和主要内容；以社会主义荣辱观为基本行为准则。

（一）职业道德的核心是为人民服务

以为人民服务作为核心，是社会主义职业道德区别且优越于其他社会形态职业道德的显著标志。在我国，无论社会分工如何，每个社会成员都能在本职岗位上，以不同的形式为人民服务。人人都是服务对象，人人又都在为他人服务，体现了社会主义"我为人人，

人人为我"的人际关系的本质。《中共中央关于加强社会主义精神文明建设若干重要问题的决议》中提到的职业道德，是为人民服务的道德要求在职业生活中的具体化，是把为人民服务的精神贯穿于职业生活。

（二）职业道德的基本原则是集体主义

职业道德的基本原则是国家利益、集体利益、个人利益相结合的集体主义。坚持这样的原则，最重要的是摆正国家利益、集体利益和个人利益的位置。所谓集体主义是一种先公后私、公私兼顾的思想，是坚持集体利益高于个人利益、全局利益高于局部利益、兼顾集体利益与个人利益、反对极端个人主义，抵制行业不正之风的价值观念和行为准则。在市场经济条件下，只有坚持集体主义，才能妥善处理各种利益关系，最大限度地调动各方面的积极性。在现阶段，必须旗帜鲜明地反对拜金主义、享乐主义、反对以权谋私、假冒伪劣，反对腐朽的生活方式。

五、职业道德的基本要求

（一）爱岗敬业

爱岗敬业是对一个人职业道德的基本要求。在任何行业、任何岗位上工作，都应该以严谨和负责的态度对待自己的工作和职业，具有强烈的职业责任感和职业义务感。坚守本行业的基本道德规范，多做一些为本行业增光添彩的事情，不做亵渎职业荣誉、给本职业抹黑的事情。爱岗敬业具体包括：第一，树立职业理想；第二，强化职业责任；第三，提高职业技能。

（二）诚实守信

诚实是一种忠于事实的品质，不掩饰、不作假、不歪曲事实，不隐瞒自己的真实思想、不为不可告人的目的而欺骗别人；守信就是遵守信约，讲信誉、重承诺。守信以诚为基础，离开诚无所谓信。对人以诚信，人不欺我；对事以诚信，事无不成。诚实守信是在社会生活中安身立命的根本、是为人处世的基本准则，也是企事业单位的基本行为准则。诚实守信具体包括：第一，忠诚所属企业；第二，维护企业信誉；第三，保守企业秘密。

（三）文明礼貌

文明礼貌是指人们的精神面貌和言行举止符合文化建设的要求，从业人员的基本道德标准。俗语讲"做好生意三件宝，人员门面信誉好"，说的就是生意人若想门庭若市，生意兴隆，需要门面装饰干净漂亮、店员讲文明礼貌、经营有信誉。文明礼貌具体包括：第

一，仪表端庄；第二，语言规范；第三，举止得体；第四，待人热情。

（四）遵纪守法

遵纪守法是指每个从业者都要遵守法规和纪律，尤其要遵守职业纪律。遵纪守法是每个公民应尽的义务，是保持社会和谐安宁的重要条件，是建设具有中国特色社会主义和谐社会的基石。"没有规矩，不成方圆"，没有纪律的军队就像一盘散沙，只有钢铁般的纪律才能无往而不胜。俄国的苏沃洛夫说："纪律是胜利之母。"每一位社会成员，只有在法度之下，才能海阔凭鱼跃，天高任鸟飞，成方成圆，铸就人生的辉煌。同时，守规矩不仅是不违反法纪，还要守职尽职，在本职岗位上做好职责范围内的工作。遵纪守法具体包括：第一，学法、知法、守法、用法，做文明公民，维护正当权益；第二，遵守企业纪律和规范。

（五）办事公道

办事公道是指要站在公正的立场、公平合理、不偏不倚、按照统一标准处理问题。古人云："天下为公、众生平等、机会均等、一视同仁。"办事公道是从业者在职业活动中必须遵守的职业道德，主要内容包括：第一，坚持真理，追求正义；第二，公私分明，反腐倡廉；第三，坚持原则，不徇私情；第四，不计较个人得失，不怕各种权势；第五，公平公正，光明磊落；第六，有一定的是非辨别能力。

（六）服务群众

服务群众是为人民服务的道德要求在职业道德中的具体体现，是各行各业工作人员必须遵守的道德规范。服务群众的内容主要包括：第一，树立全心全意为人民服务的思想，热爱本职工作，甘当人民的勤务员；第二，文明待客、热情和蔼、服务周到、说话和气、急群众之所急、想群众之所想、帮群众之所需；第三，廉洁奉公，不利用职务之便谋取私利，坚决抵制拉关系走后门等不正之风；第四，对群众一视同仁，不以貌取人，不分年龄大小，不论职位高低，都给予热情服务；第五，自觉接受群众监督与批评，有错即改，不护短，不包庇，不断提高服务水平。

（七）奉献社会

奉献社会是社会主义职业道德的最高要求，是职业道德核心和基本原则的最好体现。无论从事何种职业，只要爱岗敬业，努力工作，就是在为社会作出贡献。若在工作过程中不求名利、不求索取、一心奉献、无怨无悔，则是社会主义职业道德的最高境界。奉献社会职业道德的特征包括：第一，自觉自愿地为他人、为社会贡献力量，完全为了增进公共福利而积极劳动；第二，有热心为社会服务的责任感，充分发挥主动性、创造性，竭尽全

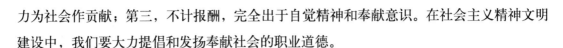

力为社会作贡献；第三，不计报酬，完全出于自觉精神和奉献意识。在社会主义精神文明建设中，我们要大力提倡和发扬奉献社会的职业道德。

六、职业道德的基本要素

对从业者来说，基本的职业道德要素包括职业理想、职业态度、职业纪律、职业良心、职业荣誉、职业作风。

（一）职业理想

职业理想是人生理想的重要部分，是人对未来职业的向往和追求。职业理想是社会发展的产物，是随着生产力的发展和社会分工的出现而逐步产生和发展起来的，它决定着人在职业生活中的事业心和责任感。职业理想属于社会意识范畴，是一定的职业地位和声望在人的大脑中的反映。

（二）职业态度

职业态度是指从业者对所从事职业的看法以及所表现出的行为举止。包括选择方法、工作取向、独立决策能力与选择过程的观念。简言之，职业态度就是指人对职业选择所持的观念和态度。华罗庚说："独立思考能力，对于从事科学研究或其他任何工作，都是十分必要的。在历史上，任何科学上的重大发明创造，都是由于发明者充分发挥了这种独创精神。"

（三）职业纪律

职业纪律是从业者在从业过程中必须遵守的职业规则和程序，它是保证从业者执行职务、履行职责、完成自己承担的工作任务的行为规则。职业纪律是人们必须遵守的行为规则；是履行职业责任的重要保证；体现了人民的利益和要求。

（四）职业良心

职业良心是从业人员对职业责任的自觉意识。在从业者作出某种行为之前，职业良心具有动机定向的作用。具有职业良心的人，能履行职业义务的道德要求，对行为的动机进行自我检查，凡符合职业道德要求的动机就予以肯定，凡不符合职业道德要求的动机就进行抑制或否定，从而作出正确的选择或决定；在职业活动的过程中，职业良心能够起到监督作用；在职业活动结束以后，职业良心具有评价作用。

（五）职业荣誉

职业荣誉是指一定的社会或集团对人们履行社会义务的道德行为的肯定和褒奖，是获

得专门性和定性化的积极评价，作为从事本职业的个人因意识到这种肯定和褒奖所产生的道德情感。

（六）职业作风

职业作风指从业者在其职业实践和职业生活中所表现的一贯态度。职业作风是敬业精神的外在表现。敬业精神的好坏决定着职业作风的优劣，而职业作风的优劣又直接影响着企业的信誉、形象和效益。从某种意义上讲，职业作风关系到企业的兴衰成败，关系到企业的生死存亡。优化职业作风，就要反对腐败和纠正行业不正之风，以职业道德规范职业行为。

七、职业道德规范

职业道德规范是指从业者在所从事的职业活动中应当遵守的规范和准则。它对职业活动中的人际关系起着调节作用，是评价职业活动和解决矛盾的行为准则。它可使从业者知道应该做什么，不能做什么，应该怎么做，不能怎么做。不同行业和岗位都有符合其职业活动特点的道德规范体系。具有内容如下所述。

（1）体现行业内不同职业道德的共同特征。行业内的职业道德规范体系是一个行业所有职业道德要求的共同特征的精炼，是共性与个性的统一体。一个行业有着多种不同的职业，每一种职业都具有自身具体的要求，但工作之间的相关性又让各种职业之间有着千丝万缕的联系和相似性。

（2）体现行业的社会责任。社会上的各行各业都承担着一定的历史使命和社会责任，不同的社会阶段会产生不同的行业，同样赋予每个行业不同的社会责任。任何行业的发展都会为社会创造物质财富和精神财富。例如服务行业的职业道德规范中会有文明、诚信、公平等要求。

（3）体现从业者的利益。遵循操作性强的职业道德规范，有利于优化职业活动的效果，推进行业的发展，为企业创造更大的效益。企业的发展壮大，必然会给从业者带来良好的工作收益和职业发展前景。因此，行业的职业道德规范也体现着从业者的利益。

八、职业道德的社会作用

有利于调整职业利益关系，维护社会生产和生活秩序，包括行业与社会的关系、企业内部从业者之间的关系、职业与顾客之间的关系；有助于提高人们的社会道德水平，促进良好社会风尚的形成；有利于完善人格，促进人的全面发展。

第二节　职业修养概述

一、修养的含义

《说文解字》中说："修，饰也"。修的本义就是修饰、修理。在这种意义下，修既可以指人的修饰，也可以指物的修饰。《楚辞·九歌·湘君》中说"美要眇兮宜修"，这个"宜修"就是指人修饰合宜。引申至学问、品行、人格方面，修就有了修养身心、培养品德的意思。

养的本义是饲养、养育、供养，引申到抽象领域就有培养、修养的意义。那么养什么呢？孟子言："我善养吾浩然之气。"浩然之气，至大至刚，塞于天地之间，是正义与道德的集合，代表着刚毅正大、勇担道义和自强不息。这种含义下的"养"，就是培养品德、涵养意志、修养心中正气。

故而修养就是陶冶身心、培养品德、涵养意志、修养正气。归纳起来就是指人的修为与涵养，是人的心理、性格、道德和文化等综合素质的体现。在《现代汉语词典》中，"修养"有两种意思，一是指理论、知识、艺术、思想等方面具有一定水平，比如说理论修养、文学修养等；二是指养成的正确待人处事的态度。

人们常说相由心生，面相其实是映射人心灵的明镜，是人的意念、心性与品行的体现。一个人的心理活动会影响到面目表情；一个人的内心思想会影响到语音语调；一个人的品行和修为都会反映在脸颊之上、眉宇之间。春秋纵横家鬼谷子曾说："有心无相，相随心生；有相无心，相随心灭。"现代社会的标语中，会常常会看到一句话，具有良好的精神面貌。精神面貌不是容貌，五官之美可似花开艳阳，直接表现出来，而精神之美则如暗香浮动，需要依托方能呈现。如何依托，唯有修养，别无他法。

无论是文明礼貌、知识文化还是清风明月、淡茶闲花，我们都可以看成是修养。因为修养是一种综合的表现。既与文化有关，又是一种待人接物的方式，既有先天的影响也有后天的修为。奥斯卡影后奥黛丽·赫本留给女儿的遗言里写着："若要优美的嘴唇，要说友善的话；若要可爱的眼睛，要看到别人的好处；若要苗条的身材，把你的食物分给饥饿的人；美丽的秀发，在于每天有孩子的手指穿过它；若要优雅的姿态，要记住行人不止你一个。人之所以为人，是应该充满精力、能够自我悔改、自我反省、自我成长，而不是抱怨他人。如果你需要一只援助之手，你可以在自己的任何一只手臂下找到；随着年龄的增长，你会发现你有两只手，一只用来帮助自己，另一只用来帮助别人。"她告诉女儿，手是用来劳动而不是索取的，手不仅能解决自身问题还能帮助别人；脑是用来忏悔而不是偏执的，脑不仅能原谅别人还可以让自身不断进步。这就是为人处世的最高境界，也充分诠释了什么叫作修养。

修养不是指高学历也不是指有文化，更与体面的生活没有关系。曾有人说："修养是一个人无论走到哪里，都宛如一阵轻柔的风。风过后，什么也没有留下，只留下一串气味，香香的气味。这气味是他身上特有的味道，味道的名字叫作修养。"修养是植于内心的东西、无须提醒的自觉、以约束为前提的自由、为别人着想的善良。修养还体现在生活的细节之中：尽管公交车站没有他人候车，却始终站在黄色安全线外，静静排队候车；尽管老幼病残孕专座空着，却依然在车上站了足足半小时；进出公寓和公共大厅的大门时帮助他人扶住门；认真接过路上兼职人员发的传单，若有特殊原因不能接受，回以微笑以示感谢等。

苏轼有言："匹夫见辱，拔剑而起，挺身而斗，此不足为勇也。天下有大勇者，猝然临之而不惊，无故加之而不怒。"以修养对待修养，不是真正的修养，以修养对待无修养才是真正的修养。清人申涵光在《荆园进语》中所言："何以止谤，曰无辩，辩愈力，则谤者愈巧。"就是一种很好的诠释。"夫君子之行，静以修身，俭以养德，非淡泊无以明志，非宁静无以致远。夫学，须静也；才，须学也。非学无以广才，非志无以成学。淫慢则不能励精，险躁则不能治性。"不要害怕当下的自己没有修养，因为我们都需要成长，只要认知是正确的，修养随之就会提高了。播种一个行为，你会收获一个习惯；播种一个习惯，你会收获一个个性；播种一个个性，你会收获一个道德；播种一个道德，你会收获一个命运。

【扩展小知识】

奥黛丽·赫本留给女儿的话

➢ For attractive lips, speak words of kindness.

➢ 魅力的双唇在于说着善意的言语。

➢ For lovely eyes, seek out the good in people.

➢ 可爱的双眼在于寻找人性的优点。

➢ For a slim figure, share your food with the hungry.

➢ 苗条的身材在于与饥饿的人分享食物。

➢ For beautiful hair, let a child run his or her fingers through it once a day.

➢ 美丽的秀发在于每天都在孩童的指尖滑过。

> For poise, walk with the knowledge that you never walk alone.

> 自信的姿态在于不断学习不曾学过的知识。

> People, even more than things, have to be restored, revived, reclaimed and redeemed; never throw out anyone.

> 人比事物更需要被修复、唤醒、纠正和救赎，不要舍弃任何人。

> Remember, if you ever need a helping hand, you'll find them at the end of each of your arms.

> 记住，倘若你需要援手的时候，在你手臂前端就会找到它。

> As you grow older, you will discover that you have two hands, one for helping yourself, the other for helping others.

> 随着你的成长，你会发现你有两只手，一只用来帮助自己，另一只用来帮助他人。

二、修养的表现

一个人的修养包含文化、艺术、涵养意志与品德四个方面，表现为乐观上进、和善亲切、谦虚随和、理解宽容、热情诚恳、诚实守信的人生态度。

（一）文化修养

文化修养是指具有较全面的知识体系，在学习中思辨，不断完善自己的世界观。其中，"文化"是人文文化、科技文化等各学科的总和；"修"是对知识的汲取和学习；"养"则在修的基础之上加以提炼、批判、反思乃至升华。只修不养死读书，只养不修是臆想狂。一个人的文化修养高不高，从语言和行为中就能看出来，而文化修养不是一天两天就能练出来的，和家庭教育、学校教育，社会环境因素紧密相关。

（二）艺术修养

艺术是反映社会生活、满足人们精神需求的意识形态，与人的现实生活密切相关。其丰富的精神内涵能对人们起到调节思想情绪、促进潜能创造、培育道德观念、激发审美想象、陶冶高尚情操的作用。艺术修养是指一个人对艺术的感知、体验、理解、想象、评价和创造的能力。在现实生活中，我们可以通过阅读、聆听、观看艺术作品或直接参与各种艺术实践，加深对艺术的认知和理解，培养审美能力和生活情趣，提升艺术鉴赏力。通过艺术修养，人们不仅能培养高尚的创作或欣赏趣味，还能够从中体悟到自然、社会、人生的哲理。艺术修养不但能提升人的精神生活，同时也能提高人的理事处世能力。

（三）涵养意志修养

涵养是指滋润养育，大多是指修身养性方面，也指道德学问等方面的修养。所谓修身养性，就是使自己的身心得到净化，使自己的本性不受损害。通过"吾日三省吾身"，在道德、情操、理想、意志等方面保持良好的修炼心态，使身心达到完美的境界，并持之以恒。修身养性不仅蕴含着为人处世的智慧，还包含着始终用一颗平常心去应对日常的烦恼和不幸。涵养使人严肃而不孤僻、活泼而不放浪、稳重而不呆板、热情而不轻狂、沉着而不寡言、和气而不盲从。人的习性主要由后天的环境影响形成，习性的改变需要涵养与意志的修养和锻炼。

（四）品德修养

关于"利与义"，儒家重义而轻利、先义而后利；对于"公与私"，儒家强调大公无私、先公后私，提倡公而忘私，反对假公济私；至于"苦与乐"，儒家不以物质生活的贫富论苦乐，仅以精神生活的盈亏论苦乐；谈到"生与死"，孔子说："死生有命"。

有修养的人的十大特征。

（1）守时。无论开会还是赴约，有修养的人从不迟到。他们懂得即使是无意的迟到，对其他准时到场的人来说，也是不尊重的表现。

（2）谈吐有节。从不轻易打断别人的谈话，总是先听完对方的发言，然后再去反驳或补充对方的看法和意见。

（3）态度和蔼。在同别人谈话时，总是望着对方的眼睛，保持注意力集中，而不左翻东西右看书报，显出一副心不在焉的样子。

（4）语气中肯。在待人接物上心平气和、以理服人，往往能取得满意的效果。

（5）注意交谈技巧。尊重他人的观点和看法，即使自己不接受或不同意，也不当着他人的面指责对方，而是陈述己见，讲清道理。

（6）不自傲。与人交往相处时，从不强调个人特殊的一面，也不有意表现自己的优越感。

（7）信守诺言。即使遇到某种困难也绝不食言，自己说出来的话，要竭尽全力去完成，身体力行是最好的诺言。

（8）关怀他人。不论何时何地，对老弱妇孺总是表示出关心并给予最大的照顾和方便。

（9）大度。与人相处胸襟开阔，不会因一点小事和朋友。同事闹意见，甚至断绝来往。

（10）富有同情心。在他人遇到某种不幸时，尽量给予同情和支持。

三、职业修养概述

（一）职业修养的含义

所谓职业修养，是指从事各种职业活动的人员，在职业活动中按照职业道德原则与规范进行的自我教育、自我改造、自我完善，使之形成良好的职业品格，达到一定的职业修养境界的一种自律行为。职业修养具有职业性、稳定性、内在性、整体性和发展性的特征。

职业修养品格实质上是善与恶、正与邪、是与非之间的意识斗争。对于个人而言，要取得修养本质上的进步，必须自觉地与不良观念做斗争。如今的社会讲究榜样的力量，学习先进模范人物的高尚品德和崇高精神，成为激励和鼓舞人们前进的精神力量，是社会主义精神文明建设的重要内容，也是从业者加强职业修养，提高自身职业品德的必由之路。

（二）职业修养要素

职业修养主要有两个要素：职业道德意识修养与职业道德行为修养。

职业道德意识修养是指从业者对客观存在的职业道德活动和职业道德关系的认识和理解，以及对该职业范畴的职业道德原则和规范的认识和理解。其内容包括情感、意志、信念和行为习惯。从业者增强道德责任感是在职业道德意识修养中形成良好品质的第一步。职业道德意志是从业者在职业活动过程中自觉克服困难，完成任务的毅力和能力。一旦有了强烈的职业道德意志，就能够抵御来自外界的不良干扰，恪守职业道德规范。职业道德意志是履行职业道德义务，克服障碍，完善职业道德行为的一种精神力量。职业道德信念是指人们对所从事的职业义务发自内心的强烈认同感。它是职业道德认识、情感、意志的升华，是职业道德意识修养中的最高层次。

职业道德行为修养是职业道德意识转化为职业道德活动的具体体现，一般通过行为、习惯和传统固定下来。一个人的职业道德行为修养是其职业道德意识的外化。意识的层次决定了行为水平，在职业修养的过程中，职业道德行为修养从牢记职业道德规范、谨慎职业活动行为开始，随着时间的推移，逐渐形成习惯，并在一定程度上影响人的职业道德意识的形成。只有通过职业道德行为修养的不断践行才能够逐渐体现良好的职业品质，它是职业修养的外在表现，更是提升职业修养的手段。

（三）职业修养的重要性

对于从业者而言，职业修养至关重要，它既是从业者成功的保障，更是从业者成功的基石。纵观历史，但凡有所建树之人，都具备良好的职业修养。修养是从业者的立身之本、成功之源，是社会对从业者的要求。职业修养则是一个人内在的要求，从业者只有不断强

化自身的职业信念，不断自我教育、自我磨炼、自我改造、自我完善，才能最终形成稳定的职业品质，在促进职业发展和自身进步的同时，最大限度地推动个人职业生涯走向巅峰，从而在职业生涯中立于不败之地。

一个人的职业修养越高，对职业认知越准确。理解了工作的意义，才能从工作中找到乐趣，感受劳动带来的快乐，不因一时职场名利得失而感到痛苦。时刻心系他人、心系社会、心系国家；高度的事业心、责任心、忠于职守、尽心尽职；不过分看重个人利益、不过分注重待遇条件、不计较得失、心胸豁达、志存高远、矢志不渝地奋斗，一定能成就辉煌的事业，达到常人难以企及的高度。

四、提升职业修养的方法

（一）在自我修炼中提高

首先，学会"内省"。内省就是自我内心的省察，即检查自己的言行是否符合职业标准的要求。内省既是修养更是智慧。神秀禅师说："心如明镜台，莫使惹尘埃"；王阳明说："破山中贼易，破心中贼难"；冯骥才说："战胜体内的小人"，这些都在说明人内心的重要和脆弱。心洁则身洁，心正则身正，心安则身安。曾子曰三省吾身；孟子曰反求诸己；朱熹说无时不涵养、无时不省察；鲁迅说时时解剖别人，然而更多的和更无情的是解剖我自己；苏格拉底说：一个没有检视的生命是不值得活的。内省是一种发自内心的道德约束，是自觉自愿、积极主动的，因而其约束力更有效、更持久，力量更强大。只有勇于内省、善于内省、勤于内省，才能不断净化品质、提升境界，增强自身免疫力、抵抗力，有效抵御各种不良意识、不良习气的侵袭，这是人生智慧的表现，也是职业品德力量的体现。

其次，做到"慎独"。慎独是一种修养，更是一种境界。一位智者说："当我打开的时候，就是我锋芒毕露的时候，需要我去表现自己，展现自己的能力，无须谦虚；当我闭合的时候，也是我掩其锋芒的时候，慎独慎行。"慎独是中国人的千年修行。《礼记·中庸》里说："君子戒慎乎其所不睹，恐惧乎其所不闻。莫见乎隐，莫显乎微，故君子慎其独也。"两千多年后的曾国藩，在临终时告诫其子："慎独则心安。自修之道，莫难于养心，养心之难，又在慎独。能慎独，则内省不疚，可以对天地质鬼神。人无一内愧之事，则天君泰然，守身之先务也。"慎独，不仅是某个人的修行，更是两千多年来中国人的一种大修行。君子慎独，是几千年来被奉为修身最高境界的法则。"君子慎其独"是指君子在独处，无人注意的时候。也要小心谨慎，严格要求自己，不做违背道德的事。康熙将"慎独"概括为"暗室不欺"；林则徐在居所悬挂一块醒目的横额，上书"慎独"二字，以警醒、勉励

自己。一个人要真正做到"慎独"是很不容易的，需要经过长期的、艰苦的自我锻炼，要时时处处事事严格要求自己。

（二）在职业活动中训练

第一，增强职业道德意识。

第二，培养职业情感。任何职业的存在都是合理的，都是以满足他人、满足社会的正当需求为基础的。人们不应对行业或者岗位产生好恶、羡慕或鄙夷的情绪和态度。通过职业活动感受职业被社会尊重与重视的程度，有意识地培养自己对职业的责任感、义务感、荣誉感和幸福感等情感。

第三，提高职业素质。在职业活动中，除了要掌握专业知识和职业技能外，还必须有意识地通过学习职业道德意识、实践职业道德来全面提高个人修养。在职业道德行为养成过程中，有意识地培养自己正确的职业观、敬业精神、服务思想、质量意识、职业责任感、遵纪守法、廉洁奉公等职业道德素质，养成良好的职业道德行为习惯，才能促进自己综合素质的提高。

（三）在社会实践中强化

在社会实践中强化职业修养是培养和提升职业修养的关键途径。可以先从本职工作做起，身体力行，时刻注意职业形象、职业语言和职业行为表现，提高职业修养的水准。修养是工作、生活和学习的基本准则。有什么样的决心，就有什么样的行动；有什么样的思想，就有什么样的作风。

第三节　民航乘务员职业道德修养

一、民航乘务员对职业道德修养的认识

客舱服务是民用航空产业的一扇窗口，乘务员是航空公司的形象代言人，乘务员的仪表形象、言谈举止、服务态度、服务技能等不仅代表着自己与航空公司，还代表着整个民航乃至整个国家的形象与尊严。所有航空公司在乘务员选拔和培养过程中都倾注了大量的财力物力。旅客对航空公司的认同是在民航乘务员的悉心服务中逐渐建立的，许多航空公司拥有众多的忠实旅客，虽然存在票价和航班时刻等客观因素的影响，但最终让忠实的旅客选择继续搭乘某个航空公司航班的重要原因是服务，而客舱服务作为最贴近旅客的重要一环，显得至关重要。随着民航产业的发展和竞争的激烈，快捷准时已经不能满足旅客乘

坐飞机旅行的全部需求，优质的服务已成为各个航空公司竞争的核心，也是航空公司着力打造的核心实力。在这样的民航环境之下，民航乘务员的职业道德修养就显得格外重要。

在"全国乘务话民航"活动中的调查显示，有 46.2% 的乘务员认为优质服务有利于树立企业形象并提升公司经济效益。这说明客舱服务质量的优劣，直接影响着航空公司的发展和生存。所以，无论从乘务员自身，还是从航空公司、民航系统乃至国家形象等方面来看，民航乘务员都应该具备良好的职业道德修养。

对于民航乘务员而言，爱岗敬业、勤奋努力、团结协作、文明礼貌、遵纪守法、实事求是、做好服务，客户满意等都是最基本的职业道德规范。乘务工作既是服务工作，更是安全工作，既关系到航空公司服务水平的高低，更关系到旅客的生命和财产安全。所以，民航乘务员必须以高标准的职业道德对待工作中的每一处细节，防患于未然。

二、民航乘务员职业道德修养的重要性

（一）民航乘务员职业道德修养的提升有利于提高旅客的满意度

消费者需求是航空公司经营和营销活动的一切出发点和落脚点。优秀的服务是降低旅客流失率和赢得更多新旅客的有效途径。从航空服务的整体来说，只有乘务员具备完善的职业道德修养，才能主动回应旅客的各种个性化服务要求，充分利用服务资源，尽可能满足旅客的需求。在高度竞争的民航运输行业中，只要旅客满意度稍稍下降，顾客忠诚度就会急剧下降。要培育旅客忠诚度，企业必须尽全力提高旅客的满意度。民航乘务员职业道德修养的提升，可以有效地保证服务品质，使消费者对航空公司品牌的信任度和依赖度逐步提升。

（二）民航乘务员职业道德修养的提升有利于提高航空公司的核心竞争力

随着公共运输事业的蓬勃发展，以及公路铁路网络的完善，各个航空公司对客源的争夺日益加剧。在激烈的航空市场竞争中，在各航空公司的飞机机型相同的情况下，航空公司将很难在飞机客舱的硬件上提高核心竞争实力，那么航空公司之间的竞争就只能在软性的方面实现，比如在客舱的服务质量上体现实力。民航乘务员从在客舱迎接旅客登机、与旅客沟通，到飞行中的供餐送水，为特殊旅客提供特殊服务等都有一整套行为规范。只有具备良好的职业道德修养，才能切实做好服务工作。可以说，乘务员的一切举动，包括站坐行蹲，对乘客的服务方式和态度等，都直接影响着航空公司的声望。乘务员在客舱服务中的每个环节都显示出其职业道德修养，也决定着服务质量的高低，对航空公司提高知名度、占领市场起着至关重要的作用。

三、民航乘务员职业道德修养的表现

旅客登机后，首先见到的就是乘务员，良好的形象气质能给旅客留下美好的印象。形象气质并不是完全天生的，后天的雕琢和培养也能造就出众的形象和气质。民航乘务员在日常工作和生活中都必须时时刻刻关注自己的形象，不断培养自己的气质，即便天生丽质，若忽略了仪表，也会使人的形象打折扣。形象气质在很多行业中都是行业规范的一部分，尤其是以服务为主导的行业更是将形象气质放在首要位置，这是对客户的尊重。民航业也同样是以服务为核心的产业，民航乘务员应当培养自己关注形象气质的习惯，将其作为自身道德修养的一部分贯穿于日常生活中，更应当将其作为职业道德和修养的重要环节，自始至终地保持良好的形象气质，这是由民航产业的特殊性所决定的，更是民航乘务员的职业需要。

在乘务工作中，服务占比最大，不论是基本沟通，还是餐食供应，乘务员都在身体力行地为旅客提供周到的服务，礼貌的行为举止是保证服务品质的关键。航空产业作为运输业中的翘楚，承载的旅客收入状况相对较高，相比其他运输行业的旅客，民航旅客的要求也更高，礼貌自然马虎不得。同时，由于民航运输的特殊性，其旅行过程受到诸多自然条件的限制，旅客的情绪会因很多因素而变化波动，当不可控的条件导致航班出现问题时，乘务员能保持良好的旅客满意度，礼貌的言语和行为就更为重要，避免冲突，避免旅客的情绪波动，礼貌是有效的办法。这就要求乘务员要不断塑造自己的言行，始终践行礼貌，将礼貌深入骨髓。常规的服务礼貌周到，特殊的情况下仍然能保持礼貌的言语和行为，这是航空从业者必不可少的职业道德和修养。

高空运输与地面运输不同，飞行过程中时常遇到颠簸情况，机舱里狭小的空间也不利于乘务工作的开展。此时，专注的工作态度成为保证乘务员工作服务质量的一道重要的防线，在民航系统中有一个专业的词语，叫作情境意识，是要求乘务员时刻对自己所处的情境保持关注的态度，时刻专注于自己的工作，不可由于周遭的影响而忽略自己正在进行的工作环节。空中服务，细小的失误有时也会带来严重的问题，甚至导致机上人员受伤。所以在民航职业道德修养体系中，对工作专注的要求也甚为严格，不论是保证服务品质，还是避免不良后果的产生，专注的工作态度都是必需的、必要的、必不可少的。

贯穿于整个服务过程的是沟通，不论是语言的还是表情肢体的沟通，都是确保高品质服务的重要因素，而沟通中的技巧能够确保沟通始终处于畅通有效、使旅客舒适的状态。这对民航乘务员提出了比其他运输行业更高的要求。因为在飞行过程中，噪音较大，环境封闭，从而更加嘈杂，加之空气压力的不断变化会影响人的听力，沟通的难度也随之加大了许多，充分有效地沟通就必须借助足够的沟通技巧来完成。而服务品质的提高，要求民航乘务员必须掌握更多的沟通技巧，以确保旅客既能完成顺畅的沟通又能体会到亲切的空中服务。另外，不断提升沟通技能，不断在工作中摸索沟通方式，锻炼沟通技能技巧也成为民航乘务的基本职业修养。

民航运输的特殊性也对民航乘务员提出了一项更高的要求，就是在任何威胁旅客安全的情况出现时，具备专业的安全保障技能和良好的心理素质。常规的民航运输是安全的，但历史的教训也告诉人们，任何运输都有风险，尤其是民航运输。所以掌握专业的安全保障技能也成了民航乘务员的基本职责，这一职责不会随意地体现出来，但却是民航乘务员最重要的职责，任何不安全因素的出现，都需要乘务员第一时间作出正确的反应，完成一系列救生动作，从而保证旅客在意外情况下的安全。这种安全技能必须成为民航乘务员的习惯反应，本能反应，自然反应。同时，保持冷静客观，随机应变的强大心理素质，也决定了民航乘务员是否能够在应急情况下作出及时有效的反应的一个重要因素。这就要求，乘务员在日常的培训和工作中不断练习安全技能，不断锻炼自己的心理素质，最终将其贯彻到自己的职业道德和修养中去。

四、民航乘务员职业道德修养的内容

作为民航乘务员，除满足基本的职业道德修养要求外，根据乘务工作的性质，还要具备热爱工作、热情开朗、吃苦耐劳和刻苦钻研的精神。

（一）热爱自己的工作

俗话说干一行爱一行。民航乘务员对工作的热情不应是一时的，应当在任何艰难困苦的时候，依旧能一如既往、热情主动、认真负责、勤勤恳恳，保障安全，服务旅客。飞行环境的特殊性对于民航乘务员而言有一定的身体伤害，克服工作环境所带来的弊端，做到爱岗敬业并不容易，但却是必不可少的职业道德修养。

（二）热情开朗

乘务工作是一项与人打交道的工作。乘务员每天在飞机上要面对数百名旅客，随时需要与旅客沟通，没有热情开朗的性格很难出色地完成这项工作。

（三）吃苦耐劳精神

虽然在大众的眼中，民航乘务员是光鲜亮丽、仪态优雅的天之骄子，令无数少男少女心动的梦想职业，但实际的工作内容却承受着外行人无法了解的辛苦与疲惫。饮食不规律、作息不规律、高空辐射、时差颠倒、客舱内随时可能突发紧急情况、不同性格旅客带来的

不同问题等，都要求民航乘务员具备吃苦耐劳的精神。

（四）刻苦钻研精神

民航乘务员既是客舱的服务工作者也是客舱的安全守卫者，除了完成本职工作外，还需要掌握大量不同领域的知识，中外地理、国家地区风俗、宗教信仰、急救处置等，这些知识的获得，都需要民航乘务员具备努力学习刻苦钻研的精神。

五、培养民航乘务员职业道德修养的途径与方法

（一）职业道德的培养途径

第一，树立正确的人生观和价值观。人生观是对人生目的和意义的看法和态度，有积极的、有消极的，有进步的、有落后的，有正确的、有错误的。比如说享乐主义就是一种错误的人生观，只为了满足自己的欲望，而无视他人的利益和社会进步。只有树立正确的人生观和价值观，才能形成良好的职业道德品质。

第二，树立安全观念与服务观念。安全是民航生存和发展的生命线，历史上的航空事故记录颇多，每一次航空事故几乎都是一场灾难，财产的损失之巨大，生命损失之痛楚，是整个社会所不能承受的，更是航空行业所不能接受的。时刻保持警觉，对每个飞行相关环节高度重视，反复确认安全，是每一位民航人必须具备的基本职业道德素质，是每一位民航从业人必须承担的职业道德义务。同时，服务质量与水平是企业的生存线，民航乘务员的最高标准就是使自己的服务质量与世界航空服务标准接轨。

第三，培养良好的行为习惯。职业道德的养成，不可能一蹴而就，需要长期的培养和完善，这个过程要有良好的行为习惯引导。《老子》曰："合抱之木，生于毫末；九层之台，起于累土；千里之行，始于足下。"所以，良好的行为习惯是从点滴做起的，"一屋不扫，何以扫天下"，小事做不好，崇高的道德精神境界更无从谈起。

第四，培养良好的职业作风。每一位民航乘务员，不论分工如何、能力如何，都要在本职岗位上全心全意为飞行服务，把为飞行服务的道德观和为飞行服务的信念，贯穿于本职工作的全过程。要坚持集体主义，发扬团队精神，坚决反对金钱至上、享乐主义和极端个人主义。工作严谨，一丝不苟，万无一失地完成整个行业所赋予的使命。民用航空不仅是一个企业创造效益的方式，更是一个国家国力的体现，是一个民族经济实力的体现，是民族振兴的必要手段。高效高质量的飞行运输，必须依靠全体民航人的优良职业作风来实现。

第五，学习先进人物的优秀品质。在工作中，经常会看到"岗位标兵""十佳乘务员""感动客舱明星榜"等先进人物，学习他们的优秀品质，可以提升自己的职业道德水平和思想

境界。同时善于做对比，可以发现自己的缺点和不足并及时纠正。

第六，端正职业态度。民航是公共运输行业，是全民所享有的公共运输方式。民航要求所有民航人都应爱岗敬业。既然选择民航工作，便要热爱自己的工作岗位，尊重自己所从事的事业，做到踏实认真、勤于实践、努力钻研，不断提高业务水平。

第七，强化职业纪律。民航是所有运输业中最为特殊的一个行当，是受外界制约最多、受自然环境影响最大、受媒体关注度最高的运输行业。因此民航乘务员的职业纪律集中体现在《民航法》的各种规章制度中，其总结了50多年来我国民航发展过程中经历的血泪教训，具有很强的针对性和规范性，必须严格遵守，不得有丝毫懈怠。否则，就会危及飞行安全，给国家和人民生命财产带来严重危害。遵守民航各项规章制度是所有民航乘务员的义务，也是民航道德体系中的重中之重，养成良好的规章意识也是整个民航行业着力打造的道德规范。

第八，经常自我更新。苏格拉底说："一个人只有不断认识自我，才能不断进步。"学会经常梳理自己的见解，更新自己的处世之道，重新确立积极的态度，修复自己陈旧的思想和态度。

（二）职业道德的培养方法

第一，学习职业道德规范，掌握职业道德知识。从理论的角度明确职业道德需要实现的目标，掌握标准，提高自觉性。

第二，努力学习文化知识和专业技能，提高人文素养。文化知识和专业技能的学习，有助于准确理解职业道德在现实社会中的重要作用。

第三，经常进行自我反思，增强自律性。可以借鉴古人"吾日三省吾身"的方法，以职业道德标准为鉴，查找自身缺点，及时改正，努力进步。

第四，提高精神境界。古人言："君子慎其独也。"在无人监督的情况下，依旧能够坚守道德信念，自觉地按照职业道德行为规范的要求自律，达到自我教育、自我磨炼、自我改造和自我完善的目的。

思考题

1. 如何理解职业道德的含义？
2. 如何理解职业修养的含义？
3. 简述职业道德的重要性。
4. 简述职业修养的重要性。

5. 职业道德的基本要求是什么？

6. 修养表现在哪些方面？

7. 如何提升职业修养？

8. 简述民航乘务员职业道德修养的重要性。

9. 简述民航乘务员职业道德修养的内容。

10. 如何提升民航乘务员的职业道德修养？

参 考 文 献

[1] 2020 上半年中国民航乘务员发展统计报告 [R]. 北京：民航局信息中心，2020.

[2] 人力资源社会保障部，民航乘务员国家职业技能标准 [S]. 北京：中国劳动社会保障出版社，2020.

[3] 孙岚 . 民航客舱服务案例精选 [M]. 北京：化学工业出版社，2015.

[4] 刘晓丽 . 饮食塑造健美体型 [J]. 中国保健营养，2000（9）.

[5] 杨金波 . 政务礼仪 [M]. 北京：中华工商联合出版社，2016.

[6] 金恒 . 民航服务与沟通 [M]. 北京：化学工业出版社，2013.

[7] 程维薇 . 内外兼修，秀外慧中——谈女教师气质的培养 [J]. 文科爱好者，2009.

[8] 李泽平 . 浅谈人的修为与品格 [J]. 中国烟草市场，2015.

[9] 杨静，李勤 . 形体语言在民航客舱服务中的运用 [J]. 航空管理，2009.

[10] 张国宏 . 职业素质教程 [M]. 北京：经济管理出版社，2006.

[11] 向莉，周科慧 . 民航服务心理学 [M]. 北京：国防工业出版社，2015.

[12] 宁焰，虞筠 . 职业素养提升 [M]. 西安：西安工业大学出版社，2012.

[13] 封智勇，王欣，余来文，等 . 职业素养 [M]. 福州：福建人民出版社，2014.

[14] 吴光林 . 职业意识与职业认知 [M]. 北京：科学出版社，2012.

[15] 高勇 . 模糊语言在客舱服务中的运用 [J]. 中国民航飞行学院学报，2010（3）.

[16] 文泉 . 国际商务礼仪 [M]. 北京：中国商务出版社，2003.

[17] 高峰 . 浅论乘务员客舱服务中的语言策略 [J]. 中国民航飞行学院学报，2015（12）.

[18] 启贤 . 职业素质及其构成 [J]. 江西师范大学学报，2001，33（4）.

[19] 常春喜，向莉 . 试析民航乘务员素质模型的建立 [J]. 成都航空职业技术学院学报，2013（2）.

[20] 刘坤 . 论空乘人员职业素质的培养 [D]. 无锡：江南影视艺术职业学院，2016.

[21] 潘利 . 谈谈优秀乘务员的"五心"[J]. 民航政工，2007（2）.

[22] 杨梦璐 . 航空乘务的就业前景分析 [J]. 经济研究导刊，2014（16）.

[23] 佚名 . 修养，一个人的精神长相 [J]. 新湘评论，2015（6）.

[24] 程功 . 论职业意识 [J]. 产业与科技论坛，2011，10（13）.

[25] 董晓明 . 职业意识——发展职业的关键 [J]. 就业，2012（10）.

[26] 陈艳飞 . 浅谈如何建立正确的职业意识 [J]. 科教创新，2007（14）.